A
Roger Lassarat
Viticulteur passionné
Et passionnant

En fin d'ouvrage, lexique des expressions beaujolaises et lyonnaises employées dans cette aventure.

Comme il se doit d'être précisé,
toute ressemblance avec des gentils,
des méchants, des instruits,
des incultes décrits dans ce roman
serait un pur hasard.

Premier retournement

Dans lequel il ne faut jurer de rien...
Se méfier des fausses confidences...
Et de la comédie humaine...

Choix

L'homme en avait sa claque. Rien n'était plus comme au temps de ses débuts. Tout alors était plus facile. Avec trois francs six sous, une bonne idée, on montait sa boîte. Puis, avec deux gouttes de sueur, on la faisait prospérer. Ou on se cassait la gueule avant de rebondir.

Aujourd'hui, c'était une autre chanson. L'homme se la chanta tout bas. Le refrain ne comptait que des mots importés : *marketing*, *consulting*, *merchandising.* Ceux-là passaient encore, il les retenait aisément. Mais pas les plus compliqués, tel *return on investment*, pourtant un grand classique. Pour preuve de son succès, ses banquiers s'en gargarisaient à longueur de journée. Il y en avait un plein sac dont il ne se souvenait jamais. Formé à l'école du marche ou crève, l'homme continuait à parler de commerce, de bilan, de réclame. Un poil hautains, des gens instruits lui retournaient des termes étourdissants. Leur jargon effrayait les mainates. Par peur de se casser le bec, ces oiseaux refusaient d'en répéter le vocabulaire. Dans le tas, on distinguait *joint venture*, *assets*, *top of mind.* Cela pour les plus simples. Et puis, cerise sur le bazar, les méthodes avaient évolué.

L'homme ne rencontrait plus le client, il vendait sur Internet. Il ne remontait plus les bretelles, il organisait des *incentives*. Pour communiquer, l'assistance d'un *coach* était devenue obligatoire. Son gourou attitré le reprenait sur tout, son look, ses verbes et ses chaussettes. Spontanéité zéro. Plein pot sur le formatage. C'est tout juste s'il ne lui apprenait pas à pisser. En coulisse, une armée d'avocats surveillait les médias. Gare à son image ! Haro sur ceux qui osaient la flétrir ! Bref, ces clowneries l'épuisaient, l'homme baissait les bras, P-DG était devenu un métier de dingue.

Il en avait ras-le-bol.

Fatigué, dégoûté, dépassé, il était résolu à larguer les amarres.

Les intrigues, les coups bas pesaient aussi dans sa décision. Mais moins que son désir d'en finir, profond, irréversible.

Adieu les honneurs, les amis, la famille.

Qu'en avait-il à battre ? Il se fichait des honneurs, avait très peu d'amis, et sa famille de vampires lui sortait par les trous de nez.

Son choix était fait, il savait comment partir.

Sa route débuterait par la mort.

Derrière elle l'attendait le paradis.

A bout de forces, l'homme n'aspirait plus qu'à le rejoindre.

Il contempla le ciel pluvieux.

Et jeta sa cravate...

Méfiances

Les apparences sont trompeuses, il convient de s'en méfier...

Une femme et un homme, tous deux d'un âge respectable, s'apprêtèrent à entrer dans un hôtel. L'horloge affichait dix heures du matin. Il pleuvinait sur Lyon. Vu l'intitulé de l'hôtel – « de police » –, et surtout l'heure matinale, le couple n'avait guère l'intention d'y faire des galipettes. Même si en ce jour on fêtait la Saint-Valentin, propice aux exploits les plus fous.

Après les apparences, la prudence s'impose quant aux réputations. Certaines méritent un examen approfondi...

Le choix du nom des rues peut étonner, car celle où se situe l'hôtel susnommé s'appelle Marius-Berliet. Eh oui, à la Libération, Marius Berliet (1866-1949), fabricant de camions et collabo notoire, a été condamné pour commerce avec l'ennemi. Mais aussi, broutille aggravante, pour avoir dénoncé l'un de ses ouvriers à la Gestapo. La pertinence d'y avoir installé le siège de la police est donc discutable... Gestapo... Police...

Interrogatoire... Garde à vue... il y a des rapprochements qu'il eût été bon d'éviter.

En revanche, la réputation d'un second Marius n'est pas contestable. Eminent résistant, Marius Vivier-Merle (1890-1944) a vu son patronyme associé à un boulevard lyonnais. Si ce n'est que « vu » est beaucoup dire, puisque ce Marius-là a disparu dans un bombardement. On n'a jamais retrouvé son corps.

Or, justement, c'était d'une disparition que venait parler le couple.

Depuis trois mois, Eric Pillorget, surnommé le duc du Beaujolais, était introuvable. Un sale matin d'automne, il avait quitté sa famille, son château, ses vignes et ses barriques pour ne plus réapparaître. Etait-il séquestré ? Avait-il eu un accident ? Le fait est qu'à la joie des rapaces il ne donnait plus signe de vie. Car son duché, ou plutôt son empire, était guigné par des envahisseurs. Des Chinois le lorgnaient d'un œil bridé de convoitise, des Russes se voyaient déjà y danser le kazatchok et, *Allah akbar*, des émirs s'y intéressaient de près. Certes, le vin c'est de l'alcool, mais l'un d'eux n'a-t-il pas investi dans une charcuterie de l'Oise ?

Que Dieu le veuille ou non, l'argent n'a pas de religion.

Toutefois, ceux que l'épouse de l'éclipsé craignait le plus au monde étaient autrement redoutables. Ambitieux, arrivistes, sans scrupules, ils se nommaient les actionnaires. Sur ce terrain, Edmonde Pillorget n'avait rien à leur envier. Elle-même détentrice d'un beau paquet d'actions, la dame écrasait les imprudents qui lui barraient la route. Les imprudentes *idem*. Bien avant son mariage, celles qui avaient jeté leur dévolu sur Eric en gardaient des cicatrices. Non qu'Edmonde fût tombée tabana amoureuse de lui. La raison avait dominé le cœur. Elle lui avait soufflé que, grâce à son génie, cet homme privé de charme ne pouvait que l'enrichir.

Que saint Valentin le veuille ou non, l'argent ne fait pas de sentiment.

La suite avait donné raison à l'instinct de l'avide. A force d'énergie, Eric avait connu la gloire et la fortune.

Dans ce contexte, c'était surtout pour le fric qu'Edmonde se rendait à l'hôtel de police. Plus pour faire le point que pour se nourrir d'espoir. La situation devenait critique, les actionnaires complotaient, les banquiers conspiraient, les Chais Pillorget, fleuron du Beaujolais, risquaient de changer de boss. Tout bien considéré, une passation de pouvoir ne la gênait guère. Elle n'avait peur que d'une chose : que des abrutis s'en emparent... et sapent son capital par leur incompétence.

L'homme qui l'accompagnait n'avait pas ses canines. Ses dents mesurant une longueur convenable, les parquets n'avaient pas à souffrir de leur émail. De caractère modeste, il s'appelait Jarry, se prénommait Victor et, contrairement à Alfred, n'avait que peu d'humour. Personnage discret, maigrichon, la tignasse blanchie en radicelles de poireau, Jarry était le meilleur ami d'Eric. Ainsi que son bras droit.

Dès qu'Edmonde se pointa à l'accueil, les plantons cessèrent de jacasser. Abasourdis, ils avaient devant eux l'avatar de Thrúd, walkyrie légendaire qui, d'un regard de feu, pouvait réduire en cendres. Sculptée dans du silex, Edmonde en imposait. Epargné par les sillons de l'indigence, son visage se parait d'une paire d'yeux volcaniques. Ses iris lançaient des flammes. Erigés en bataille, ses cheveux cuivre et or lui conféraient un air de fauve. Et sa voix wagnérienne tonnait comme dans *Siegfried*.

— Bonjour, messieurs, Edmonde Pillorget. J'ai rendez-vous avec le commissaire Poussin. Veuillez m'annoncer, je vous prie.

Remis de son vertige, un planton osa lui demander en avisant Jarry :

— Et ce monsieur, qui est-il ?

— Mon conseiller juridique.

A la vérité, Jarry n'avait jamais mis les pieds dans une fac de droit. Titulaire d'un CAP de comptabilité, il s'était formé sur le tas. Comme Eric, son ami, qu'il secondait depuis la création des Chais.

Mais à en juger par son apparence, sévère et tristounette, le bonhomme ne pouvait être que ce qu'elle en affirmait : un emmerdeur de juriste. Le planton n'insista pas et passa un coup de fil.

La trotteuse trottina peu avant qu'un malabar débarque. Le premier réflexe du colosse fut de les cadrer. Aux fringues ruineuses d'Edmonde, il devina qu'elle était du genre dominant. Son élégance envoyait un message : « Veillez à vous souvenir de ma condition. » Chez Jarry, sobrement vêtu d'un pardessus de série, probablement acheté dans un hyper, il sentit plus de réserve. A voir ses traits crispés, ce petit homme effacé se sentait mal à l'aise. Cet univers qu'il ne connaissait pas bousculait ses repères. Le costaud subodora qu'il s'exprimerait peu. Puis, son inspection bouclée, il se présenta :

— Madame, monsieur, bonjour. Capitaine Bordas, adjoint du commissaire Poussin. Veuillez me suivre, je vais vous conduire à son bureau.

Deux brefs mouvements de tête agréèrent ses salutations distinguées. Sans plus attendre, Bordas les précéda dans le couloir de gauche – celui des affaires criminelles. En chemin, Edmonde faillit lui demander si l'enquête progressait, mais se ravisa in extremis. Pourquoi parler à un Indien alors que le sachem l'attendait ? Les biffins en savaient toujours moins que les grands chefs emplumés.

Le bureau de Poussin était à son image, tendance m'as-tu-vu. Des photos du surhomme tapissaient les murs. A l'instar des *Martine – Martine à la plage*, *Martine à la ferme*, etc. –, elles déclinaient les étapes de sa grimpette : Poussin à l'école supérieure de police, Poussin en uniforme de commissaire, Poussin serrant la main d'un Premier ministre. Intrigant, carriériste, Poussin adorait cette dernière ; elle lui donnait l'illusion de fréquenter les aigles.

Edmonde l'évalua d'un regard. Fier de son statut, ce type puait la suffisance. Mais, loin de le critiquer, elle apprécia son orgueil. Un tel homme ne pouvait que savourer le sien. Ce qu'elle lui reprocha se limita à sa dégaine. De taille moyenne, anguleux, Poussin se vêtait à l'ancienne. Avec son nœud pap et ses boutons de manchette, il lui fit penser à Bogart. Ce en quoi elle visa juste : Poussin adulait Humphrey qu'il copiait en tout point. A la différence qu'il était blond platine – une fantaisie de la nature – et que son débit souffrait d'une lenteur chronique.

— Mes respects, madame, veuillez prendre place.

Ce fut à peine s'il remarqua Jarry. D'un signe furtif, Bordas dut lui rappeler sa présence.

— Euh... vous également, monsieur... Monsieur comment, déjà ?

Le « déjà » était de trop, le discret n'avait pas encore ouvert la bouche. Et n'eut pas à l'ouvrir, Edmonde s'interposa :

— Monsieur Jarry occupe un poste-clé dans notre société.

— De juriste, m'a-t-on dit à l'accueil.

— A l'occasion, en tant que directeur administratif et financier.

Les flics en furent aphones. Que diantre venait foutre un financier dans cette histoire ? Madame Pillorget était là pour parler de son mari, pas de gros sous. Néanmoins, Poussin s'abstint de commentaire. La dame fréquentait le gratin politique, les cadors de la presse et les cathos mitrés. Une parole de travers pouvait lui coûter chaud. Aussi embraya-t-il docilement :

— Monsieur le préfet m'a prié de vous recevoir. Hélas, madame, je n'ai aucune bonne nouvelle à vous annoncer.

— Des mauvaises, peut-être ?

— Non plus, nos recherches n'ont rien donné. Nous avons ratissé la région sur un vaste périmètre, pas de trace de votre mari.

— Un homme ne disparaît pas par enchantement, il est forcément dans le coin... Vivant ou mort... Etes-vous sûr de l'avoir bien cherché ?

Proférée d'une voix métallique, la question équivalait à une accusation. Méfiant, Poussin pesa sa réponse, n'en trouva pas de convenable, et, en vicelard accompli, passa la parole à Bordas. Si les propos du balèze dérapaient, il n'en serait pas tenu pour responsable.

— Partout, madame, dans les meublés, les gîtes ruraux et même dans les hôtels borgnes.

— Est-ce à dire dans les...

— Bordels, acheva-t-il pour elle. Oui, madame, il y en a plus que les scouts n'en fréquentent.

Un rictus écorcha les lèvres d'Edmonde, lequel en dit long sur les prouesses de son mari.

— Vous auriez pu vous épargner ces visites. A soixante-sept ans, Eric n'a plus l'âge de combler un harem.

Jarry, qui en avait trois de moins, fit une grimace amère. Et Bordas continua sur sa lancée :

— Je ne vous cache pas que cette enquête me turlupine. Au moment de sa disparition, la santé de monsieur Pillorget était excellente, son entourage le jugeait en pleine possession de ses moyens, ses affaires tournaient bien et il n'avait pas reçu de menaces. Alors pourquoi, comment et pour où s'est-il évanoui ? A pied, en rase campagne, en laissant sa voiture alors qu'il pleuvait des cordes. Comble de tout, la dernière fois que des témoins l'ont vu, il ne portait pas d'imper. Il est sorti sur le perron de votre château pour s'aérer, et pfuit ! il s'est évaporé en jetant sa cravate. J'avoue ne rien comprendre à ce casse-tête.

Edmondc l'approuva sans condition.

— C'en est un, je vous l'accorde. J'ai bien pensé à un deux-roues qu'il aurait dissimulé, mais Eric déteste les motos et pédale comme un thon. Et puis ce n'est pas un grand sportif, il s'essouffle rapidement quand nous marchons un peu.

— Pourtant il est allé loin, sinon nous aurions repêché son corps dans un cours d'eau. Nous avons dragué en vain ceux du voisinage. Nous avons également fouillé les vignes, les fossés et les bois sans plus de résultat.

— Dans ces conditions, que puis-je *vraiment* espérer ?

La phase sensible étant torchée, Poussin s'empressa de reprendre la main :

— Je ne crois pas aux miracles, madame, je ne crois qu'au savoir-faire de la police. Avec le concours de l'OCRVP[1], notre champ d'action s'est étendu. Où qu'il soit, je vous promets que, tôt ou tard, nous retrouverons votre mari.

Impromptue, une voix fluette désavoua ce satisfecit :

— Il vaudrait mieux que ce soit tôt, monsieur le commissaire, les médias commencent à jaser, c'est mauvais pour tout le monde.

D'un œil de veau vexé, Poussin considéra le trublion. De quoi Jarry se mêlait-il ? Ce petit homme fade n'avait pas la carrure pour le tacler. D'ailleurs, il se demandait ce qu'il fichait dans son bureau. Sa présence ne se justifiait pas. La suite lui prouva qu'il se trompait sur toute la ligne.

— Qu'entendez-vous par *tout le monde*, monsieur Jarry ?

— Je pense d'abord à vos services. Je suppose que vous avez lu les journaux d'aujourd'hui, les journalistes ont cruellement remarqué que vous stagnez depuis trois mois.

La remarque fit mouche. Le prétentieux soignait ses relations avec la presse. Or cette affaire risquait de détruire sa réputation de super flic... construite sur son aplomb et le dos de ses adjoints.

— Je paye le prix du devoir, monsieur. Tant que cette enquête n'aura pas progressé, ma hiérarchie m'a prié de garder le silence.

— C'est bien là que le bât blesse : vous n'avancez guère, sur-place catastrophique pour l'avenir de notre société.

---

1. Office central pour la répression des violences aux personnes, service dédié à ces recherches.

— En quoi est-elle atteinte par nos... recherches ô combien difficiles ?

Dès lors, Poussin comprit son erreur. Derrière une réserve de gueux, le petit homme cachait un templier, ni figurant ni enfant de chœur.

— A cause de ses statuts, monsieur le commissaire. Les Chais Pillorget sont une SA à conseil d'administration, le hic est que le conseil annuel se tiendra dans deux semaines.

— Et alors ?

— A moins que vous ne retrouviez Eric, ou qu'il ne réapparaisse, les actionnaires nommeront un nouveau président. Gageons que ce sera l'un d'eux. Toutefois, il y a plus grave que l'élection d'un crétin à leur tête : les Chais risquent fort de changer de drapeau.

— C'est-à-dire ?

— Sans Eric, ils perdront rapidement en notoriété. Nos ventes s'en sont d'ailleurs déjà ressenties. Ce n'est que provisoire, mais les actionnaires sont de consistance frileuse. Je soupçonne certains de vouloir se réchauffer ou, pour être explicite, de négocier leurs parts.

— Avec qui ?

— Des hommes d'affaires chinois. Je suis très bien renseigné, ils cherchent à entrer dans le capital.

Ancien soldat d'active, fier de la France, de sa culture et de son vin, Bordas ne put retenir un cri d'indignation :

— Manquerait plus que le beaujolais devienne chinetoque ! Et pourquoi pas les andouillettes pendant qu'on y est ! Ces marteaux les feraient cuire dans de l'alcool de riz.

— D'où l'urgence de réagir, reprit Edmonde. Les Chais ont besoin de votre aide. Je vous garantis, monsieur le commissaire, que votre contribution sera appréciée en haut lieu.

Dieu que Poussin détesta sa démarche. Il n'y vit que des emmerdes : la dame avait le bras long. Quoi qu'elle lui demandât, il s'attirerait ses foudres en lui opposant un refus. A contrario, s'il échouait dans sa mission, il s'en prendrait plein les dents. Décidément, cette affaire se moquait de sa Légion d'honneur. Il tenait tant à l'avoir.

— Je vous écoute, madame.

— La solution est simple : si je récupère les parts de mon mari, je renverserai la tendance.

— Parce que vous seriez majoritaire ?

— Oui, avec d'autres qui me suivront. Je pourrai ainsi faire nommer un homme capable de diriger la société – un non-actionnaire, nos statuts nous le permettent. Cet homme a du talent, il restaurera la confiance.

— Je vous crois sur parole, mais qu'attendez-vous de moi ?

— Que vous abandonniez les recherches. Je souhaite que mon mari soit déclaré disparu à jamais. Pouvez-vous arranger ce problème... *urgemment* ?

A l'inverse de Jarry, Poussin avait traîné ses guêtres dans une fac de droit. Dieu, qui n'y était pour rien, l'y avait vu décrocher une maîtrise. Peut-être que le diable, si toutefois il existe, s'était entremis dans sa réussite. On pouvait le supposer, car, au désespoir de la loi, ce sauf-conduit lui avait permis de sévir chez les flics. Toutefois, toutes choses étant soi-disant égales par ailleurs, Poussin ne pratiquait que le code répressif. Celui des mercantis lui était étranger. Aussi, faute de l'avoir fréquenté, il ne put que décevoir Edmonde.

— Impossible, madame, l'article 74-1 du Code de procédure pénale m'en empêche. Un certificat de vaines recherches ne se délivre qu'après six mois d'enquête. J'en suis foncièrement désolé.

Regrets de faux cul : il en était soulagé... Soulagement prématuré, la pugnace ne s'avoua pas vaincue.

— J'ai aussi entendu parler d'une procédure d'absence. Qu'en pensez-vous, commissaire ?

Vu le temps qu'il mit pour se la remémorer, Bordas répondit à sa place :

— Oubliez-la, elle durera dix ans avant qu'un juge prononce le décès de votre mari... Pour être franc, madame, le profil de nos clients fait que le droit pénal est notre bible. Je serais vous, je consulterais un avocat d'affaires.

— Plus pointus que nous dans ce domaine, l'appuya Poussin, heureux de s'en tirer par une pirouette. Je présume que vous n'en manquez pas pour vous conseiller.

De concert, Edmonde et Jarry lui confirmèrent que c'était le cas... en évitant d'ajouter qu'ils s'en méfiaient comme des scorpions. Certes, les bavards qui défendaient les Chais étaient habiles, mais comme le stipulait leur rôle : ils défendaient les Chais, pas les intérêts personnels. Aux premiers coups de poignard, ils se vendraient aux comploteurs les mieux placés.

Alors, puisque tout était dit, plié, rangé, ils saluèrent les flics.

Poussin les raccompagna jusque dans la rue Marius-Berliet (1866-1949) en leur promettant de faire son maximum – lequel se limiterait à une note parapluie qu'il adresserait au préfet.

En regagnant sa voiture, Edmonde, déçue, déversa sa bile.

— Ce Poussin est un hâbleur, il ne fera rien pour nous. Là où je suis d'accord avec lui, c'est qu'il nous faut un avocat d'affaires, un bon, un chevronné. Le problème est de savoir où en trouver un, et très vite.

A la limite de crier « Eurêka ! », Jarry pila sur le trottoir.

— J'ai mieux qu'un avocat : Archibald Sirauton.

La méprisante eut un haut-le-corps, épouvantée par sa proposition.

— Du manoir de l'Ardières ? Maire de Saint-Vincent-des-Vignes, le nouveau président du syndicat viticole ?

— Oui, Edmonde, il est l'oiseau rare que nous cherchons.

— Oiseau rare, je l'admets, ce monsieur a l'allure d'un perroquet shooté. La seule fois que je l'ai croisé, il exhibait une barbe de corsaire, ses cheveux étaient attachés par un catogan, il portait des bijoux exotiques, et ses vêtements sortaient d'un bazar tibétain. Pas très sérieux, votre piaf.

— L'habit ne fait pas le bonze, vous vous trompez sur son compte.

— Convainquez-moi.

Le petit homme fit un sourire mutin.

— Il y a six ans, avant de reprendre le vignoble familial – qui produit un excellent morgon –, Sirauton était juge d'instruction. Quel que soit son aspect, il connaît notre métier... et le droit sur le bout des doigts... Trêve de bavardage, que pensez-vous de son CV ?

— Du bien, ma foi, mais pourquoi nous aiderait-il ?

— Sirauton a le Beaujolais dans le sang, je l'ai vu à l'œuvre pour le défendre. A mon avis, ce qui menace les Chais lui déplaira terriblement.

Edmonde ne réfléchit pas longtemps.

— Entendu, Victor, approchez-le, je vous donne carte blanche.

Mémoire

Du côté de Saint-Vincent-des-Vignes, dès que la pluie avait cessé, les vignerons étaient revenus dans leurs vignobles. L'époque était à la taille, étape majeure dans la maturation du raisin.

Au nombre des forçats de la serpette, Martinien Lefuissé incarnait la mémoire du pays. Ancien parmi les anciens, il connaissait chaque villageois, l'histoire de sa famille, ses succès, ses déboires et ses déconfitures. Il aimait en parler à qui le voulait bien, et même à ceux qui ne le voulaient pas. Intarissable bavard, il était surnommé Pépé Pipelette par les gens du coin.

Pour l'heure – 11 h 26 précisément –, emmitouflé dans une canadienne aussi vieille que la misère, Martinien taillait de bon cœur. Enfin, presque, une récente crise cardiaque modérait ses ardeurs. La bonne chère et les gorgeons avaient eu raison de la place forte. La première l'avait minée à grand renfort de grenouilles, de cervelas truffé et de quenelles de brochet. Passons sur le gras-double et les gâteaux de foies blonds, l'histoire n'y gagnerait que du cholestérol. Les seconds assaillants – au pluriel, ils s'étaient fédérés – avaient pour noms tous les grands crus du Beaujolais. A deux topettes par jour pendant des décennies, ils avaient réussi à briser ses défenses. Mais Martinien, de la race des rocs, s'en était remis pour contredire les toubibs. Ils le disaient foutu ; il cavalait comme un ado. Non sans faire de nombreuses pauses. Or, là, il sentit le besoin de s'en accorder une. Après tout, il ne faisait que donner un coup de main symbolique, son fils et ses petits-fils taillaient plus vite que lui. Il redressa ses rondeurs, offrit son visage rubicond au vent du Beaujolais, admira pour la millionième fois les monts qui couraient dans l'infini et, tout à coup, le vit surgir de son pick-up.

Nom de gui ! Pourquoi diantre venait-il traîner son look d'Apache ici ? Martinien grigna. Si Archibald Sirauton – Archi pour les amis, lesquels étaient nombreux – se déplaçait pour lui parler, c'est que le sujet devait être sérieux. Inutile de chercher ce qui l'amenait, ce ne pouvait être que cette vacherie d'affaire : la morte trouvée dans son vignoble.

Puisqu'ils étaient sur son chemin, Archi salua d'abord son fils et ses trois petits-fils, puis, d'un pas nonchalant, s'avança vers lui.

— Bonjour, Martinien, en forme ?

— Bah, j'ai beau être d'un âge, je la maintiens. A part un agacin, j'en ai à regonfle.

— Change de godasses, ton cor au pied doit s'y sentir au chaud.

— Et toi, quand c'est-y que tu t'habilleras en maire ? T'as vu tes besognes ? On dirait que tu vas à la vogue.

— Si mes fringues te déplaisent, je peux enfiler un tutu.

— Reste comme t'es, t'as l'air d'un cocotier de Noël. Moi, j'aime plutôt, ça met de l'ambiance, mais y a des péteux qui doivent bacholer dans ton dos.

— Laisse les snobs persifler, ce n'est pas demain qu'ils m'atteindront.

Martinien considéra sa veste multicolore, son pantalon serré par une ceinture en perles, ses bottes de gaucho, son collier tahitien, et ne trouva rien à lui opposer.

— Ouais, c'est que des guignols, tu fais bien de t'en foutre. Et puis c'est ton droit d'être fougnasse, tu ne fais de tort à personne... Mais bon, assez causé mode...

Du bout du doigt il pointa un calvaire.

— Je présume que t'es là pour *ma* morte ?

Douze jours auparavant, le matin de la Chandeleur, il y avait découvert son cadavre. La femme gisait nue au bord de son vignoble, le crâne fracassé, défigurée par la stupeur. Il l'avait recouverte de son antique canadienne, avait prévenu les gendarmes, répondu à cent questions et, depuis, était sans nouvelles de l'enquête.

— Non, je ne suis pas venu pour elle.

— Ah... dommage, j'aimerais savoir qui elle était.

— Les flics aussi, et ils ne le savent toujours pas. Excepté que cette pauvre femme était quadragénaire, qu'elle est morte vers minuit, ils ignorent d'où elle venait. Tout ce que l'autopsie leur a appris, c'est qu'elle a mangé de la choucroute avant de se faire tuer.

— Y a du porc, ça élimine les musulmanes.

— Mais pas les Alsaciennes et toutes celles qui l'adorent.

— Ça en fait des gourmandes, suffit de voir ma femme, elle cesse pas de s'emboquer de charcutaille... Et moi, elle me met au régime, rapport à mon palpitant.

Ecœuré, il voulut dire tout le bien qu'il pensait des légumes cuits à la vapeur, des grillades sans sel, de l'eau minérale, et en fut empêché. Archi, qui redoutait sa logorrhée, s'empressa de revenir au sujet :

— D'après le rapport du légiste, ton inconnue n'a pas eu le temps de souffrir. L'assassin lui a explosé la cervelle avec une pierre. On ne l'a pas retrouvée, il a dû la jeter plus loin à cause des empreintes.

— On n'en manque pas, de pavasses, on a un vieux muret le long de la route. Il est tout dégognanché, y a qu'à se servir.

— Tu sais ce que ça prouve ?

— J'suis pas Maigret, je n'en ai aucune idée.

— Que ce meurtre n'a pas été prémédité, sinon l'assassin se serait servi d'une arme. Il a saisi le premier objet contondant qu'il avait sous la main.

— Une dispute ?

— Je le pense. La question est de savoir ce que ces gens fichaient là en pleine nuit. Pour être perdu, c'est un trou perdu.

— Ils s'y sont peut-être donné rendez-vous.

Archi balança la tête d'un air contrarié.

— Si on retenait cette option, cela signifierait que l'assassin avait un complice... De toi à moi, c'est celle que je retiens.

— Pourquoi ?

— Parce que cette femme n'est pas venue à pied, son meurtrier non plus. Si chacun d'eux est arrivé de son côté, il a bien fallu qu'un troisième larron ramène sa voiture.

— Sauf s'ils étaient tous deux dans la même bagnole.

— Crois-tu qu'ils se sont arrêtés pour discuter dehors, au milieu de n'importe où, dans le froid et le noir ?

— J'sais pas.

— Ben moi pareil. Sans indice, on ne peut que supposer, les experts ont fait chou blanc. L'assassin a pris le soin de déshabiller la victime, d'emporter ses vêtements, ses papiers, ses bijoux, et d'effacer les traces de son passage. Avec si peu de billes, je souhaite bien du plaisir aux enquêteurs.

La déception de Martinien fut plus énorme que son ventre ; cette morte était devenue une amie, il voulait qu'on la venge.

— Mm... En somme, c'est la tasse.

— Pas totalement : il faut être du pays pour connaître cet endroit. On ne s'y promène pas par hasard, surtout à minuit.

— Oh ! Tu veux dire que le coupable est du village ?

— Non, mais de la région, oui. Et ton inconnue également. La police y mettra le temps, mais elle finira par donner un nom à sa dépouille.

Au loin, au-delà des vignobles et des champs, l'église de Saint-Vincent-des-Vignes sonna les trois quarts de onze heures. Martinien rangea sa serpette, fit quelques pas entre les ceps, songeur, puis revint vers Archi, un sourire pendu à sa bouille écarlate.

— T'es un sapré raisonneur, la justice a perdu gros quand t'as rendu ton tablier.

— Ne t'inquiète pas pour elle, j'ai été vite remplacé par un juge d'expérience.

— Un copain à toi ?

— On se fréquente un peu, nous étions condisciples à Bordeaux.

— Eh ben voilà, tout s'explique, c'est grâce à lui que t'as eu ces infos.

— De quoi parles-tu ?

— Du rapport du légiste et du reste. Parce que t'as beau être maire, c'est secret ces machins.

Sa remarque était fondée. Quelle que soit son écharpe, un profane n'y a pas accès. Embarrassé, Archi se mit aussitôt sur la défensive. Pouvait-il lui confier que Bordas, l'adjoint de Poussin, l'incapable lourdingue, le renseignait sur tout ? Que le docteur Chaufourier, légiste de son état, le tuyautait en douce ? Que d'anciennes collègues, au nom de leurs câlins passés, ne lui refusaient rien ? Que l'adjudant-chef Fernandez, de la gendarmerie locale, ne jurait que par lui ? Non, c'était impossible.

— J'ai mon réseau, petit curieux, l'essentiel est qu'il profite à la commune. Contente-toi de cette réponse et oublie ce que je viens de dire.

— Promis, je n'insiste pas, t'as jamais été du genre causant. C'est d'ailleurs pour ta discrétion que je t'apprécie : ce qu'on te raconte, tu sais le garder pour toi.

Archi reçut le compliment sans broncher. Ils étaient entre terriens qui se parlaient franchement, les yeux dans les yeux, sans arrière-pensée. Dans ce contexte viril, un merci, même infime, eût été mal perçu.

— A part ça, monsieur le maire, puisque t'es pas là pour ma morte, de quoi tu veux me causer ?

— Du Salon agricole de Paris.

— C'est pour bientôt.

— Oui, le syndicat viticole y tiendra un stand.

— Je sais, j'ai pas répondu à temps à cause de mon pétage cardiaque.

— Eh bien, tu peux en être, on a un désistement. Le principal est payé, tu n'auras juste qu'à régler le complément. Ainsi que tes frais d'hôtel, on a réservé des chambres près de la porte de Versailles.

— Plus le transport et la mangeaille, ça fait des sous.

— Arrête de mégoter, tu as piqué une crise parce qu'il n'y avait plus de place. Et là je t'en propose une au quart du prix, de quoi te plains-tu ?

— De rien, c'est tentant... Faut que je voie si mon fils est partant. Je lui en dirai un mot à table. Tout de suite, c'est pas le moment, il mouille le tricot.

Ainsi que ses gamins avec ses postillons. Leur lenteur l'exaspérait, il n'arrêtait pas de les engueuler pour qu'ils enclenchent le turbo.

Martinien les observa en se marrant. Cette scène lui rappelait sa jeunesse, quand son père le houspillait pour qu'il taille plus vite. Des années plus tard, il avait fait de même avec son fils qui, à son tour, prenait le relais avec les siens. La vigne n'avait pas à s'inquiéter, la relève apprenait le métier. Il exigeait de la rigueur, or, apparemment, un viticulteur en avait manqué.

— C'est qui le cul d'ail qui vous a plantés ?

— Benoît Bouillot, il m'a appelé ce matin.

— Vous n'avez rien à regretter, son jus est inégal.

— Le dernier ne cassait pas trois pattes à un œuf, mais son petit nouveau est somptueux. Dommage qu'il se désiste, il aurait pu décrocher une médaille.

— Et pourquoi il ne vient plus ?

— Problème de santé, il a refusé de me dire de quoi il souffre.

— Sa femme devait l'accompagner à Paris ?

— C'était prévu, oui, Marie-Jo y tenait.

— Alors c'est pas lui qui est malade, c'est sa grognasse, et de jalousie en sus. Jamais Marie-Josée ne le laissera partir seul, elle connaît trop bien l'engin... Attends, je vais tout te raconter, ça vaut son pesant d'andouillettes...

Sur ces mots, Pépé Pipelette entra dans la peau de Martinien. Il n'épargna rien à Archi, ni les gestes, ni le ton, ni les mimiques. Pour une fois qu'il tenait un spectateur, il s'en donna à cœur joie.

— Quand il avait la vingtaine, Benoît ne pensait qu'à s'amuser et à courir les filles. Comme on dit chez nous, c'était un bringailleur et un fameux arcandier. Pour ça, il savait y faire, c'était un beau parleur. Mais il y a une nénette dont il ne s'est pas méfié : Marie-Josée. Elle, c'était pour la bonne cause qu'elle le voulait, alors elle s'est arrangée pour le garder. C'est pas une nougne, la pie-grièche, elle l'a ferré à la braguette.

— Avec quel hameçon ?

— Un vicieux... Elle l'a attiré dans sa chambre en s'arrangeant pour que son père les surprenne. Le père n'est pas du genre à rigoler, il a fait l'Algérie. Benoît s'est donc marié avec une baïonnette dans le dos... Et ça c'est le meilleur morceau, t'as pas fini d'en rire, ses noces ont été rock and roll.

Bon gré mal gré, Archi dut subir son récit. Au moindre signe d'impatience, Martinien se serait vexé. L'artiste était un cabotin, et quoiqu'il louvoyât, la présence de son fils à Paris ne dépendait que de lui. Heureusement, l'église de Saint-Vincent-des-Vignes vint à la rescousse d'Archi. Dès que sonnèrent les douze coups de midi, Martinien mit son clapet en position *off*, puis, d'une voix mielleuse, susurra en se léchant les lèvres :

— C'est l'heure de l'apéro. Avec ce que j'ai bossé, j'ai afané un canon. Un petit verre de morgon serait le bienvenu.

— Tu plaisantes, j'espère, les toubibs t'ont interdit l'alcool.

— Ils m'ont aussi collé dans le trou et je suis toujours debout. Si on les écoutait, les cimetières seraient pleins de vivants condamnés à crever de soif.

Sans plus se justifier, il vrilla vers son fils.

— Je pars avec Archi !

— Pourquoi ?! Pour t'en jeter un en douce ?!

— Non, on a à discuter affaires, il me ramènera à la maison !

— Tu rentreras quand ?!

— Pas tard, et je serai sérieux, promis !

Plutôt content de son tour, il revint vers Archi en lui adressant un clin d'œil.

— Allez, direction le Café de la Mairie. Tu me parleras de ton Salon en route. Ça me donnera de quoi rassurer mon gars. Il est comme son père, c'est un foutu méfiant.

Marginaux

Le méridien de Greenwich étant imperturbable, midi avait sonné de même au fin fond de la Dombes.

Ses mille étangs brillaient d'un glacé argenté. La pluie du matin les avait chahutés, mais à présent ils somnolaient, calmes et apaisés. La vie reprenait son cours sous un soleil anémique. Des nuées de canards survolaient les poypes. Les échassiers pêchaient au sein des roselières. Aulnes, frênes et bouleaux séchaient dans la douceur.

Niché dans l'Ain aux abords de la Chalaronne – petit cours d'eau tranquille –, celui d'Alphonse Bourdalin respirait la quiétude.

Ah, Alphonse ! Tous les gens du canton connaissaient son histoire. Un peu atrabilaire et beaucoup misanthrope, le vieil ermite était une gloire déchue.

Ancien boxeur professionnel, ancien « on prend ce qui se présente parce qu'il faut bien bouffer », Alphonse était surtout un désenchanté. Les illusions de sa jeunesse avaient péri un soir neigeux. Hiver 1966, glissade, double tonneau, sa voiture foutue et sa carrière itou – d'aucuns complétaient le récit avec des verbes déchirants. Certes, il s'en était sorti. Mais si les chirurgiens avaient pu le sauver, ils n'avaient pu l'aider à remonter sur un ring. Les miracles ont leurs limites. Celui-là s'était arrêté à ses gants. Avec un bras ruiné, il avait dû les raccrocher. Fauché sur le chemin du succès, il s'était réveillé le cul sur le carreau. Plus de contrat, plus d'argent, la dèche intégrale. Sa compagne l'avait quitté. Ses prétendus amis s'étaient évaporés. Petits boulots, salaires de chiotte, chambres de bonne, il n'y avait eu que son père pour lui tendre la main. Une main de besogneux. Pour toute richesse, son père ne possédait que cet étang. La pisciculture représentait son unique revenu. A sa mort, Alphonse l'avait exploité jusqu'à ce que ses forces l'abandonnent. Ou plutôt qu'il décide qu'elles n'étaient plus de taille. A la vérité, il en avait eu marre de se battre. Ce dont il disposait lui suffisait pour vivre : une petite retraite, une maison au bord de l'eau, un jardinet et, par-dessus tout, un coin de paradis. Les importuns n'y étaient pas les bienvenus. Ça se savait dans le pays, il ne voyait personne. De plus, il se passait de voiture. Le bourru en possédait bien une qui dormait dans sa remise – une Dodoche de première génération –, mais il lui préférait son vélo. Le bourg le plus proche n'étant qu'à quatre kilomètres, pourquoi aller plus loin ? Il y faisait ses courses en se dérouillant les jambes. Mais pas la langue. D'ailleurs, il ne savait plus parler. Alphonse échangeait peu de mots avec les commerçants. Leur bla-bla l'ennuyait, les potins l'agaçaient, les guerres de clochers lui rabotaient le chou. Qu'en avait-il à battre des sondages, des verrues de la mère Pointard, des subsides accordés au club de foot – une honte en ces temps de crise ? Fichtre rien ! Après quelques grognements, il réenfourchait sa bécane et retournait chez lui.

A sa façon, Alphonse était un marginal...

Il regarda son coucou suisse, une mocheté qui donnait l'heure et ne chantait plus. Excédé par les cris de l'oiseau, il lui avait tordu le cou.

Midi deux, indiquaient les aiguilles, la cérémonie pouvait commencer.

Il se servit un verre de cerdon et fit le tour du salon. Décoration minimaliste, quelques meubles boiteux s'y étalaient, juste ce qu'il fallait pour répondre à ses besoins. Pourquoi en aurait-il eu davantage ? Il ne recevait jamais.

A contrario, les murs n'offraient plus aucune place, ne fût-ce que pour une punaise. Leurs pans croulaient sous des affiches où figurait son nom. En petit, d'abord, pour ses premiers combats, tous gagnés par K-O. Puis de plus en plus grand au fur et à mesure de ses victoires. Des articles de journaux les côtoyaient, laudateurs, dithyrambiques. Leurs auteurs lui prédisaient les hautes marches du noble art. Enfin, à côté de vieux gants accrochés à un clou, pendait l'affiche maudite. Championnat de France ! Le titre était à sa portée. Les bookmakers le donnaient vainqueur à dix contre un. Mais voilà, à six jours de la rencontre, le sort avait jeté l'éponge avant qu'elle ne commence...

Alphonse se gratta la barbe, une barbe de père Noël, puis sortit pour contempler le paysage. Son regard s'arrêta sur une cabane de fortune. L'homme mangeait devant ce qui lui servait de porte : un empilage de couvertures. Une serrure eût été superflue, ses maigres biens couvraient son dos, ses subsistances gelaient dans un chariot.

L'homme s'était installé là un jour de pluie. Alphonse ne l'avait pas chassé. La mouise, il ne la connaissait que trop. Et puis, l'homme lui ressemblait, amoureux du silence, jaloux de sa liberté.

Accord tacite entre non-conformistes, ils s'adressaient peu la parole, à peine pour se dire bonjour.

D'un vague mouvement de tête, Alphonse lui envoya un salut.

L'homme le lui rendit.

Hommage d'un marginal à plus marginal que lui.

Historiques

Epicentre des tornades, le Café de la Mairie tremblait sous le vent de la controverse. Comme tous les jours, à midi pile, heure sacrée de l'apéro, les vignerons s'étaient regroupés dans son décor banal.

Mais pour une fois ils ne parlaient ni du temps ni des taxes. Le sujet qui les divisait était moins terre à terre. Cupidon n'en croyait pas ses oreilles. Ces hommes durs à la tâche, bruts de décoffrage, peu enclins à discourir sur l'amour courtois, s'engueulaient à propos de la Saint-Valentin. Chacun avait son opinion et la défendait chaudement.

Deux écoles s'opposaient.

Les partisans de la première pestaient contre une coutume qui leur coûtait de l'argent. Et ce n'était rien à côté de ce qu'ils pensaient du père Noël ! Ce cul d'ail s'acharnait à trouer leurs bas de laine. A croire qu'il émargeait sur les ventes des Xbox.

Les grippe-sous étaient bien sûr minoritaires. Ils représentaient la faction harpagonne du village, sans cesse à contester les dépenses de la mairie.

Les tenants de la seconde, eux, s'interrogeaient sur leurs choix. Seraient-ils du goût de l'élue de leur cœur ? Le débat était ouvert.

— Moi, je lui ai pris du parfum, confia un échalas. J'espère qu'il lui plaira, je n'y connais rien, je l'ai acheté à la pharmacie.

— Et pourquoi pas un thermomètre pendant que tu y es, persifla un mafflu. Du parfum s'achète dans une boutique où ça sent bon, pas où ça pue la maladie.

— Ah ouais ! Et toi, tu offres quoi à ta femme ?

— Des boucles d'oreilles, elle n'en a pas.

— Peut-être parce qu'elle n'a pas les lobes percés.

Le joufflu verdit de trouille. C'est vrai qu'il n'avait jamais fait attention aux lobes de sa moitié, plus attiré par sa poitrine et les rondeurs de ses fesses.

D'habitude réservé, Jean-Michel, le patron du café, la trentaine, à demi chauve, sortit de sa neutralité :

— Un bouquet, il n'y a rien de mieux, on est sûr de son coup.

— Des fleurs en février, se marra l'échalas, dis-moi où tu en trouves ?

— Chez le fleuriste, grand gadru, pas chez le pharmacien.

— D'accord, mais il n'y en a pas à Saint-Vincent-des-Vignes, le plus proche est à Beaujeu, faut y aller et j'ai pas le temps.

— Ah, bon loup de bon loup, reprit le mafflu, qu'est-ce qu'on se fait flique pour une tradition à la noix. On ne sait même pas qui était ce Valentin.

— T'as raison, l'approuva l'échassier, il débarque d'où, ce saint ? J'aimerais bien qu'on me l'apprenne.

La question provoqua un silence général. Tous les regards convergèrent vers un homme accoudé au comptoir. Lui connaissait la réponse. Ou alors c'était un gâcheur de métier. Supputation fondée : l'homme était le curé du village et, crise des vocations oblige, de maints d'autres aux alentours. Le manque de main-d'œuvre l'obligeait à se multiplier, vide que Pôle Emploi ne pouvait pas combler. La situation était si tragique qu'il était venu de loin pour assister les fidèles, d'un lointain africain appelé Brazzaville. Eh oui, le père Goma était un Noir du plus bel anthracite. La quarantaine, les cheveux grisonnants, sa carrure impressionnait les foules autant que sa culture. Mais ce qui plaisait chez lui était sa passion pour le vin et, fait peu commun chez un homme d'Eglise, un sens de la réplique aux formules décapantes.

— Mes bien chers frères, en vérité je vous le dis, Valentin a vécu au IIIe siècle après le petit Jésus. Il exerçait son ministère à Rome.

— Et à cause de quoi on l'a bombardé saint ? demanda le mafflu.

— « Faites l'amour, pas la guerre », c'est de lui... Enfin, dans les faits puisqu'il ne l'a pas écrit. Postulat pour le moins luxurieux chez un prêtre, mais il avait de bonnes raisons pour le défendre.

— Lesquelles ? reprit l'échalas, un chouia suspicieux.

— Disons ses convictions antimilitaristes... A l'époque, Claude II, empereur de Rome, devait repousser les Goths. Hélas, le va-t-en-guerre manquait de légionnaires pour leur broyer la couenne.

— La démographie était en baisse ?

— Non, une récente loi exemptait un homme marié de champ de bataille. C'est pourquoi, plutôt que de se faire étriper, les citoyens préféraient convoler. Claude a donc eu l'idée d'interdire le mariage. Dès lors, par peur des représailles, plus aucun religieux n'a osé en bénir. Sauf Valentin qui a marié à tour de bras.

— Sans se faire pincer ?

— Bien sûr que si ! L'empereur l'a fait décapiter... Martyr au nom de l'amour, Valentin mérite notre respect... Quoique...

A ce « quoique » on s'apprêta à souffrir. Introductrice d'une proposition circonstancielle d'opposition, la conjonction ne pouvait que précéder un subjonctif des plus cruels. Mais contrairement à l'usage, Goma s'en tint à un présent mieux apprécié par la communauté.

— On ne peut que lui reprocher un miracle de trop : avant de mourir, Valentin a redonné la vue à la fille de son geôlier. Quand on sait que l'amour est aveugle, lui a-t-il rendu service ?... Je l'ignore humblement, je suis célibataire.

Un éclat de rire salua la chute de son exposé.

Et la porte s'ouvrit sur Archi et Martinien.

Ce fut à grands cris que l'on accueillit ce dernier. Aussi heureux que surpris de le revoir chez Jean-Mi, ses amis l'assaillirent de questions. Entre « Tu ne te souvenais plus du chemin ? », « Tu nous faisais la gueule ? », et « Ta femme sait que t'es ici ? », une constante se démarqua du lot : avait-il des nouvelles de *sa* morte ?... Le cadavre de l'inconnue ayant été trouvé dans son vignoble, le possessif était devenu la règle. On en parlait beaucoup chez Jean-Mi, ce meurtre hantait les esprits et les conversations.

Cependant que le cabotin concoctait une tirade, Archi s'approcha de Goma.

— Bonjour, monsieur le curé. En tournée dans le village ?

— *Monsieur le curé*... On voit, mon cher Archi, que vous êtes devenu maire. Avant, il vous arrivait de m'appeler *mon père*. Par étourderie, je l'admets.

— Ou par une sorte de réflexe hérité de mon enfance. Néanmoins, vous avez raison, en tant que maire je me conforme aux civilités laïques.

— Pas à moi, s'il vous plaît, je sais que vous êtes un libre penseur. Je vous soupçonne même d'admirer Spinoza. Ce qui, pour ma part, ne mérite pas l'enfer.

— Ajoutez-y Teilhard de Chardin, un ami de longue date.

— Doux Jésus ! Libertin et évolutionniste, vous êtes irrécupérable.

— Pour que l'on me récupère, faudrait-il encore que j'aie souscrit à un courant de pensée. Mais très peu pour moi, je suis un démocrate non encarté. Et puis je crois en un dieu dont ne parle aucun livre. Cela dit, je respecte tout engagement pourvu qu'il soit honnête.

Son discours l'étant aussi, Goma trouva la parade.

— Alors tranchons dans le vif : appelez-moi Hippolyte. Je vous promets que vous vous y ferez, je m'y suis bien habitué.

Pris de court, Archi eut une poussée de méfiance. En lui accordant son amitié, amorçait-il une tentative de conversion ? L'idée ne l'effleura que le temps d'une ronde. Sans rien demander en retour, Goma l'avait aidé dans une affaire sensible. Loyal, discret, serviable, l'homme était la franchise incarnée, un stratagème aussi crasse ne lui ressemblait guère.

— Entendu, va pour Hippolyte... Et j'en reviens à ma question : que me vaut le plaisir de vous retrouver dans ce troquet ?

— Le besoin de décompresser devant un verre, c'est jour de confession.

— Oups ! J'en déduis que vous en avez entendu des dures.

— Justement non ! Au prix où est l'essence, les péchés que j'ai absous ne méritaient pas le déplacement. Satan ne fait pas recette dans ce village.

Variation de ton, Goma murmura aussi doucement que possible :

— A propos de diablerie, Bougonne, votre... comment dire ?...

— Membre de la famille depuis trente-deux ans. Bougonne est plus qu'une gouvernante, elle fait partie du clan.

— Oui, eh bien, d'après ce que d'aucuns m'ont confié, les gens du pays la traitent de sorcière. Il paraît qu'elle jette des sorts.

— Ils ne vous ont pas menti, ricana Archi. Les soirs de pleine lune, Bougonne enfourche un balai, participe à des sabbats et danse le twist avec le diable. Elle mange aussi des chats vivants, mais ne le répétez à personne, la SPA lui ferait des misères.

— Il va de soi que ses petits défauts resteront entre nous.

— Merci pour elle... En fait, Bougonne doit sa réputation à un tarot personnel : elle prédit l'avenir aux gogos angoissés. Elle est de même un peu rebouteuse, c'est une experte en plantes.

— Ainsi qu'une mécréante qui ne met jamais les pieds à l'église, absence que déplorent mes saintes paroissiennes. Ce sont elles qui me l'ont fait remarquer.

— Que voulez-vous que j'y fasse ? Espionnage et commérage sont les deux mamelles de la médisance.

Pour cadenasser les mauvaises langues, je ne peux quand même pas lui conseiller de vous rendre visite.

— Inutile, Bougonne le fera bientôt sans votre appui... Ne me demandez pas pourquoi, je serais capable de vous répondre que je l'ai lu dans les astres.

Bien que l'énigme le chatouillât, Archi mit les pouces, d'autant que Martinien venait d'entamer son récit.

L'emphase faisant partie de son folklore, le prolixe le truffa d'adjectifs ampoulés. D'abominable à monstrueux, il approcha du dénouement dans l'horreur et le sang. Les clichés se succédèrent. Le public s'impatienta. Qui était *sa* morte ? Que lui avait appris la police ? Trêve de circonlocutions, il était temps qu'il le dise. Tous savaient qu'il n'attendait que cela pour se mettre en valeur. Mais, à la consternation générale, le bavard leur servit une fin inédite.

— Bon, c'est vrai que je sais des choses, des terribles qui font froid dans le cul. Le problème est que j'ai pas le droit d'en parler.

On le regarda avec des yeux de chouette... Etait-ce bien le père Pipelette qui leur faisait ce coup ? Ce n'était pas Dieu possible, on le leur avait cloné.

— Tu rigoles ? reprit Jean-Michel dans un silence morbide.

— Non, si je causais je me ferais rembourrer. Tant que le coupable ne sera pas coffré, motus et bouche cousue, j'ai promis de la fermer.

Pour une première, elle était innovante. De mémoire de Vincenvignoblois, jamais Martinien n'avait pu tenir sa langue. On en déduisit que l'affaire était plus épineuse qu'on ne l'imaginait. Ce meurtre était peut-être politique et *sa* morte une Mata Hari. Plus rien ne surprenait ces vignerons, tout allait de travers dans ce pays. Leurs aïeux l'avaient dit avant eux, mais ils jugeaient que leur travers était plus de travers que les travers de jadis. Militant au parti du « on nous prend pour des cons », un jeune en témoigna en exhibant le journal.

— Braquages, assassinats, on ne lit que ça dans le canard. Et le pompon c'est le duc du Beaujolais. Ça fait trois mois que la police le recherche. On me dira ce qu'on voudra, mais Pillorget est une vedette, on le reconnaît de loin. Faut être peu intrigant pour le louper, les flics devraient changer de lunettes.

Archi, lui, ne s'en étonna guère. Avec Poussin pour conduire l'enquête, Pillorget n'était pas près d'être retrouvé. Au passage il adressa un signe de connivence à Martinien. Le bavard avait tenu sa promesse en ne répétant pas ses confidences. Supplice surhumain, sa discrétion lui coûtait. Il fallait qu'il se rattrape, sa réputation était en jeu. Tombée à point nommé, l'affaire Pillorget lui en fournit l'occasion.

— Je connais bien Eric, on est de la même classe. Je l'ai vu démarrer avec une seule baignoire et deux goyettes, je vous jure qu'il n'a pas volé ses sous.

— On en est tous à travailler pareil, se froissa l'échalas, qu'est-ce qu'il a de plus que nous pour avoir fait fortune ?

— Du génie ! C'est l'Einstein du vin.

— Il en fait de l'atomique ?

— T'es tout bredin, pauvre andouille, tu ferais mieux de m'écouter.

A cette invitation, on comprit que Pépé Pipelette annonçait son retour. Par respect pour son âge, on se prépara à l'endurer en lampant son morgon. Le verbeux, quant à lui, en avala un second pour *s'éclaircir la langue*. Cela faisait trop longtemps qu'il en était privé.

— Eric, vois-tu, a la terre dans le sang, il en extrait le meilleur comme personne. Avant même d'assembler les cépages, il connaît déjà le goût de son millésime. C'est tout bonnement prodigieux, il n'y a que lui pour accomplir ce miracle.

— Sauf que ce n'est plus Pillorget qui s'occupe de ses cuves, riposta le mafflu. T'as vu ses chais, t'as mesuré l'entreprise ? Cent soixante employés rien qu'ici, une fabrique de bouteilles, des vignobles partout en France. Avec ce qu'il doit gérer, j'en serais sur les fesses qu'il fasse son jus lui-même.

— T'as raison, y peut plus. Mais au début, quand il a repris la vigne de son père, il en a tiré un nectar mémorable. Les médailles se sont mises à pleuvoir et il a su en profiter. Parce qu'en plus d'être génial Eric a un don pour se vendre... et aussi pour acheter.

Le ton rogue, un jeunot contesta la beauté du tableau :

— Et pour se faire des ennemis ! C'est vrai qu'il a racheté un paquet de vignes en perdition, ce qui a fait des jaloux, mais il a surtout mis des confrères sur la paille.

— Arrête tes gognandises, blanc-bec, c'est des ragots de babèles ! Tiens ! sais-tu au moins que les Chais Pillorget achètent du vin dans le Beaujolais ?

— Bien sûr, cette question ! Ils n'en ont pas assez pour répondre à la demande.

— Et que les viticulteurs sont triés sur le volet ?

— Ouais, ils sont très exigeants, m'a dit un courtier.

— Eh bien, il y a quelques années, quand l'affaire du sucre a éclaté, Eric a fait le ménage. Oh, bon loup, la colère ! Il a viré tous ceux qui avaient sucré leur vin à tire-larigot. Le scandale a fait du bruit, les arnaqueurs l'ont payé cher. Certains ont dû mettre la clé sous la porte... et les racontars viennent de là, y a rien à dire de plus.

L'explication cessa sur cet épilogue. De crainte que le bavard n'embraye, personne n'y ajouta son grain de sel. D'ailleurs, tous connaissaient cette histoire. Seul Jean-Michel, qui la découvrait, eut l'idée saugrenue d'émettre une hypothèse :

— La vengeance est un plat qui se mange froid. Peut-être que Pillorget a été zigouillé par l'un de ceux qu'il a coulés. Si ça tombe, il n'est plus qu'un tas d'os qu'on ne retrouvera jamais. Tu en penses quoi, Martinien ?

— Peuh... Faut demander à Archi, c'est lui l'expert en crime.

Répétition d'une scène précédente, tous les regards se portèrent sur Archi. Que raconter sur une affaire dont il ne connaissait que les grandes lignes ? Et qui ne le passionnait guère ? Rien ! Il déclara forfait.

— Désolé, je n'ai pas d'opinion. Et à toutes fins utiles, je vous rappelle que je ne suis plus juge.

Jusque-là en retrait, les harpagons rebondirent sur ses regrets.

— Mais maintenant que t'es le premier magistrat de la commune, lança un virulent, il serait temps que tu fasses remblayer le chemin du Loup. C'est plein de nids-de-poule, j'y use mes pneus, et j'te dis pas le prix des pneus.

— Pareil pour les lumières ! poursuivit un emporté. Au lieu d'illuminer la mairie, on ferait bien d'installer des réverbères dans ma rue. On n'est pas à Versailles, l'argent serait mieux employé qu'en éclairage pompeux.

Le dernier fesse-mathieu s'apprêta à rouspéter. Il n'en eut pas le loisir, Archi lui cloua le bec avant qu'il ne croasse :

— Revoyez votre numéro, les clowns, il n'est pas drôle. Si mon prédécesseur n'était pas mort tragiquement, je n'aurais jamais accepté d'être maire. Je le suis officiellement depuis un mois, mais je peux encore vous céder la place. Entre les impôts locaux, les financements divers et les audits permanents, je vous garantis que vous aurez de quoi faire rire... Alors, est-ce que ma proposition vous tente ?

Comme il s'y attendait, elle ne les tenta point. Et par chance pour les comiques, son smartphone vibra. L'appel venait de chez lui.

— Vas-y, Bougonne, je t'écoute... Qui ça ?... Ah bon, il est au manoir ?... Il veut me parler, c'est urgent ?... OK, dis-lui que j'arrive, je fais au plus vite.

La mine soucieuse, il se tourna vers Martinien.

— Finis ton verre, mon vieux, je te raccompagne, un visiteur m'attend.

Le bavard fit la tronche, il en aurait bien bu un troisième.

Accord

Le manoir de l'Ardières était un cube quelconque. D'une architecture basique au volume prétentieux, la bâtisse ne correspondait guère à sa désignation. L'ancêtre d'Archi l'avait inaugurée en 1887, époque où les bourgeois se prenaient pour des nobles. Virussé par cette mode, son vénérable aïeul n'avait pas hésité à l'appeler manoir. Quant à l'Ardières, il fallait des jumelles pour distinguer ses flots. La rivière coulait à des kilomètres de là. Mais comme le nom sonnait bien et que le vin se vendait mieux, on s'était bien gardé de débaptiser le lieu.

Un parc et un jardin entouraient la demeure. Entretenus avec soin, ils la paraient d'un cachet qui lui faisait défaut.

Hélas, *fatalitas*, le charme s'évaporait sitôt qu'on y entrait. Passé le vestibule, nombre d'esthètes avaient failli s'enfuir. En franchissant sa porte, les plus impressionnables avaient eu la nausée. Car force était de l'avouer, sa décoration méritait les assises. Dire qu'elle était de mauvais goût serait une erreur. Le mauvais goût désigne une infraction aux règles de l'harmonie. Or, ici, il n'y avait pas de mot pour qualifier le crime. Depuis l'aïeul susdécrit, on y entassait des meubles hétéroclites – si laids que des voleurs les avaient laissés sur place. Mais le summum du pire était les tableaux – de même délaissés par les cambrioleurs. Trois générations de Sirauton y avaient empilé des croûtes. Elles gâtaient les murs au désespoir d'Archi. Et aussi de Tirbouchon, son fidèle labrador. Ce chien ne manquait ni de goût ni d'intelligence. Seule la parole lui faisait défaut. C'est pourquoi, pour prévenir que son maître arrivait, il ne put qu'aboyer.

— Ah, le voilà enfin, souffla Bougonne, il vous a fait attendre.

— Non, madame, répondit le visiteur, c'est moi qui le dérange. Je n'avais pas son numéro, sinon je lui aurais demandé de m'accorder un entretien.

— Quand c'est urgent on improvise, ce n'est pas lui qui vous le reprochera. Bon, encore un peu de patience, je vais vous le chercher.

Sous la garde du chien, elle abandonna l'homme dans le salon. Assis sur une bergère sur laquelle il avait dû pleuvoir, ce dernier contempla, fasciné, l'œuvre d'un rapin obscur. Depuis qu'il l'avait vue, il était incapable d'en détacher les yeux. Pourquoi ce paysage l'envoûtait-il ? Ce mystère l'intriguait.

Cependant qu'il se malmenait la cervelle, Bougonne avait rejoint Archi qui se garait dans la cour.

— Tu en as mis un temps pour quelqu'un de pressé.

— J'ai raccompagné Pépé Pipelette, le détour a été long.

— Toujours aussi loquace, celui-là ?

— Lui, ça va encore, ce sont les harpagons qui m'ont retardé. Et des doléances par-ci, et des reproches par-là, ces charognards m'épuisent.

— Mes cartes t'avaient prédit des soucis si tu devenais maire. Tu n'as pas voulu m'écouter, tant pis pour toi.

— Sois gentille, évite de me parler de tes cartes, tu sais ce que j'en pense.

— Ouais, ben elles ont aussi vu que tu aurais une visite. Elles ne se sont pas trompées, ton visiteur t'attend.

Sa remarque le rappela à ses devoirs. Archi ferma son pick-up et courut vers le perron. Avant d'entrer dans le manoir, il nota que Bougonne n'était pas comme d'habitude. Déjà sévère, son visage s'enlaidissait de plis bilieux. De plus, elle se tordait les doigts, symptôme évident d'un malaise profond.

— Ça va ? Tu te sens bien ?

— Non... J'ai un problème.

— Que t'arrive-t-il ?

— On m'a volé mon portefeuille.

— Hein ! Où ça ?

— Au village, ce matin, alors que je faisais mes courses. Quand je suis rentrée, je ne l'avais plus. Je l'ai cherché partout, je ne l'ai pas retrouvé.

— Tu l'as peut-être perdu.

— Impossible, je le range toujours dans la poche de mon manteau.

— Que contenait-il ?

— Mon permis de conduire et dix euros. Mais il y a plus grave...

Elle respira à fond avant de lui annoncer :

— J'y avais rangé les notes des commerçants.

— Et c'est pour des justificatifs que tu te mets dans cet état ? Enfin, Bougonne, crois-tu que je vérifie tes dépenses ? La perte de ton permis est plus gênante, demandes-en vite un provisoire.

— Mm... N'empêche que c'est la première fois et que je m'en veux.

— Il y a un début à tout et le malheur n'est pas grand... Allez, on en reparlera plus tard, mon visiteur doit se ronger les ongles.

Archi se trompait, son hôte ne bouillait pas d'impatience, il avait quitté le temps. Hypnotisé par le tableau qui le troublait depuis une heure, il le fixait avec des yeux hallucinés. Pourquoi diable l'attirait-il à ce point ? Le peintre ne s'appelait pas Corot, il n'y avait pas de quoi s'extasier devant son huile.

— Bonjour, monsieur Jarry, pardonnez-moi, j'ai eu un imprévu.

Tout à sa contemplation, l'émissaire d'Edmonde sursauta sur son siège.

— Euh !... Je vous en prie, monsieur Sirauton, c'est à moi de vous présenter des excuses, je vous dérange peut-être.

— Nullement, monsieur Jarry, c'est un plaisir de vous revoir.

Combien de fois l'avait-il rencontré ? Archi ne sut le dire. Peu, c'était certain, au cours de pince-fesses professionnels – bien obligé d'y être. Néanmoins, il se souvenait de Jarry comme d'un homme aimable, plus disert que coincé malgré son apparence. Pour quelle raison venait-il le voir ? Certainement pour lui parler de Pillorget. Archi en aurait mis sa main au feu.

— Et rasseyez-vous, je vais vous servir un verre. Que voulez-vous boire ?

— Rien, je vous remercie, votre... *gouvernante* m'en a déjà proposé un.

— Alors je vous imiterai, j'ai pas mal de travail.

— J'essaierai donc d'être le plus bref possible. Mais avant tout, je vous dois un aveu : j'ai menti à votre... *gouvernante*. Je n'ai pas cherché à vous appeler, je suis venu directement chez vous.

— Le péché n'est pas grand et le motif doit être sérieux.

— Terriblement, monsieur Sirauton, c'est pourquoi je sollicite vos conseils... de spécialiste du droit... Autant être franc d'entrée de jeu.

— Si c'est dans mes cordes, ce sera volontiers.

Entre-temps, Tirbouchon était venu quémander une caresse. Archi dut frotter son poil charbonneux. Durant cet intermède, Jarry refixa le tableau. Pourquoi cette scène pastorale l'attirait-elle autant ? Il ne le comprenait toujours pas.

Satisfait de la grattouille, Tirbouchon regagna son tapis d'horreur. A l'origine « d'Orient », il était si usé qu'il ne méritait plus cette AOC. Le chien se coucha en bâillant et son maître ouvrit le ban.

— Je vous écoute, monsieur Jarry.

— Il s'agit d'Eric Pillorget. Je suppose que vous savez que la police le recherche.

— Oui, triste affaire, je l'ai suivie dans le journal.

— Ce que la presse ne rapporte pas, ce sont les circonstances de sa disparition. Si j'étais pontifiant, je dirais qu'elle est ésotérique. Puis-je vous la raconter ? Elle se résume en peu de phrases.

— J'ai du temps devant moi, allez-y, je suis tout ouïe.

Jarry l'en remercia d'un sourire sans joie.

— Les faits remontent au 13 novembre dernier... Eric travaillait depuis l'aube dans son bureau. Un peu après 9 heures il a voulu s'aérer, mais comme il pleuvait à verse, il est resté sur le perron. François, le maître d'hôtel, lui a proposé un parapluie, Eric a décliné son offre et François n'a pas insisté. Une employée de maison l'a alors vu se diriger vers les marches.

— Les a-t-il descendues ?

— Elle n'y a pas fait attention, elle passait la serpillière. Quant à moi, j'étais à Bourg-en-Bresse, je ne suis revenu au château que vers midi et demi. Mon premier réflexe a été d'aller voir Eric. Il n'était pas dans son bureau où il avait laissé son mobile. Je l'ai tout de suite signalé à Monique, sa secrétaire, qui en a été surprise : Eric ne s'en séparait jamais.

— Son absence vous a intrigué ?

— Oui, et surtout cet oubli. J'ai aussitôt couru de pièce en pièce. Aucune trace d'Eric. Et au dire des femmes de ménage, il n'était pas dans ses appartements. Je l'ai alors cherché partout avec le personnel. En vain, pas de réponse. Puis François a trouvé sa cravate dans le parc, et là, j'ai prévenu la police... Voilà l'histoire, monsieur Sirauton, personne ne comprend ce qui lui est arrivé.

Sur son tapis d'horreur, Tirbouchon se dit que l'explication ne pouvait être que logique. Ce chien ne croyait pas aux kidnappeurs venus de l'espace. Son maître non plus, qui commença à se passionner pour cette énigme.

— Pour sortir, Eric est-il passé par le bureau de sa secrétaire ?

— Non, le sien est pourvu de trois portes, dont l'une donne sur le vestibule. Il a emprunté cette dernière, Monique est formelle.

— Qu'y a-t-il autour du château ? Je ne le connais que de loin.

— Des vignes à perte de vue, il est retiré de tout.

— Quelqu'un a-t-il pu l'emmener discrètement en voiture ?

— Impossible, les abords sont dégagés, on l'aurait remarqué.

— Mm... Ses proches étaient-ils présents quand Eric a disparu ?

— Non, sa femme et ses enfants étaient absents. C'est d'ailleurs d'eux que je veux vous parler. Ce n'est pas anodin : s'ils font un mauvais choix, les Chais disparaîtront à terme. C'est pour éviter ce désastre que j'ai besoin d'un conseil... Et discret, ce que je vais vous révéler est ultra-confidentiel.

— Vous avez ma parole, rien de ce que vous direz ne sortira de ce salon.

Jarry, alors, répéta mot pour mot ce qu'il avait confié à Poussin. Le prochain conseil annuel, les ambitions déclarées, les actionnaires frileux, les prédateurs à l'affût, il n'omit rien. Il ajouta à l'inventaire ce qu'il lui avait caché : sa méfiance à l'égard de leurs avocats. Archi comprit alors pourquoi il était venu le voir, sans pour autant saisir ce qu'il attendait de lui.

— Effectivement, l'absence d'Eric est tragique, mais dans ce contexte légal, je ne vois pas quel conseil vous donner.

— J'y arrive, monsieur Sirauton : si Edmonde bénéficie des voix de son mari, elle renversera la vapeur.

— Elle aurait la majorité pour imposer ses vues ?

— Les hésitants la suivront, Edmonde a un atout pour les convaincre : Maxime Aubert, le filleul d'Eric. C'est un garçon brillant qui réinstaurerait la confiance. Maxime est œnologue, il connaît le vin sur le bout de la langue.

— C'est déjà un bon point.

— Il est aussi diplômé d'une école de commerce américaine. L'ennui est qu'il n'est pas actionnaire.

Pour le peu qu'il apprenait sur le bonhomme, Archi déplora que son talent ne fasse pas le poids face à des comptes en banque.

— Dommage... Et qui se porte candidat à la présidence ?

— Deux grands incapables : Jacquemin, le fils aîné d'Eric, marié à Noémie Beaucart, des laiteries Beaucart, un empire : lait, beurre, yaourts et glaces.

— Il faut bien que l'argent des vaches profite à quelqu'un. Et qui est l'autre glandu ?

— Wilfrid Carle, gendre d'Eric, conjoint de Déborah Pillorget. Wilfrid est le futur héritier des restaurants Blue Grill, soixante enseignes plus le reste.

— Tout ce petit monde est actionnaire de l'entreprise ?

— Oui, les papas de Noémie et de Wilfrid ont mis leurs parts dans les corbeilles de mariage.

— Comment se fait-il qu'ils en possédaient ?

— Nécessité de se diversifier, ils ont cru au développement des Chais. Cela dit, j'en oublie un : Guéwen, le fils cadet d'Eric, un dilettante qui rêvait d'être musicien. Le problème est qu'une guitare a six cordes et qu'il n'en maîtrisait que trois. Eric l'a nommé directeur des relations publiques. Guéwen soutiendra sa mère, mais ça ne suffira pas pour qu'elle l'emporte.

La tête d'Archi commença à tourner, il ne s'y retrouvait plus.

— Pardonnez-moi, monsieur Jarry, je m'y perds. Pouvez-vous me présenter qui est qui d'une manière plus synthétique ?

— Avec plaisir, en y accolant toutefois un avis personnel.

Sans complaisance, Jarry passa aussitôt en revue les trois enfants d'Eric. Par ordre de naissance, Jacquemin, trente-sept ans, eut droit au titre d'arriviste primaire. Hautain et arrogant, ses prétentions n'avaient d'égal que le vide de son cerveau. Etait-ce par charité que son père l'avait bombardé DG adjoint ? Une sinécure, cet imbécile ne s'occupait que de tâches secondaires. Quant à Déborah, trente-deux ans, il la présenta comme la reine du shopping. A part courir les magasins, elle ne savait rien faire. Pour Guéwen, vingt-neuf ans, célibataire, il avait dit l'essentiel. Il n'ajouta à son CV qu'un doctorat ès fêtes. Malheureusement, soupira-t-il, Eric avait offert dix pour cent des parts à chacun de ses rejetons, cadeau que les aînés s'apprêtaient à brader.

Vint le tour des conjoints, détenteurs, eux aussi, du même nombre de parts. Noémie, de neuf ans plus jeune que son mari, fut dépeinte comme une Borgia new-look. Elle n'admettait pas que Jacquemin restât au second plan. C'est elle qui le poussait à s'emparer du trône. Enfin, Wilfrid, trente-quatre ans, fut tout de go qualifié de nazi. A en croire Jarry, quand il le prononçait, le mot « social » lui provoquait des aphtes. En prime, il lui décerna la médaille du machisme. C'était à se demander ce que Déborah avait pu lui trouver.

A contrario, Jarry mit un mouchoir sur ce qu'il pensait d'Edmonde. A cinquante-neuf ans, cette fille de notaire n'avait rien perdu de la morgue de sa jeunesse. Elle s'était même amplifiée. Mais puisqu'ils s'étaient alliés pour gagner cette guerre, il se borna à la décrire comme une femme de caractère... qui, hélas, ne détenait que vingt pour cent des parts, Eric en possédant autant.

Champion en calcul mental, Archi constata que le compte n'y était pas.

— Edmonde plus Eric égale quarante, cinquante pour les enfants et les conjoints, il manque dix pour cent.

— Exact, deux banquiers se les répartissent. Sans Eric, ils ne croient plus aux Chais. Et puis la fortune des conjoints leur paraît une excellente garantie pour leur construire un avenir. Bref, ils lâchent Edmonde.

— Les rats quittent le navire ?

— Non, ils voient des perspectives plus juteuses dans l'empire du Milieu. L'emmerdant est que Jacquemin et Wilfrid sont à l'origine de leur virage. Je le sais, *un ami bien placé* me l'a rapporté.

— Waouh ! Vous rémunérez des espions ?

— Non, j'ai mes habitudes dans une auberge. L'erreur de ces braves gens est d'y avoir goûté ses plats. Disons que le patron est un patriote, il m'a prévenu du danger.

— Que voulez-vous, on parle toujours trop fort à table, on ne se méfie pas des oreilles qui traînent. Mais je ne comprends pas une chose : Jacquemin et Wilfrid sont concurrents, ils devraient s'affronter.

— C'est vrai, si ce n'est qu'ils s'entendent sur tout. Quelle que soit l'issue du vote, ils ont conclu un pacte pour diriger les Chais.

— Voui... et que signifie « s'entendre sur tout » ?

Le rictus de Jarry le prévint d'un grain. Le signal était faible pour annoncer un séisme.

— Ces messieurs ont l'intention de mettre fin aux partenariats locaux, peu rentables à leurs yeux. En clair, ils souhaitent reconduire la formule en Chine.

— Avec des viticulteurs chinois ?

— Oui, sous le label les Chais Pillorget, extrêmement vendeur. Ils souhaitent aussi y faire pousser de la vigne. C'est pourquoi ils ont besoin de capitaux pour asseoir leur projet.

— C'est de la démence.

— Allez le leur dire, ils ne jurent que par la mondialisation. D'après mon patriote, ils se plaignent que faire du vin en France coûte cher, que les marges sont nulles et les règlements trop drastiques. Ils ne conserveraient qu'une faible production dans le Beaujolais, un minimum pour les besoins de l'image.

— En virant combien de vignerons partenaires ?

— Les deux tiers, plus une partie des employés de la fabrique de bouteilles. Les duettistes songent au PET[1] pour embouteiller les grands crus.

— Dedju ! Le marché n'est pas prêt, je serais étonné que le Français apprécie le polyéthylène téréphtalate.

— Moi aussi, et rien ne démontre que le PET préserve les vins de garde.

— Vos bredins déchanteront vite... Et le filleul, Maxime Aubert, vous le pensez capable de leur opposer un plan convenable ?

— En béton, monsieur Sirauton, Maxime a des idées géniales et les compétences pour les mener à bien. Il l'a prouvé en tant que directeur commercial, je ne vois que lui pour présider les Chais...

Demi-pause. La main de Jarry balaya l'espace.

---

1. Plastique soufflé dix fois plus léger que le verre. Economique, incassable, il n'altère pas le goût du vin.

— Je pourrais m'en foutre, je serai bientôt à la retraite. Mais voilà, je veux empêcher que ce malheur s'abatte sur ma région.

Son credo plut à Archi, de même que son combat. Il avait fallu des années pour que le beaujolais s'impose. Des décennies durant, les snobinards l'avaient traité de jus terreux. Eric Pillorget, en dépit des critiques, avait contribué à promouvoir ses crus. Juliénas, chénas, moulin-à-vent, côte-de-brouilly, brouilly, morgon, fleurie, saint-amour, régnié, chiroubles lui étaient redevables. Au nom de ses confrères qui en avaient profité, son duché méritait qu'il le défende.

— Résumons-nous, monsieur Jarry. Sur le papier, avec quatre-vingt-dix pour cent des parts, le clan Pillorget est à l'abri des raiders. Mais sans celles de son mari, Edmonde n'en a plus que trente avec les dix de Guéwen.

— Oui, contre les quarante de ses autres enfants et de leurs conjoints. Déborah votera ce que lui dictera Wilfrid. Ce qui, en l'absence d'Eric, nous prédit une victoire des ambitieux. Les banquiers, eux, suivront le mouvement. Pour l'instant, ils ont la tête en Chine.

— Ils changeraient vraiment de camp si le filleul devenait candidat ?

— J'en suis convaincu, Maxime a de quoi les retourner. Un seul suffirait à faire pencher la balance. Pour cela, il faudrait qu'Edmonde ait les voix d'Eric. Le problème est qu'il ne lui a pas laissé de pouvoir. Nous avons cherché une solution avec le commissaire Poussin, il nous a répondu qu'il n'en avait pas.

— Sans essayer d'en trouver une ?

— Si, nous avons évoqué le certificat de vaines recherches et la procédure d'absence. Dans les deux cas, Poussin a détruit nos espoirs.

— Pour une fois, il a eu raison... Toutefois, si j'ai bonne mémoire, je crois qu'il y a un moyen de contourner les obstacles... Attendez que je me souvienne du texte..

Le front plissé, Archi le laissa reprendre confiance. Cependant qu'il cogitait, le regard de Jarry se refixa sur le tableau maudit. Qu'avait-il de particulier pour l'attirer comme un aimant ? Le mystère perdurait.

— Je l'ai ! le réveilla Archi. Article 219, alinéa 2 du Code civil, je vous cite le meilleur : *Les actes faits par un époux en représentation de l'autre ont effet, à l'égard de celui-ci, suivant la règle de la gestion des affaires.*

— Ce qui signifie, monsieur Sirauton ?

— Que madame Pillorget pourrait très bien représenter son mari au mieux de ses intérêts. C'est jouable, à condition – j'insiste sur le conditionnel – que les statuts de la société le lui permettent. Il faudrait aussi éplucher leur contrat de mariage, il y a peut-être quelque chose à gratter de ce côté-là.

— Je vous crois de tout cœur, l'embêtant est que je n'y connais rien.

— Apportez-moi ces documents, je les examinerai.

Jarry se frappa le front, pris d'une idée soudaine.

— Et si vous veniez dîner au château pour les récupérer ? Toute la smala s'y réunit ce soir, vous sentiriez l'ambiance... Etes-vous disponible ?

— Oui, ma compagne ne revient que demain après-midi.

— Félicitations, j'ignorais que vous viviez en couple.

— Seulement par intermittence, Xa est comédienne. En ce moment elle répète *Le Bourgeois gentilhomme* dans un théâtre parisien. Le metteur en scène lui a donné campos pour quelques jours.

— Vous pouvez donc être des nôtres... Disons vers 19 heures ?

Archi hésita. Ajouter des vaniteux dans son musée privé le séduisait plutôt. En revanche, rompre le pain en leur compagnie ne l'emballait guère. Jarry, qui devina ses réticences, trouva l'argument choc pour le décider.

— Je sais que je vous offenserais en vous proposant de vous rémunérer.

— Ce serait un *casus belli*.

— C'est pourquoi, à titre promotionnel, je suis prêt à signer un chèque au syndicat viticole. J'ai appris que vous tiendrez un stand au Salon agricole. L'animation coûte cher, la contribution des Chais vous permettra de l'étoffer. Cet accord vous convient-il ?

— Quelles que soient mes conclusions ?

— Evidemment. Et puis ce sera le prétexte qui justifiera votre présence. Edmonde jouera le jeu, je la mettrai dans la confidence.

L'offre était alléchante, Archi se laissa donc allécher.

— Entendu, monsieur Jarry, on se débrouillera pour imprimer votre logo sur notre brochure.

— Parfait, je vous remettrai le chèque ce soir.

Les deux hommes se levèrent pour se serrer la main. Au passage, Archi remarqua que Jarry, visiblement troublé, baladait un regard affligé sur les meubles et les tableaux.

— Décor gothique, n'est-ce pas ?

— Bah, tous les genres se respectent.

— S'il ne tenait qu'à moi, je bazarderais ces vieilleries.

— Qu'est-ce qui vous en empêche ?

— Mes parents y tiennent beaucoup.

— Hou là, la volonté des parents est sacrée... A ce propos, que deviennent-ils ? Cela fait un bout de temps que je ne les vois plus.

— Moi non plus, ils profitent de leur retraite à Paris.

— Ah, c'est vrai, on me l'a dit. Et qu'y font-ils de beau ?

— Musées, spectacles, ils ont de quoi s'occuper. Et puis ils voyagent beaucoup. A l'heure actuelle, ils naviguent dans les fjords.

— Jolie croisière, je les envie.

— Moi aussi, mes yeux n'auraient pas à supporter ces horreurs. A part le piano que j'ai acheté, vous avez autour de vous des mochetés accumulées depuis des siècles.

A la lumière de ses explications, Jarry eut la réponse à sa question : ce tableau singulier, ce tableau atypique qui l'obsédait tant, était le plus raté qu'il eût jamais vu.

Menaces

La nuit s'était emparée du château. Victoire répétitive, elle triomphait tous les soirs

A pas de pingouin, François, le maître d'hôtel des Pillorget, progressait dans le parc. Lesdits pas méritaient la comparaison : François avait été réformé pour pieds plats. Curieusement, sa difformité avait décidé de sa carrière. Sans formation professionnelle, sans spécialité particulière, il était devenu garçon de café. Marcher à la 10 h 10 faisant partie de l'emploi, il s'y était senti à l'aise. Mais lorsque sa démarche avait varié de deux minutes – passant à 9 h 48 d'un côté et à 10 h 12 de l'autre –, il s'était dit qu'il était l'heure d'évoluer. Grâce à cet écart de cent trente-deux degrés, ses petits pieds lui avaient indiqué le chemin à suivre. Salut la limonade ! Il s'était reconverti dans la restauration.

De guinguettes modestes en restaurants étoilés, François avait acquis du style. Peu épais, droit comme un cure-dent, le visage émacié, la mâchoire chevaline, il possédait le don que d'aucuns exigent d'un serveur : passer inaperçu. C'est donc en ne le remarquant pas qu'Edmonde l'avait distingué. Ainsi, depuis onze ans, transparent à l'envi, il errait au château en parfait ectoplasme.

Par chance, le ciel était couvert. François l'en remercia – du moins celui qu'on ne voit pas. François avait de la religion. Son ex-voto mental se justifiait par sa frousse : il redoutait qu'on l'aperçoive. L'obscurité était la bienvenue pour faire ce qu'il avait à faire. Et ce qu'il avait à faire ne lui plaisait guère. Personne ne l'avait vu sortir du château, et nul ne devait savoir ce qu'il fichait dehors. Trop dangereux ; l'explication lui coûterait sa place.

Le parc était immense. A une allure de palmipède, il se faufila entre les arbres, se courba près de massifs, et, plié en deux, atteignit le mur d'enceinte.

18 h 37 à sa montre, il avait sept minutes de retard. A sa décharge, il lui avait été difficile de se libérer plus tôt. Madame Pillorget attendait un hôte de marque. Alors que tout était prêt, elle lui avait demandé de redresser la table. Vaisselle d'apparat, couverts en argent, cristal de Saint-Louis, le grand jeu, la totale ! Pour bénéficier d'un traitement de première classe, cet invité devait être un grand personnage, un député ou un cacique du genre haut fonctionnaire.

La petite porte du parc n'était plus qu'à deux mètres. François l'ouvrit d'une main tremblante. Ce qui allait se passer à l'extérieur lui filait la colique. Mais il ne pouvait se défiler, il n'en avait pas les moyens.

Pas âme qui vive aux environs, même pas un chat pouilleux. Le chemin qui longeait le mur était vide. Se pouvait-il que l'autre ait manqué leur rendez-vous ? C'était pourtant lui qui l'avait fixé. François lui accorda cinq minutes de rab, ensuite il ferait demi-tour ; il ne pouvait se permettre de l'attendre plus longtemps.

— T'es à la bourre, mon gars, je commençais à m'impatienter.

François tressaillit en entendant sa voix rauque.

— Tu m'as fait peur, Marcel... Où étais-tu caché ?

— Dans la vigne, super planque, la preuve...

François regarda autour de lui : aucune voiture à l'horizon.

— Comment es-tu arrivé ici ?

— A cheval, c'est plus discret.

— Ah bon ?

François n'était pas bête, il était juste candide.

— Ah, là, là, décidément t'es le roi des culs d'ail. Bien sûr que je suis venu en bagnole. Je l'ai garée à perpète, je ne voulais pas qu'on me voie de ton château Renaissance.

— Permets-moi de rectifier : Louis XI y a dormi, il est du Moyen Age.

A contrario, bien qu'un peu niais, François connaissait l'histoire de France dont il respectait la langue – courtoisie dont Marcel n'avait rien à fiche.

— Je m'en bats les burnes de son âge, je gerbe ceux qui l'habitent. Qu'ils crèvent tous, les Pillorget ! Il y en a un de parti, bon débarras ! Mais si un jour je le retrouve, je te jure que le brûlerai vif, lentement, pour qu'il déguste. Et s'il est déjà mort, je pisserai sur ses os, ça me paiera pour ce qu'il m'a fait.

La haine de Marcel tétanisa François. Que pouvait-il opposer à sa vulgarité ? Le malabar savait cogner, ses poings étaient en fer et les siens en coton. Faute de muscles, il s'abstint de répliquer. Et puis il manquait de temps.

— Je suis pressé, Marcel, je dois assurer le service. Tu m'as dit au téléphone que tu voulais me voir d'urgence, alors je t'écoute.

— Margot.

— Quoi, Margot ?

— Je veux savoir où elle est.

— Hein ?... Mais je l'ignore, mon vieux, je ne l'ai pas vue depuis des mois. A mon avis, elle doit faire du ski.

— Tu te fous de ma gueule ?

— Pas du tout, elle est chef de partie, c'est une excellente cuisinière.

— Et après, où est le rapport avec la neige ?

— La dernière fois que je l'ai rencontrée, elle avait reçu des propositions pour travailler dans les Alpes.

— Dans quel resto ?

— Elle ne m'a pas donné de nom.

— Tu me le jures ? Fais gaffe, je te tiens aux couilles, je serais sans pitié si tu mentais.

— Pour une bêtise de jeunesse ? Il y a prescription, tout le monde s'en moque.

La parade eût été efficace si Marcel ne l'avait anticipée.

— T'oublies la mère Pillorget, tête de piaf... Elle te foutrait à la porte si je lui racontais ton histoire... Alors, tu me confirmes que tu ne sais pas où est Margot ?

Les minutes s'écoulaient, François commença à paniquer. Coincé par le chrono, il avisa un calvaire qui se profilait dans la nuit.

— Tu vois cette croix ? fit-il en tendant la main. Je te jure sur le Christ que je n'ai pas parlé à Margot depuis des semaines.

Tout autre que Marcel aurait ri de son jurement. Mais pour connaître le loustic comme le fond de sa poche, il l'apprécia à sa juste valeur.

— OK, t'es pratiquant, c'est une garantie, je veux bien te croire.

— Merci... D'autant que je viens de commettre un péché, on ne jure pas sur le Christ.

— Tu te confesseras, t'as l'habitude, mon moineau.

— Si tu me disais plutôt ce que je dois dire à Margot. Au cas où elle m'appellerait, je lui ferais passer le message.

— Non, si elle te contacte, demande-lui où elle crèche. Tout ce qui m'intéresse, c'est lui mettre la main dessus.

— Mais enfin, que t'a-t-elle fait ?

— Elle m'a piqué un truc. T'as pas à savoir quoi, tu prendrais des coups.

— Pense ce que tu veux, je peux me défendre.

— Ouais, comme un manchot, t'as pas les bras.

Pingouin, moineau, manchot...

François était tout sauf un aigle...

Ce fut comme un canard qu'il courut au château.

Comparaisons

Dieu quelle décadence !... François s'était apprêté à servir un haut dignitaire de l'Etat, voire un prélat cacochyme, mais pas un bohémien sapé comme un Huron – ou un bobo bouddhiste, un jet-setter gaga, un show-bizeux shooté... il peinait à définir le genre de l'invité. Ses bottes de hussard, sa tunique en poil de lama et ses bijoux martiens offensaient ses valeurs. Sa barbe allait encore – elle était taillée fin à la mode d'aujourd'hui. En revanche, le contentieux s'aggravait avec son catogan – un affublement de pervers. Pourtant madame Pillorget l'accueillait avec les honneurs. Et des « monsieur Sirauton » par-ci, et des « mon cher » par-là. Pour le jocrisse, la bonne société perdait le sens commun. Mais puisque cette dernière s'adjectivait en euros, il eût été surpris d'apprendre qu'il appartenait à la mauvaise. A force de lui cirer les pompes, François le laborieux s'était identifié à elle.

Archi, lui, savait très bien qui il était. Et où il mettait les pieds.

Primo, côté salle à manger, dans un décor féodal. Des tapis d'Aubusson couvraient ses pierres ancestrales. Des armures se dressaient aux quatre coins de la pièce. Ici et là des armes reposaient dans de vieux râteliers. L'immense table, faite d'un bloc, s'enrichissait de chandeliers. Pour que la mise en scène soit complète, il ne manquait que des ménestrels pour animer le tout.

Secundo, côté humain, dans une ambiance tendue. Tout en sirotant leurs cocktails, les acteurs de la farce le détaillaient avec défiance. Qui était ce guignolo qu'Edmonde estimait tant ? Un maire, ça ? Un président de syndicat viticole ? Ou le Beaujolais souffrait de la tête, ou on se payait la leur.

En les saluant un à un, Archi ne fut pas en reste. Si ce n'est qu'il les compara à la mode vigneronne. Les femmes d'abord, galanterie oblige.

En premier lieu, Noémie, l'épouse de Jacquemin, née Laiteries Beaucart. Il estima sa hauteur à huit grappes de raisin. La dame était un carafon, sa peau s'ornait d'un rouge à treize degrés, et sa voix était aussi aigre qu'une pisse d'âne de fond de cuve. Même mourant de soif, il n'en aurait pas bu.

Son sentiment différa quand il vit Déborah, la fille des Pillorget. Svelte, élancée, sa silhouette serpentait comme une jeune souche. Son visage s'ornait de l'ovale d'un grain d'italia. Ses yeux étaient d'un vert de feuille de vigne, mais les bulles d'un crémant leur manquaient pour qu'ils brillent. Nonchalante, apathique, Déborah s'ennuyait dans sa cage dorée.

Pour définir Wilfrid, son rembruni de mari, le terme « austère » lui sauta à l'esprit. Le sourire du balthazar était acide et son regard confit. Sa politesse fruitée masquait une minéralité. Dureté maximale. Une AOC trompeuse. Ce soi-disant vin doux avait le goût de pierre à fusil.

Vint le tour de Jacquemin, l'aîné des Pillorget. Lui-même charpenté comme un jéroboam, le contenu de son crâne baignait dans la piquette. Ce petit vin de pays se prenait pour un grand cru. Au peu de mots qu'il prononça, Archi confirma le verdict de Jarry. Sa langue était amère et son verbe astringent.

L'étiquette qu'il colla sur son cadet fut classée écossaise. Guéwen carburait au whisky. Plus fin que Jacquemin – une bouteille de pur malt –, le dilettante faisait la gueule. Furieux de devoir se prêter à un protocole empesé, il ne cachait pas son humeur, tournant avec un doigt les glaçons dans son verre.

Mais lorsqu'il salua Maxime Aubert, Archi remballa ses vacheries. Le filleul d'Eric avait un visage franc. D'allure sportive, un brin séduisant, il jouissait du charisme des hommes de décision. Dans ce milieu égocentrique, son aura aveuglait les médiocres.

En discutant avec lui, Archi comprit pourquoi Edmonde en avait fait son champion. Et pourquoi les ambitieux lui barraient le chemin. Il ne put rien en dire puisque, officiellement, il ignorait leur conflit. Toutefois, d'un mouvement de tête, il fit savoir à Jarry qu'il approuvait son choix. A l'évidence, Maxime était le seul capable de faire tourner les Chais.

La séance des courbettes s'acheva sur une annonce de François – telle qu'on n'en entend plus, les traditions se perdent :

— Madame est servie !

Il était l'heure de passer à table. Edmonde installa Archi à la place d'honneur, face à elle, et l'assemblée s'assit. François put alors ânonner le menu :

— Buisson de crevettes à la charentaise, cailles flambées au cognac, carpaccio d'ananas, plateau de fromages... Bonne continuation.

Sourcilleux, Jarry se pencha vers Archi :

— Vous savez ce que c'est les crevettes à la charentaise ?

— Non... Je suppose qu'on les cuit dans des pantoufles.

Hilare, Jarry pouffa dans sa serviette pendant qu'Archi observait ses voisins. Les cravates étaient de sortie, les bijoux scintillaient. Chacun avait pris le soin de s'habiller. A croire que c'était gala et qu'Eric allait surgir. Instant d'observation. Recueillement de cimetière. D'un timbre vinaigré, Noémie brisa un silence funèbre :

— Puis-je être indiscrète, monsieur Sirauton ?

— Comment vous en empêcherais-je ? C'est le propre des femmes.

— Oh, ma curiosité est modeste : je souhaite juste savoir où vous achetez vos vêtements.

— Voulez-vous des adresses ?

— Mm... Eventuellement...

— Eh bien, pour les chemises je vous conseille d'aller chez Ramsès au Caire, pour les vestes chez Palomba à Lima, et pour les pantalons chez Chico à Buenos Aires. Quant aux colifichets, je vous recommande l'Asie. C'est fou ce qu'on y fait des affaires. En Afrique également si on sait marchander.

— Que de pays, mon Dieu ! Vous voyagez beaucoup à l'étranger ?

— Pas seulement, je parcours la France de long en large. J'y découvre toujours des sites magnifiques.

Noémie s'inclina et Jacquemin prit la suite. La langue empêtrée dans une approche hésitante, il malmena une question sans vraiment la poser :

— Euh... Ce que vous portez n'est pas – comment dire ? – banal.

— Tu importunes notre invité, le chapitra Edmonde.

— Pas du tout, madame, le défendit Archi, puisque c'est la réalité.

— Merci de l'admettre, triompha Jacquemin. Et qu'est-ce qui vous a poussé à adopter ce style vestimentaire ?

— Le virus Spinoza.

— Ah... Et où est la relation de cause à effet ?

— Dans un contrat signé avec moi-même : je n'en serai jamais guéri.

— Parce qu'il n'y a pas de remède ?

— Non, mais je vis très bien avec.

Archi révisa son jugement : Jacquemin n'était pas vide, c'était un tonneau creux. Sa mère, femme cultivée au demeurant, voulut voler à son secours. Elle ouvrit la bouche mais, battue de vitesse par Wilfrid, aucun son n'en sortit.

— Vous êtes bien maire, monsieur Sirauton ?

— Oui, j'ai ce défaut.

— Et vous avez fait campagne dans cette tenue ?

— Depuis le temps, mes concitoyens s'y sont habitués.

— Pouvez-vous me rappeler le nom de votre commune ? Pardonnez-moi, je ne l'ai pas retenu.

— Saint-Vincent-des-Vignes. C'est un petit village planté dans le vignoble au sud-ouest du château.

— *Petit*... Je comprends mieux.

— Que comprenez-vous ?

— Qu'on doit y voter pour celui qui veut bien s'y coller. Dans la cambrousse profonde, la charge doit se cantonner aux fêtes. Ce n'est pas la ville où un maire doit agir sur mille fronts économiques.

— Vous avez raison, c'est plutôt pépère... Quoique j'aie un énorme souci.

— Ah bon, lequel ?

— Le monument aux morts. Je ne trouve plus de poilus pour y déposer une gerbe. Allez savoir où ils se cachent le 11 novembre... En revanche, je n'ai pas de problème pour animer le 14 juillet, mon chien joue de l'accordéon.

L'ambiance virait à la catastrophe. Edmonde s'empressa de la sauver et, comme précédemment, en fut empêchée à la dernière seconde. La voix sucrée de Déborah ensorcela la salle.

— Moi, j'aime ce que vous portez, monsieur Sirauton. Je suis lasse des costumes-cravates... Aucune originalité.

— Heureux que vous appréciiez la différence.

— Un peu de fantaisie est la bienvenue dans ce monde stéréotypé. (Elle s'adressa à son jeune frère.) Toi qui fréquentes les lieux branchés, donne-nous ton avis. La société n'est-elle pas devenue trop guindée ?

Ce fut un grand moment de philo. La réponse de Guéwen résuma ce qu'il pensait de Descartes, de Nietzsche et de Jean-Paul Gaultier. Tout cela en un seul mot, puissant et raisonné :

— Bof...

Puis, fatigué par tant d'effort, il repuisa des forces dans son troisième whisky.

En bout de table, Archi vit que Maxime pinçait les lèvres, confondu par les conneries qui écorchaient ses oreilles.

Le gong sonna la fin du premier round, du moins la voix de François qui rappliqua pour officier. Aidé par deux jeunes femmes, il apporta les crevettes. En fait de charentaises, elles devaient leur nom à une sauce au pineau blanc. Sinon, elles n'avaient jamais vu La Rochelle. De la famille impériale, ces *Palaemon serratus* venaient droit du Vietnam.

Le défilé du personnel intrigua Archi. Outre ces trois-là, un cuisinier, un jardinier et un homme à tout faire devaient compléter les effectifs. Curieux qu'ils n'aient pas vu Eric disparaître. Il s'en ouvrit à Jarry.

— Combien compte-t-on d'employés au service du château ?

— Six... Pourquoi ?

— Je trouve étrange qu'aucun d'eux n'ait remarqué le départ d'Eric.

— Ils étaient tous occupés. La propriété est immense, elle réclame de l'entretien.

— Oui, je présume que leurs journées sont bien remplies.

— Surtout en ce moment. Déborah, Jacquemin et consorts ont pris leurs quartiers dans la tour de l'aile droite. Au motif de consoler Edmonde, ils s'y incrustent depuis novembre. Mais qu'on ne s'y trompe pas, ils y surveillent leurs intérêts.

— Et le dilettante ?

— Guéwen vit à Lyon, il vient au château tous les jours, il ne peut pas se passer de sa mère. Jacquemin et Noémie habitent à Villefranche et les Carle à Paris. Ça n'arrange pas Wilfrid qui doit s'y rendre souvent pour affaires... Celles de son père, il n'est que le numéro deux chez Blue Grill.

— Y a-t-il des petits-enfants ?

— Non, ce n'est pas au programme de l'égoïsme.

Leurs chuchotis intriguèrent Edmonde.

— Des messes basses, messieurs ? Que complotez-vous ?

— Nous parlons de vos enfants, la rassura Archi. J'admire leur décision de rester près de vous pendant ces heures pénibles.

— Autant qu'insupportables, monsieur Sirauton. Je suis à bout de nerfs.

— Gardez espoir, madame, la police finira par retrouver votre mari.

— Mais dans quel état ? Je me prépare à l'irréparable.

Une larme perla sur sa joue maquillée. Edmonde l'essuya rapidement. Scène déchirante pour les convives, excepté pour Archi qui ne fut pas dupe. Dieu qu'il en avait vu des larmes dans son bureau de juge ! Expert en lamentations, il classa celle d'Edmonde dans le genre théâtral. La comédie s'intitulait *Hypocrisie*, l'amour en était absent... comme Eric que sa femme ne pleurait que par pure convention – fort mal, d'ailleurs, pour un fin connaisseur.

François revint avec ses assistantes. On passa des crevettes aux cailles et, pour les accompagner, du vinzelles au chénas. Mais, côté conversation, on resta dans les poncifs. De clichés en banalités, on survola la crise et les échos mondains. Le brouet fut consensuel. On parla pour parler. Las de leurs papotages, Archi s'intéressa à leurs cailles. La plupart les découpèrent habilement. Pas question d'y mettre les doigts. Quitte à choquer les précieux, quelques butors s'y essayèrent. Seul Guéwen croqua la sienne comme un aborigène. Le malotru se moqua des regards indignés. Plus on lui en lança et plus il mastiqua. Bruyamment, par défi. Archi n'eut aucun doute : le dilettante flirtait avec la provocation. Etait-il con ou révolté ? Les deux, trancha-t-il sans appel : l'impolitesse dessert une cause, aussi juste soit-elle.

Quand le fromage arriva, les lieux communs s'en prirent à la politique. On jugea pour juger. Débat neutre, insipide. Archi évita d'y mettre du piment. Il fut bien inspiré, ses idées auraient déplu puisque c'étaient des idées. A part Jarry et Maxime qui se turent prudemment – et Guéwen qui s'en battit les doigts de pied –, tous se conformèrent aux normes officielles. Hors des sentiers battus, point de salut ! A gauche, à droite, mais pas ailleurs.

Et dès que les fromages furent engloutis, les échanges se musclèrent.

Edmonde fixa Archi. Jusque-là, en hôtesse prévenante, elle s'était gardée de l'ennuyer. Il était temps de justifier sa présence, à savoir décliner le prétexte inventé par Jarry.

— Votre attention, s'il vous plaît.

A la parole, elle avait joint le geste en frappant sur un verre. On se tut, on ne bougea plus, on l'écouta la bouche en cœur. Mais pas le cœur sur la main, et encore moins la main au portefeuille. Pourtant c'était de fric qu'il allait s'agir.

— Je tiens à remercier monsicur Sirauton pour son tact. Eric lui avait fait une promesse qu'il n'a pas pu tenir...Vous devinez pourquoi... En cette période pénible, j'apprécie que monsieur Sirauton ne nous l'ait pas rappelée. Victor s'en est souvenu. Je lui laisse le soin de vous en parler.

Jarry se leva, solennel, paré à débiter un mensonge mijoté au cyanure.

— Comme vous le savez tous, le Salon agricole de Paris s'ouvrira prochainement. Or monsieur Sirauton, l'été dernier, a convaincu le syndicat viticole d'y animer un stand. Le projet est venu aux oreilles d'Eric qui a contacté monsieur Sirauton. Au terme de leur discussion, à laquelle j'ai assisté, Eric s'est engagé à ce que les Chais y participent.

— Au nom de quoi ? s'indigna Wilfrid.

— D'une image fédérative, la bataille commerciale devient rude. Les Chais font partie du Beaujolais, ils ne peuvent rester plus longtemps isolés.

— Non, Victor, s'étrangla Jacquemin, les Chais est un duché qui n'a besoin de personne.

— Peut-être, mais en l'absence du grand-duc nous devons respecter ses engagements. C'est donc au nom d'Eric que je vais signer un chèque à monsieur Sirauton... et le remercier à mon tour pour sa délicatesse.

Jacquemin et Wilfrid fulminèrent. Ils se foutaient de l'argent, la décision d'Eric les dérangeait autrement.

— Fédérative, mon œil ! s'emporta le premier. En s'associant à celle des sans-grade, c'est une image de bouseux qu'on va donner aux Chais.

— Ridicule, persifla le second. Dans le concert international, sa position doit être celle d'une entreprise puissante. Cette promo stupide nous couvrira de pipi, nos futurs partenaires nous prendront pour des glinches.

Réactions discourtoises s'il en fut en présence d'Archi. Outré par leur mépris des règles hospitalières, Maxime monta au créneau pour les remettre en place.

— A qui faites-vous allusion ? Aux Chinois ?

— Evidemment, cette question, le toisa Jacquemin. Le marché est colossal, on ne peut pas se permettre de commettre une erreur.

— L'erreur serait de ne pas leur vendre de la limonade.

— Vous divaguez, mon pauvre, le calotta Wilfrid.

— Pas du tout, les Chinois mélangent leur vin avec des sodas, c'est leur goût, vous devriez le savoir. Cela étant, la Chine est loin d'être un Eldorado, elle ne se place qu'au vingtième rang mondial des consommateurs.

— Parce que les Chinois ont peu de vignes, objecta Jacquemin, c'est pourquoi ils en plantent à toute allure.

— Avec l'idée d'exporter leur production et de conquérir leur marché interne. Et puis il n'y a que les Chinois fortunés pour apprécier nos grands crus, ils se moquent bien de nos vins de terroir.

— Qu'en ai-je à battre d'une poignée de richards ? Les Chinois moyens en achèteront bientôt. Ils sont plus d'un milliard, c'est maintenant qu'il faut y être, demain sera trop tard.

— Désolé de te contredire, l'investissement doit être progressif. Or, à l'heure d'aujourd'hui, la demande est nébuleuse. Par conséquent, tout miser sur la Chine serait de la folie. Dans un pays qui peut vous virer du jour au lendemain, ou vous taxer lourdement pour protéger ses intérêts, on avance sur la pointe des pieds.

Ce ne fut pas du vin mais du petit-lait qu'Edmonde but dans son coin. Elle savait que Maxime connaissait les projets des foutraques. Il ne les avait jamais affrontés et, pour un début, l'attaque était tonique.

— Et vous, monsieur Sirauton, revint-elle vers Archi, que pensez-vous de ce débat contradictoire ?

— Mm, passionnant... Il me change des litiges pépères de ma mairie mémère.

— J'en suis navrée.

— Mais pas moi, madame, parce que j'adhère au parti de monsieur Aubert. Son analyse est parfaitement exacte.

Maxime fut ravi de recevoir son appui. Ainsi que celui, fort discret, de Déborah. Leurs regards n'échappèrent pas à Archi. Bien que furtifs, ils furent éloquents de complicité. Surprenant ! Déborah aurait dû soutenir Wilfrid. Etait-elle vraiment prête à voter contre sa mère ? L'avenir réservait-il des surprises au clan des ambitieux ? Possible, à voir son sourire enchanté.

A l'opposé de sa belle-sœur, Noémie piqua un fard. En vertu de quoi ce minable se permettait-il de désavouer son mari ? C'était intolérable, ce rustre méritait une leçon.

— A part jouer au touriste, monsieur Sirauton, avez-vous vendu ne serait-ce qu'une bouteille dans les pays que vous avez visités ?

— Dans d'autres que je n'ai pas cités.

— Les Etats-Unis, peut-être ? Oh non, ce marché est protégé, il est impénétrable pour un petit vigneron. D'autant qu'il faut parler l'anglais.

— Ne vous inquiétez pas, madame, j'y exporte une part de ma production. Pour tout vous dire, je suis bilingue depuis mes premiers gazouillis. Ma mère est américaine, son frère exploite des vignobles en Californie, je suis donc un peu chez moi aux States. En revanche, je n'ai aucune attache au Japon, ce qui ne m'interdit pas d'y compter des clients... Dois-je vous en dresser la liste pour vous rassurer totalement ?

La correction suffisait, Edmonde mit fin à la volée de bois vert.

— Un autre jour, monsieur Sirauton, le café est servi. Je vous convie à passer au salon. Si vous désirez fumer, le fumoir est au centre du couloir.

— Merci, madame, je suis non-fumeur et je ne bois pas de café le soir. Ni aucun digestif, c'est une règle de vie.

— Je suis comme vous, fit Jarry, un partisan du régime pur et dur.

— Alors profitons-en pour sceller notre accord.

— Excellente idée ! Suivez-moi dans mon bureau, j'ai déjà tout préparé. Le film de notre logo vous sera utile, vous n'aurez qu'à le repiquer sur vos brochures.

— Très bien, ça nous fera gagner du temps.

Leurs voisins de table n'en avaient pas perdu pour se lever. Sans attendre d'être dans le fumoir, Guéwen avait sorti une cigarette. Il l'alluma puis jeta sa pochette d'allumettes sur la table. Archi remarqua qu'elle était publicitaire. Curieux ! Depuis les lois antitabac, plus aucune société n'utilisait ce support. Ou très peu. Intrigué, il fit mine d'admirer une armure et, subrepticement, jeta un œil sur la pochette : *Le Sixty Nine. Club Privé. Lyon.* Guéwen fréquentait un night-club, rien d'extraordinaire à cela. Mais celui-là était particulier. Dans sa vie précédente, Archi l'avait eu dans sa ligne de mire. D'un geste prompt, il saisit la pochette, la glissa dans sa veste et rejoignit Jarry.

La remise des documents fut expédiée en moins de deux. Jarry en avait réuni une copie dans une chemise. Le contrat de mariage des Pillorget ne comportait pas moins de dix pages. Edmonde avait été gâtée, son notaire de papa avait dû en suer pour coffrer ses *items*. Les statuts de la société en comptaient le double. Archi estima qu'il lui faudrait deux heures pour décrypter le tout. Mais il ne lui fallut qu'une seconde pour lire le montant du chèque. Jarry avait tenu parole, la somme était coquette.

La comédie était bouclée, le rideau n'avait plus qu'à tomber sur une poignée de main.

De retour dans le salon, Archi prétexta une réunion à préparer pour quitter le château. Ou plutôt pour le fuir. Son musée personnel était rempli de nouveaux vaniteux. Des puants, des gros laids, des cradingues du cœur. Une espèce qu'il aurait préféré ne jamais rencontrer.

Il faut de tout pour faire un monde, philosopha-t-il à bon marché.

Et comme ce monde est imparfait, compléta-t-il au même prix, ces arrogants justifiaient ces dictons.

Feux

Des hourras, des vivats, c'était du délire.

Cinquième round, son adversaire ne tenait plus debout, un dernier uppercut et il serait à terre.

Alphonse mettait le feu à une salle hystérique.

Mais tout cela n'était qu'un rêve.

Sauf les clameurs.

L'anachorète se retourna dans son lit, réveillé par un bruit infernal. Papou, son chat, miaulait d'une manière inhabituelle. C'était donc lui qui faisait tout ce boucan ? Vilain chat ! Il s'apprêta à l'engueuler et n'en fit rien, alerté par des cris plus atroces que ses jérémiades.

Inquiet, Alphonse se redressa sur ses oreillers. D'où venaient ces hurlements ? Et cette odeur ? Il renifla, sentit, toussa. Aucun doute, ça puait le roussi. Il prit peur. Avait-il laissé la gazinière allumée ? Le rez-de-chaussée flambait-il à cause d'un oubli déplorable ? Non, il y aurait déjà eu de la fumée dans sa chambre. Et puis, rien ne justifiait que quelqu'un hurlât dans sa cuisine. Il vivait seul avec Papou qui se terrait, mort de trouille.

D'un bond, il sortit de son lit et se précipita à la fenêtre.

Et vit.

Une scène d'horreur. D'apocalypse.

La cabane du marginal flambait comme un bûcher de la Saint-Jean.

Un feu de joie. Un feu terrible. Et des plaintes qui l'étaient davantage.

L'homme était à l'intérieur, certainement coincé dans son sac de couchage, le corps emprisonné sous un amas de couvertures.

Pas le temps de s'habiller, Alphonse n'enfila que ses bottes pour lui porter secours.

La nuit tremblait de froid, la neige ne tarderait plus à blanchir l'horizon. Le vieil ours grelotta, il ne portait qu'un pyjama. Il redoubla d'allure pour se réchauffer, à petits pas saccadés, gourmés et ridicules. Son âge n'y était pour rien, les berges étaient glissantes, la gadoue l'obligeait à prendre garde où il mettait les pieds. Par dérision, il préféra en rire. Ce n'était pas le moment de tomber à l'eau : au même endroit, à la même heure, un brûlé plus un noyé feraient désordre dans le destin.

Quand il atteignit la cabane, le marginal ne criait plus.

Alphonse en conclut qu'il avait rendu l'âme.

Mais à qui ? Il ne savait pas qui la lui avait prêtée. Si le Grand Prêteur existait – ce qu'il espérait en dépit de son athéisme –, le malheureux devait lui raconter sa vie. Et apprécier sa compagnie après ce qu'il avait enduré dans ce monde de misère.

D'ailleurs, se demanda Alphonse, aurait-il pu l'empêcher de le rejoindre ?

Non, l'incendie avait dû se déclarer au plus profond de son sommeil. Avec ce qu'il entassait dans son réduit, les flammes s'étaient gavées comme des oies. Rapidement, goulûment, sans lui laisser une chance de s'en tirer.

Les narines d'Alphonse picotèrent. Il était sensible aux odeurs, mais celle-là l'indisposa plus que toute autre. Une puanteur. Il ne fut pas long à lui donner un nom : pétrole ! Voilà qui expliquait l'origine du drame : le bonhomme utilisait un poêle japonais. En se retournant, il avait dû renverser l'appareil, un bout de tissu s'était pris dans ses grilles, et le reste avait suivi. Le feu s'était répandu à la vitesse d'un éclair. Impossible de fuir, le pauvre n'avait pu que l'appeler à l'aide.

Mais quand bien même, pensa Alphonse, qu'aurait-il pu faire pour tenter de le sauver, seul et sans moyens ?

Rien. Maudit hiver qui tue les démunis.

Coupé d'une société qu'il compissait, Alphonse n'avait pas le téléphone. Le jour se lèverait dans six heures, il irait alors au village pour prévenir les gendarmes. A quoi bon y aller maintenant puisque le bonhomme était mort ?

Il s'assit sur un talus...

Et se mit à réfléchir, les fesses au frais...

Le marginal ne lui avait-il pas confié une enveloppe ?...

Confessions

François croyait dur comme fer que l'enfer existait, que les damnés bouillaient dans de l'huile, sans chercher à savoir laquelle. Y a-t-il des oliviers en enfer, ou des champs de colza ? Peu lui importait, François croyait en tout ce qu'il avait appris au catéchisme. Même aux histoires d'animaux. Pour lui, l'ânesse de Balaam avait parlé comme une reine, Jonas avait croupi dans le ventre d'une baleine, et Noé avait sauvé un tas de bestioles qui ne s'étaient pas bouffées entre elles. La lionne avait copiné avec la gazelle, le chat avec le rat, et le renard avec le lièvre. Comportement singulier. Que mangeaient-ils dans l'arche ? Où faisaient-ils pipi ? Qui ramassait les crottes ? L'auteur ne le dit pas. D'ailleurs, François ne se posait pas la question. Dans l'esprit du dévot, c'était offenser le ciel que de chicaner la Bible.

Il venait de se laver l'âme. Plus que cinq prières pour la sécher et elle serait à nouveau propre. Le curé l'avait taxé a minima, sa pénitence se limitait à trois Pater et deux Ave. La Sainte Vierge était moins exigeante, deux actes de contrition lui suffisaient. Elle avait mieux à faire à Lourdes que dans cette petite église. Les péchés avoués y étaient presque amusants.

Le cœur soulagé, François se dirigea vers un prie-Dieu. Il s'apprêtait à s'agenouiller quand il l'aperçut près d'un tronc. Amélie ! Il s'ébroua, ce ne pouvait être elle. Ou alors elle avait terriblement changé. Son apparence, c'était certain – il ne l'avait pas revue depuis des années –, mais pour sa foi, il en doutait. Pourtant il dut admettre l'évidence : cette femme aux cheveux gris était bien Amélie, sa camarade d'enfance – une engeance de sorcière, ragotaient les bigots.

La cloche sonna la demie. A cette heure, le père Goma savait qu'il avait fait le plein. Plus personne ne viendrait. Comme à Saint-Vincent-des-Vignes, les anciens de ce village se levaient à l'aurore. Des vieux coqs déplumés et des oies jadis blanches. Les péchés des premiers se résumaient à un gorgeon de trop, et ceux des secondes à de la gourmandise. L'âge des repentants limitait leur registre aux excès de la gueule. Dans la boîte aux remords, les culbutes blâmables ne faisaient plus recette. Pourquoi s'en étonner ? Les jeunes ne se confessaient plus. Ils se vantaient de leurs frasques sur des réseaux sociaux.

Par bonheur, le dernier pénitent l'avait sauvé de la routine. Certes, jurer sur le Christ était inadmissible, mais il n'y avait pas de quoi alerter l'évêché. Ce qu'il lui avait confié ensuite était nettement plus grave. La police eût été bienheureuse de l'entendre. Goma avait tenté de l'aiguiller vers elle – en vain, le benêt ne mesurait pas la portée de son témoignage. Et Goma ne pouvait que se taire, tenu par le secret de la confession.

Bon, il était temps qu'il sorte de son bahut, celle qu'il attendait devait être arrivée. A demi éreinté, il s'en extirpa en maugréant. L'inventeur du confessionnal n'avait pas de quoi se vanter. Dieu que son baquet était inconfortable – le siège en particulier, une simple planche en bois qui faisait mal aux fesses. Ce fut en se les massant qu'il l'entrevit. Comme honteuse d'être là, elle se cachait derrière une colonne. Goma joignit les mains en s'approchant d'elle.

— Bonjour à vous, merci de vous être déplacée.

Elle tressaillit, troublée, puis recouvra son aplomb, le ton cassant, un poil distante :

— Pouvais-je faire autrement ? Vous m'avez dit que c'était urgent.

— Ce qui l'est avant tout, c'est de savoir comment je dois vous appeler.

— Certainement pas « ma fille », je suis ménopausée, ça ferait tache dans le dialogue. Appelez-moi Bougonne, c'est un nom qui me ressemble.

— Alors va pour Bougonne. En retour, « monsieur le curé » m'ira très bien. Ces bases vous conviennent-elles ?

— Oui, si vous me dites pourquoi vous m'avez donné rendez-vous loin de Saint-Vincent-des-Vignes.

— J'ai pensé que vous n'aimeriez guère qu'on vous y voie à l'église.

— Parce que c'est quoi ici ? Une boulangerie ?

— Presque ! Jésus rompit le pain et l'offrit à ses apôtres. L'objet de cet édifice n'est-il pas de célébrer son geste ?

— Trêve d'évangiles, monsieur le curé, vous connaissez le chemin, on pouvait se parler au manoir.

— Où j'ai adoré vos délicieux gâteaux. Mais pour ce que j'ai à vous dire cet endroit est parfait.

— Que se passe-t-il ? s'inquiéta-t-elle. Vous étiez bizarre au téléphone, c'est pour ça que je suis venue. Archi aurait-il des ennuis ?

— Non, je vous rassure, tout va bien pour lui. Ce qui n'a pas l'air d'être votre cas.

— Ouh, nom de gui ! D'où sortez-vous cette bredinerie ?

— Des pieds de la statue du curé d'Ars... J'y ai trouvé ceci.

Sans plus tourner autour du pot, il lui tendit son portefeuille. Consternée, gênée aux entournures, Bougonne galéra pour justifier sa distraction.

— Euh... J'ai dû le perdre en consultant l'agenda des offices... Je voulais connaître la date des funérailles de Georgina Dauxelle.

— Démarche tardive, Bougonne, Georgina est enterrée depuis une semaine. Etait-elle de vos amies ?

— Bah, on se saluait gentiment, sans plus.

— Ce qui explique que vous n'ayez pas reçu de faire-part. Noyés dans leur chagrin, ses proches vous auront oubliée.

— Sans doute. C'est d'ailleurs par hasard que j'ai appris son décès.

— Dans un village où tout se sait plus vite que sur Twitter, ce *hasard* est curieux...

Las de croiser le fer dans la dentelle, Goma échangea son fleuret contre un sabre. Changement de ton, droit au but !

— Enfin, Bougonne, arrêtez de me mentir. Que reprochez-vous à la paroisse de Saint-Vincent-des-Vignes ? Je sais que vous la détestez.

— Pourquoi vous raconterais-je ma vie ? Elle ne vous regarde pas.

Refus prévu depuis la veille, Goma l'avait anticipé. Ses arguments en ordre de marche, il le contourna en douceur.

— Voyez-vous, Bougonne, au pays d'où je viens, un marabout est considéré comme un élu des esprits. Quoi qu'il annonce, personne n'a l'idée de lui en vouloir parce que ses prédictions lui sont dictées par les ancêtres.

— Tant mieux pour sa pomme, mais je ne vois pas le rapport avec moi. Je n'ai rien de commun avec un gourou de la jungle.

— En effet, il y a une différence... Au Congo, vous seriez respectée, tandis qu'ici les gens vous évitent. Pire, ils vous salissent, et leurs insultes me font mal, car je l'affirme sans détour : si vous lisez l'avenir c'est que Dieu l'a voulu.

Dans la bouche d'un curé, ce credo était inattendu, si incroyable que Bougonne ne put le définir. Se fichait-il de sa poire ou parlait-il sérieusement ? Les deux options étaient répréhensibles. L'une parce qu'un prêtre ne se moque pas d'autrui ; l'autre parce qu'elle tombait sous le coup de l'excommunication. Indécise, Bougonne s'en tint à la seconde.

— Ce n'est pas ce que dit la Bible, monsieur le curé. Pour être sa cible préférée, je connais le texte par cœur. Deutéronome, chapitre XVIII : *Qu'on ne trouve chez toi personne qui exerce le métier de devin, d'astrologue, d'augure, de magicien*, etc. On ne peut plus explicite.

— Absolument, et je vous confirme mon propos puisque vous n'en faites pas un *métier*. Soyez franche, tirez-vous un quelconque profit de vos cartes ?

— Non... je n'ai jamais demandé un sou, même pas un pot de moutarde.

— Alors la cause est entendue, le chapitre XVIII est clos.

Goma la sentit prête à rengainer sa hargne. Non sans humour, il pensa qu'il était temps de tirer un joker de sa manche.

— Pourquoi certains ont-ils ce don qu'ils traînent comme un fardeau ? Le fait est que la voyance n'est pas un péché. J'en veux pour preuve que Jean XXIII a rédigé trente-deux prophéties, ce qui ne l'a pas empêché d'être béatifié.

— Ah bon ? Et elles se sont réalisées ?

— La plupart... Et vous, les vôtres se sont-elles concrétisées ?

— Quasiment toutes, c'est bien pour ça que les gens viennent me consulter. Même vos grenouilles qui coassent dans mon dos.

— Vos prédictions sont donc personnalisées.

— Pas toujours, il y en a de plus générales. Hier soir, par exemple, mes cartes m'ont filé la chair de poule. J'ai vu un grand feu, la mort – plusieurs morts –, des vengeances, des mensonges et des crimes. Qui visaient-elles ? Je n'en sais rien, mais je vous promets que les victimes vont tomber comme des mouches.

Sur son prie-Dieu, François sentait les fourmis lui chatouiller les jambes. Sa pénitence était expédiée depuis longtemps. Mais comme il tenait à revoir Amélie, il avait prolongé la séance. Après les prières classiques, son cerveau s'était bloqué. Il n'en connaissait plus d'autres. Alors il s'était mis à prier les saints qui lui venaient à l'esprit. Le martyrologe en recense 40 000. Toutefois, pour un problème de place, le calendrier romain n'en a retenu que 226. Ce qui lui laissait quand même de quoi patienter. Il avait ainsi loué saint Aignan, saint Mathurin, saint Urbain, successivement patron des teigneux, des bouffons, des ivrognes, et se préparait à honorer saint Gengoux, protecteur des cocus.

Cependant qu'il égrenait son chapelet, Goma avait gagné des points. Touchée par sa gentillesse, Bougonne baissait la garde. Son visage s'apaisait, sa voix s'adoucissait.

— Pourquoi le curé d'Ars ? reprit-il. C'est lui que vous avez prié, votre portefeuille était posé sur le tronc qui lui est dédié.

Face à l'évidence, Bougonne ne chercha plus à nier.

— Quand l'église est vide, je viens brûler un cierge pour qu'il protège l'âme de ma grand-mère.

— De qui ?

— Du diable qu'il a combattu toute sa vie. Ma grand-mère est morte sans avoir reçu l'extrême-onction. Au motif qu'elle pratiquait la voyance, le curé a refusé de la lui donner. J'avais dix ans à l'époque, j'en ai pleuré de rage quand on l'a mise en terre.

Confondu par l'intolérance de son prédécesseur, Goma en bredouilla à demi.

— Refusé ?... C'est... c'est une honte.

— Ce vieux gras-double a déclaré qu'elle méritait l'enfer... Ses ouailles l'ont applaudi... Voilà pourquoi je maudis ma paroisse, jamais je ne lui pardonnerai cette saloperie.

— Oui, je peux comprendre votre révolte.

— A partir de ce jour je me suis passée de l'Eglise. Sauf pour me marier – une plaisanterie que je ne vous raconterai pas.

— Je me garderai donc d'insister.

— Ma mère n'a pas protesté, elle savait que ma grand-mère m'avait transmis son don. Et puis, je n'ai besoin de personne pour croire au diable, il est omniprésent dans mes cartes. Quant au reste, rien n'a changé puisqu'à mon tour on me fuit... Voilà, monsieur le curé, la visite du drame est terminée, n'oubliez pas le guide.

Autres temps, autres œillères, pensa Goma. Mais de plomb ou de quartz, l'aveuglement était le même. L'ignorance n'avait fait que migrer sur la Toile. Que de haine anonyme ! Les claviers remplaçaient les plumes des corbeaux. Rien de neuf sur le fond, sinon qu'on lapidait plus vite qu'autrefois. Pour défendre ses brebis, Goma faillit avancer que les mentalités avaient évolué. Mais il se censura, peu convaincu que cette affirmation s'appliquait à la majorité.

Alors, faute de mieux, il proposa de réparer les erreurs du passé.

— Avec votre permission, j'aimerais bénir la tombe de votre grand-mère. Je suis persuadé que le ciel sera sensible à mes prières.

— C'est dans le code des curés, ce truc-là ?

— Je l'ai bousculé pis que ça en Afrique, il fallait s'adapter aux traditions.

— Mm... Accordé, mais vous irez prier seul. C'est ma grand-mère qui croyait à tout ce fourbi. Moi, comme je vous l'ai dit, j'ai fait le tri à dix ans.

— Je l'avais compris, c'est pour elle que j'accomplirai ce rituel.

— Merci, je vous en suis reconnaissante.... Et je ne regrette qu'une chose c'est de ne pas vous avoir connu plus tôt. Vous êtes un type bien, monsieur le curé, je vous ferai de bons gâteaux quand vous viendrez au manoir.

Au moins avait-il gagné sa confiance, Goma en fut heureux. Il nota l'emplacement de la tombe, lui promit de passer la saluer et la laissa partir.

Quelques flocons commençaient à blanchir la campagne. Bougonne grigna, elle détestait conduire sous la neige. Elle descendit les marches de l'église, sortit les clés de sa voiture, et ne fit plus un pas.

— Amélie !

Cocufiage

Archi rassemblait ses papiers. Jarry l'attendait au château pour connaître ses conclusions. Elles le décevraient. Les bouillies qu'il avait lues étaient finement moulinées. Des purées de grands chefs, indigestes pour les profanes mais goûtues pour les experts. Tant dans les statuts de la société que dans le contrat de mariage, la moindre ligne était inattaquable. Un exemple pour les étudiants de la chicane. Une déconvenue pour le parti d'Edmonde. Toutefois, Archi avait relevé une clause équivoque dans le contrat de mariage. Elle stipulait qu'en cas de disparition de l'un des époux le conjoint restant récupérerait *ipso facto* la jouissance des biens du disparu. *Disparition* et non *décès*, *disparu* et non *mort*, le distinguo pouvait retarder le vote des actionnaires. Et emmerder les ambitieux. A court terme, ils auraient gain de cause. Mais, en espérant qu'Eric réapparaisse, ce serait du temps de gagné.

Couché sur son tapis d'horreur, Tirbouchon voyait son maître s'énerver. Comportement inhabituel, il gardait toujours son calme, à croire qu'il était né sans hypothalamus.

— J'en ai marre, Bougonne devrait être revenue. Je te parie qu'elle tire les cartes. Elle ne t'a pas dit à qui, par hasard ? Non, ça confinerait au miracle, elle tient à préserver son réseau de zozotes.

Le miracle, railla le chien, eût été qu'il puisse lui répondre. De toute façon il se serait tu. Bien sûr qu'il savait où se trouvait Bougonne, il l'avait entendue prendre rendez-vous avec Goma. Or, comme elle lui filait des nonosses en loucedé, il s'en serait voulu de la balancer. Et quoi encore ?! En plus d'être discret, ce chien était reconnaissant.

La porte du salon s'ouvrit. Filoche entra sans frapper. Le jeune homme était le second d'Archi, qui, alors magistrat, l'avait envoyé au frais pour cambriolages. Même s'il avait sauvé la vie à sa dernière victime – geste qui lui avait valu d'être pris –, vingt casses méritaient une sanction. Mais son courage lui avait plu, Archi s'était promis de s'occuper de ce garçon au visage d'ange. Parole tenue. A sa levée d'écrou, il l'avait engagé pour en faire son bras droit. Ancien gosse de la DDASS, ancien révolté, ancien « on ne m'a jamais donné ma chance », Filoche lui était d'une fidélité absolue.

— Tu m'as demandé de rappliquer dare-dare, c'est quoi le lézard ?

— Bougonne a disparu, elle me met en retard, j'ai une réunion de prévue.

— Elle ne répond pas sur son mobile ?

— Non, je tombe sur sa boîte vocale.

— Ah oui, l'imita-t-il d'une voix d'outre-tombe : « Pas disponible, laissez un message, je rappellerai quand j'aurai le temps. » Elle est peut-être avec son amant, ce qui explique qu'elle l'ait coupé, il lui fait la totale.

— Le jour où elle se dégottera un mec, je t'offrirai une caisse de champagne. En attendant, tu vas garder le manoir à sa place.

— Je préparais le matos pour le Salon, j'ai tout laissé en plan.

— Tu t'y remettras plus tard, il faut vraiment que j'y aille.

Pourtant, une fois encore, il allait devoir patienter. Un tas de ferraille qui prétendait être une voiture se gara dans la cour. Quoi qu'on en pensât, c'en était une puisqu'un conducteur en sortit. Un énorme, bedonnant, essoufflé, qu'Archi reconnut en pestant tout son soûl.

— Punaise de chiotte ! Pépé Pipelette, manquait plus que lui.

— Qu'est-ce qu'il vient traîner sa graisse ici ?

— A dix contre un qu'il m'apporte sa réponse pour Paris. Elle doit être positive, sinon il ne se serait pas déplacé.

— Pourquoi ?

— On lui interdit de boire chez lui, il s'est dit qu'on fêterait son accord autour d'une bonne bouteille. Je le connais, ce vieux renard, il vendrait de la glace au diable.

Priorité au plan « déguerpir » ! Archi mit ses dossiers sous le bras, quitta le salon et courut à sa rencontre. Martinien atteignait les marches du perron quand il lui fit face. D'un coup d'œil attristé, le rusé comprit que son plan était à l'eau, de cette eau qu'il comptait remplacer par un sérieux gorgeon.

— Salut, Archi ! Ne me dis pas que tu t'en vas ?

— Si, mon vieux, bonjour et au revoir, j'ai un rendez-vous.

— Bon loup de bon loup ! J'aurais dû te téléphoner avant de venir.

— Surtout dans ton tas de clous, il serait temps que tu l'amènes à la casse.

— Bah, je n'abonde plus à trotter comme un jeune, mais je sais encore conduire ma Fifine. Il n'y a qu'à moi qu'elle obéit. J'ai le doigté pour.

Sa fonction de maire l'obligeant à respecter un grain de diplomatie, Archi s'accorda une minute pour l'écouter. D'ailleurs, pour bien lui montrer qu'il était à la bourre, il s'avança vers son pick-up à grandes enjambées.

— Allez, rapidos, qu'as-tu de beau à me raconter ?

— J'ai causé du Salon à mon fils. Il a gueulé que c'était court pour se préparer.

— Alors si c'est plié, tant pis. On optimisera la surface.

— Oh ! T'oublies que c'est encore moi qui commande. C'est pour ça que je suis là, je viens signer l'admission. Mais si t'as à faire, je repasserai plus tard.

Pas question de le laisser repartir avec sa précieuse signature. Martinien était fantasque, il pouvait changer d'avis pour un prétexte futile.

— Tu peux rester, Filoche va s'en occuper, il en sait autant que moi. N'est-ce pas, Filoche ?

— Et comment ! Je vais remplir tes formulaires en dix secondes.

— Ah ? En dix secondes, c'est tout ?

— Ce ne sont que des papiers, le détendit Archi, ça te donnera le temps de trinquer. Si tu n'arrosais pas ta venue à bord, ça nous porterait la poisse.

— J'en déboucherai une de la réserve, insista Filoche, une cuvée 2005.

— Avec des gougères ?

— Qu'est-ce que tu crois ? On sait vivre, au manoir.

Martinien se relâcha, soulagé d'entendre qu'il ne repartirait pas bredouille.

— J'ai le carnet de chèques sur moi, je vais te régler ma part tout de suite.

— Parfait, le remercia Archi, ça nous évitera d'envoyer des courriers. Sur ce, je te laisse, je n'aime pas être en retard.

Il y avait des chances pour qu'il le soit, la neige commençait à tomber, la route se couvrait d'une pellicule dangereuse. Il grimpa dans son pick-up, mit le contact et dut ajourner son départ. Martinien tapait à sa vitre, le visage soucieux. Il l'ouvrit, prêt à l'envoyer sur les roses.

— Quoi encore ? Tu as un problème ?

— Non, il faut que je te confie un truc grave.

— Fais court, s'il te plaît, il y a le feu à ma montre.

— Ben voilà, j'ai parlé avec Thomas, un des ouvriers de Benoît Bouillot. Ce grand cul d'ail ne t'a pas planté parce qu'il est malade.

— Je le sais, tu m'as déjà dit que c'est sa femme qui l'a empêché d'aller à Paris.

— Eh bien, j'avais tout faux. Marie-Jo est partie, elle a fait ses valises. Le Benoît se retrouve seul avec les gamins.

— Tu plaisantes ?

— Pas du tout, elle a même vidé le compte en banque, elle lui a juste laissé de quoi manger. C'est pour ça qu'il a déclaré forfait à la dernière minute.

Soufflé, Archi en coupa le contact. Cette affaire ferait du bruit à la mairie. On lui demanderait de jouer les médiateurs – comme s'il n'avait pas assez de soucis avec sa bande d'avares.

— Pourquoi s'est-elle fait la malle ?

— A cause des conneries de Benoît, il s'est de nouveau enquillé sur le chemin des folies.

— Tu veux dire que ?...

— Ouais, le serpent lui a remordu le slip, Marie-Jo l'a surpris en compagnie vicieuse dans le lit conjugal. Benoît croyait que sa femme était chez son dentiste. Pas de pot, elle s'était trompée de jour, elle est revenue plus tôt.

— Et qui est la dame avec laquelle il révisait le Kamasutra ?

— Une nana inconnue, Thomas l'a à peine aperçue en train de se sauver dans la vigne. Tout ce qu'il a vu, c'est qu'elle était à moitié à poil.

— Bravo, Radio Bavette va encore faire péter l'audimat... Et on sait où Marie-Jo s'est réfugiée ?

— Non, ça fait deux semaines qu'elle a coupé les ponts. Et son père refuse de dire où elle est. D'après Thomas, c'est pour les gosses qu'il n'a pas tué son gendre. Et puis, à son âge, il ne peut plus lui flanquer un ratichon. Le Benoît lui en collerait une bonne.

— OK, merci de m'avoir prévenu.

La neige tombait de plus en plus fort.

Archi démarra, un vilain pressentiment dans la tête.

Chantage

— Amélie ! répéta-t-on derrière son dos.

De quand datait la dernière fois qu'on l'avait appelée par son prénom ? Bougonne ne s'en souvenait plus. Elle se retourna, ébahie, et vit un grand type qui lui souriait de toutes ses dents. Une dentition pareille, il n'y en avait qu'une. Une mâchoire de bourrin de cette espèce ne pouvait s'oublier.

— François ? François Dupuis ?

— Oui, Amélie, c'est moi. Tu me reconnais ?

Elle n'osa pas avouer grâce à quoi.

— Bien sûr, tu n'as pas trop changé depuis la guerre des Six Jours.

— Ou de Cent Ans, ça fait tellement longtemps.

D'un même élan, ils se jetèrent dans les bras l'un de l'autre, s'embrassèrent, s'observèrent, jaugèrent les dégâts causés par le temps. Puis, dans un joyeux désordre, ils évoquèrent leurs souvenirs de gosses. Ce fut une succession de « tu te rappelles de la fois où... », « qu'est-ce qu'on a ri à l'école », « là, on en avait fait une sévère ». Puis, le livre de leur enfance refermé, ils ouvrirent celui de leurs vies d'adultes. Ils s'étaient perdus de vue quand ils étaient ados, ils avaient tant à dire. Le premier à se jeter à l'eau, François expliqua pourquoi sa famille avait déménagé à Lyon. Une déchirure.

— J'ai eu du mal à m'habituer à la ville, Saint-Vincent-des-Vignes me manquait. Mais bon, mon père avait retrouvé du travail, la marmite était à nouveau pleine, il a fallu s'y faire.

— Tu n'es jamais revenu au village ?

— Non, je préfère garder l'image de ce qu'il était. Et puis, je n'y ai plus d'attaches, mes parents sont enterrés à Fourvière.

— Et ta petite sœur, que devient-elle ?

— Oh, je vois que tu as manqué un épisode, j'en ai une autre qui est née à Lyon. Elle se prénomme Margot.

— Exact, tu me l'apprends.

— Margot a fait l'école hôtelière. Clémence, elle, a passé un CAP avant de se marier toute jeune avec un vigneron... Et toi, toujours pas la bague au doigt ?

— Je ne la porte plus.

— Divorcée ?

— Non, j'ai foutu mon mari à la porte. Il buvait ma paye jusqu'au 15, puis il buvait la sienne jusqu'au 30 ou au 31. Il n'y a qu'en février que je pouvais faire des économies.

François respira, sa petite camarade n'avait pas brisé le sacrement du mariage, le Créateur lui en saurait gré le moment venu.

— Ben moi, je n'ai jamais trouvé l'âme sœur. Je ne dis pas que je suis resté seul, j'ai fauté comme tout le monde, mais ça ne s'est pas fait.

— J'en suis réellement désolée. Et où habites-tu, maintenant ?

— Au château d'à côté, je suis le majordome des Pillorget.

Chez qui Archi avait dîné la veille ! Bougonne savait pourquoi, il ne lui cachait rien. Subitement sur ses gardes, elle mit un cadenas sur ses confidences. Pas question de lui dire qu'elle travaillait au manoir, et encore moins qu'Archi avait été magistrat. Ce benêt était capable de le répéter à Jacquemin et Wilfrid.

— Bravo, tu as décroché la bonne gâche.

— Un coup de pot, il en faut. Et toi, où en es-tu ?

— Disons que je me débrouille, je me déplace pas mal. Je vais te donner le numéro de mon mobile, tu seras sûr de m'avoir.

— Tu noteras aussi le mien. Ça me ferait plaisir de te revoir dans de meilleures conditions. Je dois t'abandonner, le service au château me réclame.

— Hou là ! Depuis que ton patron a disparu, l'ambiance doit y être mortelle.

— Si je te disais à quel point !...

Précision inutile, Archi lui avait tout raconté en revenant au manoir.

— Elle est quand même bizarre cette histoire. Si quelqu'un a tué Pillorget, qui lui en voulait ? J'ai lu dans les journaux qu'il n'avait pas d'ennemis.

— Bah, pas vraiment.

— Comment ça, *pas vraiment* ?

— Je préfère me taire. Si ça se savait, j'aurais des ennuis.

— Taire tes ennuis, à moi, ton amie ?... Tu me fais de la peine, François. C'est toi qui m'as soutenue quand ma grand-mère est morte, tu as d'ailleurs été le seul. Et moi, je t'ai remonté le moral quand ton père s'est retrouvé au chômage. On s'est toujours épaulés, on s'est toujours tout dit, même le pis du pire. Alors ce serait idiot de se faire des cachotteries le jour de nos retrouvailles.

Peu fier de son attitude, le benêt en convint d'un sourire équin.

— Tu as raison, et puis j'ai sans doute tort d'avoir la frousse. Il n'empêche que c'est un peu à cause d'elle que je suis venu me confesser.

— Garde tes péchés pour toi, dis-moi ce qui te file les jetons.

— La bave de mon beau-frère, le mari de Clémence. Il menace de révéler une faute que j'ai commise.

— A qui ?

— A madame Pillorget, elle me mettrait à la porte si elle l'apprenait.

— C'est grave ce que tu as fait ?

— Pff... Quand j'étais commis, j'ai abusé de la cave de mon patron. Ce n'était pas du vol, je voulais juste connaître le goût des vins – à peine un verre pour les différencier. Mais avec dix bouteilles de grands crus, mon patron n'a pas apprécié le prix de ma formation.

— Il a porté plainte ?

— Non, je lui ai dit que j'ignorais qu'elles coûtaient cher. Je ne mentais pas, il m'a cru, il a juste exigé que je le rembourse. Ça m'a d'ailleurs pris des mois pour éponger ma dette.

— Et ton beau-frère, que vient-il faire dans ce binz ?

— Il m'a servi de garant.

Bougonne fut stupéfaite. De sa niaiserie, d'abord, parce qu'il n'avait plus rien à craindre d'une bêtise de jeunesse ; de sa lenteur, ensuite, parce qu'il n'allait pas à l'essentiel.

— Je m'y perds, François, qu'est-ce qui relie ta peccadille aux ennemis de Pillorget ? Ne cherche pas à noyer le poisson, j'ai compris que tu en connaissais... et que tu as la trouille d'eux.

Après ce qu'il venait de lui révéler, le benêt n'était plus à un aveu près.

— Tu te souviens de l'affaire du sucre ?

— Evidemment, elle a coulé plus d'un fraudeur.

— Ben, mon beau-frère fait partie du lot. Dès qu'il l'a su, Pillorget l'a viré tambour battant. Mon beau-frère est devenu fou, il l'a poursuivi pour rupture de contrat.

— Et bien sûr, il a perdu son procès.

— Ouais, il a dû hypothéquer son domaine pour éviter la faillite.

— D'où ton *pas vraiment*, il doit en vouloir à Pillorget.

— C'est rien de le dire. Hier encore, il a juré qu'il le ferait brûler vif s'il le trouvait avant les flics. De toi à moi, j'ai l'impression qu'il le cherche.

Le feu ! La mort ! Etait-ce de cette vengeance que ses cartes lui avaient parlé ? Bougonne se promit de les réinterroger.

— Ça va, j'ai tout capté, sauf un truc : pourquoi t'es-tu confessé à cause des magouilles de ton beauf ?

— Pardon, j'y venais. Pendant son procès, il m'a demandé des renseignements sur Pillorget. Il me tenait à la gorge, j'ai dû céder.

A l'école primaire, François défendait chèrement son bonnet d'âne. Des décennies après, Bougonne constata qu'il le portait toujours. François était un être simple. Même les règles de la belote lui semblaient compliquées.

Par charité, par amitié, elle évita de le charger. Plus sûrement que pour son histoire de bouteilles, sa trahison lui coûterait sa place. S'en rendait-il compte ? Visiblement non. A cinquante ans passés, François vivait encore chez Peter Pan.

— Ton beauf s'est servi de tes informations ?

— Pour ce qu'elles valaient, il n'en a pas tiré profit.

— Et qu'est-ce qu'il exige maintenant ? Il exige forcément quelque chose puisqu'il t'a contacté hier.

— Oui, il veut retrouver Margot coûte que coûte.

— Il n'a pas son adresse ?

— Si, mais elle est partie travailler en Savoie. J'ignore ce que ma petite sœur lui a fait. Tout ce que je sais, c'est qu'il a une sacrée dent contre elle.

— Tu lui as dit où elle travaille ?

— Non, je m'en suis tiré. J'ai juré que je ne lui parlais plus depuis des semaines. Ce qui est vrai dans un sens, on s'envoie des textos pour donner de nos nouvelles.

— Pourquoi des textos ?

— Parce que c'est moins cher... L'embêtant, c'est que j'ai juré sur le Christ... mais je m'en suis repenti ce matin.

La cause était entendue, François ne s'en sortirait pas sans aide. Et qui d'autre qu'elle pouvait lui tendre la main ?

— Comment s'appelle ton grand méchant ?

— Marcel Lavoisier, Lavoisier comme le chimiste guillotiné.

— Ben moi, je connais un Jivaro qui va s'occuper de sa tête. Dis-moi où on peut lui causer, je te garantis que ton Marcel va te ficher la paix.

Tout à leur discussion, ils ne s'étaient pas aperçus que la neige tombait à gros flocons.

Stratégie

La météo n'avait pas peu contribué à aggraver son stress. Ou plutôt les conducteurs paniqués par la neige. Les lambins et les trouillards s'étaient ligués pour le ralentir. Archi en avait oublié son langage et ses bonnes manières. Le docteur Sirauton s'était métamorphosé en mister Hyde. Que de jurons, de vilains gestes ! Comme tout un chacun au volant d'une voiture, saint Christophe en est témoin. Que ceux qui n'ont jamais péché lèvent la main, il comptera les menteurs. L'amusant est que sa colère n'avait servi à rien. Les lambins avaient continué à lambiner et les trouillards à trouillarder.

En dépit des « ducon », des « je t'emmerde » et d'inélégants doigts d'honneur, Archi arriva au château avec un quart d'heure de retard.

Furibond, il se gara de travers. Son énervement devait moins à la circulation qu'à ses remords. Archi s'en voulait d'avoir donné de l'espoir à Jarry. L'homme se battait pour sauver l'œuvre d'Eric, combat perdu d'avance. Ce qu'il allait lui annoncer le mettrait à plat. Sauf revirement prodigieux, les Chais étaient condamnés à échouer en Chine.

Rentré quelques instants plus tôt, François le reçut en tenue d'apparat. Gilet or et noir, nœud papillon, faux col, les richelieus briqués, il débita des phrases codifiées. Sa fonction ne l'autorisait pas à improviser.

— Bonjour, monsieur Sirauton, monsieur Jarry vous attend.

— Avec impatience, crut bon de s'excuser Archi. Ça roulait mal avec cette neige, j'ai mis du temps pour venir.

Le chapitre « intempéries » ne figurant pas dans son manuel, François embraya sans un mot de réconfort.

— Veuillez me suivre, je vous prie, je vais vous conduire à son bureau.

Tout en le talonnant, Archi tenta d'évaluer le coût d'entretien du château. Calcul vertigineux, le résultat effleurait le gouffre. Comment Eric avait-il pu acheter ces vieilles pierres ? Et les rénover ? La solution crevait les yeux. L'aile droite était dédiée aux Chais, elle en était même le siège, ce qui, via une société civile immobilière, lui permettait de les bichonner. Il ne pouvait en être autrement. Dans les papiers qu'il avait épluchés, aucun article ne faisait référence à leur acquisition. Inquiet pour leur avenir, Archi décida d'en parler à Jarry. Ce qui n'allait plus tarder, François venait d'ouvrir sa porte.

— Monsieur Sirauton est arrivé.

— Très bien, François, qu'il entre.

La veille, plongé dans une semi-pénombre, Archi n'avait pas remarqué le décor de son bureau. Mais là, dans la lumière du jour, il fut frappé par son austérité. Des livres de comptes, partout des livres de comptes, des rayonnages entiers. Soigneusement étiquetés, ils s'élevaient jusqu'au plafond. En ascète de la finance, Jarry bossait entre des montagnes de chiffres. Rien ne pouvait l'en distraire. Exception à la règle, quelques photos trônaient sur sa table de travail. *Rigueur, ordre, analyse* semblait être sa devise.

D'un air soulagé, il accueillit Archi en héros.

— Merci d'avoir bravé la neige, je commençais à m'inquiéter.

— Pardonnez mon retard, je n'ai pas pu vous prévenir, je n'avais pas le numéro de votre mobile.

— La faute m'en revient, j'aurais dû vous le noter. Enfin, l'essentiel est que nous puissions discuter de notre affaire.

Mais à trois et non à deux comme prévu. Changement de programme que Jarry expliqua à voix basse. Si les chiffres n'ont pas d'oreilles, il craignait ceux des murs.

— J'ai demandé à Maxime d'être des nôtres. Je l'ai mis au courant de ma démarche, il est en première ligne, je me devais de l'informer.

Bref échange de saluts. Costumé à la mode des cadres, Maxime, d'emblée, tint à prouver sa loyauté.

— Avant tout, monsieur Sirauton, sachez que je me fous de me faire virer des Chais. Je n'aurai aucun mal à retrouver un poste de haut niveau, on m'en propose un toutes les semaines.

Etant donné son âge, son expérience et ses diplômes, Archi n'avait pas besoin qu'il le lui dise. Pour les chasseurs de têtes, Maxime était un gibier de choix.

— Mon intention est claire, je tiens à sauver ce que mon parrain a construit. Ce serait un désastre si Jacquemin et Wilfrid s'emparaient de la couronne. En moins de dix ans, ces connards couleraient la boîte.

— Vous êtes généreux, il ne leur en faudrait que cinq. Quand ils nous ont parlé de la Chine, j'ai eu l'impression qu'ils récitaient un guide de voyage.

— Encore heureux qu'ils aient appris à lire.

Les costars des ambitieux étant taillés, Jarry reprit le contrôle de l'entrevue :

— Bon, puisque nous sommes d'accord sur ces pantins, allons droit au but. Avez-vous trouvé un moyen de les contrer, monsieur Sirauton ?

Archi tapota ses dossiers. Depuis trois minutes, il avait le sentiment qu'ils ne racontaient qu'une partie de l'histoire.

— J'ai d'abord une question à vous poser.

— A quel sujet ?

— Du château... Appartient-il à une SCI ?

Jarry se rembrunit, déjà certain de savoir où il voulait en venir.

— Oui, adossée aux Chais. Les Pillorget n'en sont que locataires.

— Eh bien, voilà qui s'ajoute au problème. Si les Chais changent de main, les nouveaux dirigeants pourront leur demander d'en décamper. Soit pour le vendre, soit pour y installer un musée. Quel que soit le scénario, Edmonde devra loger ailleurs.

Sa prédiction aurait dû les mortifier. Mais ce ne fut pas le cas. Les deux hommes se concertèrent du regard. Sur un signe de Jarry, Maxime lui avoua pourquoi elle ne les surprenait pas.

— Cartes sur table, monsieur Sirauton, vous ne nous apprenez rien : Wilfrid a l'intention d'en faire un hôtel de luxe.

— Comment le savez-vous ?

— Déborah me l'a confié, elle n'en dort plus la nuit.

— Elle vous en dit beaucoup dans le dos de son mari.

— Plus pour longtemps, elle compte divorcer. Mais le moment est mal choisi, elle attend des nouvelles de son père avant de franchir le pas.

A l'entendre défendre sa cause, Archi retrouva ses réflexes de juge.

— Que de secrets partagés avec cette dame ! Qu'est-ce qui vous vaut d'être son confident ?

Conscient de la tournure que prenait l'aparté, Jarry mit un frein à ce qui virait à de l'inquisition.

— Déborah et Maxime sont comme frère et sœur, monsieur Sirauton, ils ont été élevés ensemble.

En apprenant les liens qui les unissaient, Archi se sentit tout bête.

— Pff... Si je l'avais su plus tôt, j'aurais retenu ma langue.

— C'est ma faute, j'en suis confus... Pour tout vous dire, le père de Maxime était courtier en vin. Et pour faire court, ajoutons que sans son appui Eric n'aurait pas pu créer les Chais.

— Il est mort quand j'étais gosse, reprit Maxime, des suites d'une maladie que l'on qualifie de longue. Revers de fortune, ma mère a dû réenfiler sa blouse d'aide-soignante.

— Et si je comprends bien, votre parrain vous a aidé à son tour.

— Oui, en payant mes études. D'abord dans une école privée où il m'a envoyé avec Déborah, ensuite en me soutenant jusqu'à ce que je vole de mes propres ailes. Je lui dois ce que je suis devenu.

Voilà qui inversait la tendance, les ambitieux n'étaient plus les vainqueurs annoncés. La fille d'Eric réservait une surprise au parti des mauvais. Et ses œillades décochées à Maxime n'étaient que de la complicité. Du coup, Archi recompta les points. 40-40, égalité des voix. Il ne manquait que celles d'un frileux pour qu'Edmonde l'emporte.

— Messieurs, bonne nouvelle ! Mes prévisions vous annonçaient battus. Mais si Déborah vote contre son mari, la stratégie que j'ai en tête peut emmerder les prétentieux.

— Je vous confirme qu'elle est de notre côté, opina Maxime, elle ne supporte plus Wilfrid.

— Méfions-nous de Guéwen, le refroidit Jarry, ce garçon est une girouette. Pour peu que Wilfrid lui offre la guitare de John Lennon, il est capable de retourner sa veste.

— Et quand bien même, mon cher Victor, qui aura la majorité s'il reste dans l'équipe ? Personne ! On n'est pas près d'endosser le maillot jaune.

— C'est maintenant qu'il faut creuser l'écart ! tonna Archi. Si vous attendez, c'est foutu. L'astuce consiste à retarder la tenue de votre réunion. Si ça marche, et ça marchera, vous en profiterez pour contre-attaquer.

— Que nous conseillez-vous ?

— De prendre un avocat qui mord. Je vais vous en indiquer un féroce, vous lui direz ceci...

Disparition et non *décès*, la subtilité échappa aux deux hommes. Certes, elle était de mauvaise foi, mais l'écrit, fit remarquer Archi, était bourré de pièges. Evidence qu'il démontra en citant Hugues de Lionne (1611-1671), habile diplomate du Roi-Soleil. D'un seul mot, *moyennant*, le matois avait raflé la Flandre et la Franche-Comté[1]. En complément, bien sûr, il avait fallu batailler,

1. Dans le contrat de mariage d'Anne d'Autriche et de Louis XIV, si la dot de la reine n'était pas versée, ce *moyennant* prévoyait de récupérer ces deux provinces en compensation. Les Espagnols n'y prirent pas garde.

égorger et violer – comme quoi, si on ne s'en méfie pas, une préposition peut être dangereuse. Mais l'essentiel, conclut Archi, était de retenir la leçon : à l'instar de Lionne, pourquoi se priver de ratiociner ? La manœuvre leur ferait gagner du temps, un temps qui leur manquait pour retourner un frileux.

Jarry fit le tour du bureau. Mains dans le dos, il se mit à réfléchir à haute voix :

— En somme, vous préconisez de repousser l'échéance.

— Grouchy était en retard à Waterloo. Avec deux heures de bonus, Napoléon aurait remporté la victoire.

— Oui, le sort des armes se joue à peu de chose... Je vais donc suivre votre conseil, monsieur Sirauton.

— Attention, je ne vous garantis pas le résultat. D'ailleurs, je vais vous rendre votre chèque, vous m'en referez un si ça marche.

— Si vous saviez combien j'en distribue par complaisance, vous auriez le tournis. Pour une fois que j'en signe un d'utile, faites-moi plaisir de l'encaisser. Et puis il est à l'ordre du syndicat, pas au vôtre.

Archi l'en remercia cependant qu'il continuait à tourner.

— Regardez ces dossiers, monsieur Sirauton, ce n'est pas la réussite d'une société qu'ils racontent, c'est le parcours d'un homme exceptionnel.

Là, poursuivit-il en en montrant des bleus, les dépenses d'Eric étaient classées par année et par mois. Depuis la création des Chais, ses factures narraient son ascension. A l'écouter, Archi se souvint de monsieur Bron, un prof qui l'avait marqué, un fou du nombre d'or. Monsieur Bron parlait de la poésie des maths. Jarry, lui, comparait sa compta à une biographie.

— Je refuse que cette aventure finisse en eau de boudin. On va se battre, monsieur Sirauton, on va se battre sur tous les fronts.

La sonnerie du téléphone interrompit sa ronde. Il décrocha le combiné sans prendre le temps de s'asseoir.

— Victor Jarry, bonjour... Plaît-il ?... Ah, pardon, je n'avais pas reconnu votre voix... Oui, allez-y... Quoi !... Ce n'est pas possible... Vous en êtes sûr ?... Comment est-ce arrivé ?...

Blême, décomposé, il s'effondra sur une chaise.

— Bien... Je note l'adresse... Je viens tout de suite.

Il reposa le combiné d'une main tremblante.

— C'était le commissaire Poussin. Eric est mort cette nuit dans la Dombes, brûlé vif au bord d'un étang.

La Faucheuse avait réglé le problème, leur stratégie ne servait plus à rien.

Deuxième retournement

Dans lequel il faut se méfier des misérables...
Des enfants terribles...
Et des liaisons dangereuses...

Cassette

Madame Grenouille avait prédit qu'il neigerait.

Les autorités – vaste et brumeuse appellation – avaient pris son message au sérieux.

Les sableuses sillonnaient les routes. On circulait plutôt bien sur les axes principaux... à condition de conduire une voiture qui se moquait de la neige. Celle de Jarry n'entrait pas dans cette catégorie. Lourde et puissante, la délicate préférait le temps sec. Dès qu'un flocon tombait, un coup de patin et vroum ! elle jerkait comme une neuneu.

Sous le prétexte qu'il avait toutes les chances de se retrouver dans le décor, Archi s'était proposé de l'emmener dans la Dombes. Jarry avait d'abord refusé son aide puis, vaincu par ses arguments, s'était laissé convaincre de plaquer sa Gertrude.

D'une blancheur monotone, le paysage défilait sous le même uniforme. Le pick-up franchit la Saône. Après des tours et des détours, Archi effleura son GPS. Une voix de Hobbit le pria de virer à bâbord, ce qu'il fit malgré son désaccord. S'il s'en était tenu à son sens de l'orientation, il aurait filé droit devant.

Prostré sur le siège passager, Jarry ne soupçonnait pas la raison qui l'avait poussé à insister pour l'accompagner. Benoîtement, il pensait que c'était par compassion. Qui n'en aurait pas eu en pareil cas ? Le naïf se trompait peu, car si Archi lui en témoignait bien, ce n'était pas *que* pour l'épreuve qu'il traversait.

— Je vous plains sincèrement, monsieur Jarry.

— Merci, monsieur Sirauton, j'ai du mal à accepter la mort d'Eric.

— Je le sais, mais je vous plains davantage pour ce que vous allez endurer. Poussin va vous chercher des poux. Ce type est une erreur d'embauche, il ne comprend rien à son métier.

— Vous le connaissez bien ?

— Oui, je l'ai pratiqué. C'est aussi pour cette raison que j'ai tenu à venir. Quand Poussin me verra, il y regardera à deux fois avant de vous emmerder. Un bon conseil, méfiez-vous de ses questions.

Ce présage arracha Jarry à sa torpeur.

— Qu'ai-je à redouter de ce flic ?

— Une diarrhée verbale. Retrouver Eric était sa priorité. Il a échoué, il va devoir s'en expliquer. Je vous parie mes chaussettes qu'il vous les hachera pour préserver ses fesses.

— Qui pouvait prévoir qu'Eric péterait un câble ?... Personne !

— Oui, mais Poussin est un politicard, il lui faut un coupable pour justifier son échec.

— Un coupable de quoi ?

— De non-dit ou de complicité passive. Eric était un homme organisé, il a dû préparer sa *reconversion*. A moins d'être devenu subitement fou, il n'a pas tout à coup décidé de vivre comme un mendiant. Poussin va tenter de savoir si vous lui avez tu une bricole, un détail qui lui aurait mis la puce à l'oreille. Et vous savez pourquoi ? Ce crétin a dû négliger la cour des Miracles.

Abasourdi, Jarry comprit enfin le danger.

— Parce qu'il ne l'aurait pas cherché du côté des clodos ?

— Non, il était loin de l'imaginer dormant dans un carton.

— Il en sera pour ses frais, je peux jurer que je n'ai rien vu venir.

Le Hobbit, lui, vit qu'Archi allait se tromper de direction. D'une voix d'androïde bien élevé, il le pria de tourner à gauche. C'était poliment demandé, le chemin était direct mais il n'arrangea pas Archi. La route qu'il lui fit prendre le disputait à la banquise. La Gertrude de Jarry s'y serait cassé les jantes. Enneigée à l'envi, il n'y manquait qu'un ours blanc. Bien qu'adapté au tout-terrain, le pick-up n'en vint à bout qu'en patinant tous les dix mètres.

— On y est presque, souffla Archi, j'aperçois des gyrophares.

— Bah ! Par où sont passés tous ces gens ? Il n'y avait pas de traces de pneus sur notre route.

— C'est le problème des GPS, ces grands feignants adorent les raccourcis.

Le fait est qu'il ne se trompait pas. Au lieu de lui proposer de remonter, de virer, de redescendre, le Hobbit lui avait indiqué la distance la plus courte.

Pour leur part, les gendarmes, qui connaissaient le pays, avaient opté pour la plus longue mais la plus sûre. L'un d'eux, en faction à l'entrée d'une allée, fit signe à Archi de s'arrêter. Ordre auquel il obtempéra en baissant sa vitre.

— Bonjour, Archibald Sirauton, maire de Saint-Vincent-des-Vignes. J'accompagne ce monsieur, pointa-t-il Jarry, le commissaire Poussin l'attend pour identifier la victime.

— Eh bien, je lui souhaite bon courage, répliqua le pandore.

— Parce que ?...

— Oui, parce que... Allez-y, c'est au bout du chemin.

Dès qu'il redémarra, Jarry lui confia d'une voix blanche :

— Ce « parce que » me fait peur, monsieur Sirauton.

— Vous pouvez, il ne doit pas rester grand-chose à identifier. Eric ne va pas être beau à voir.

— N'ajoutez rien, s'il vous plaît, je me prépare déjà à vomir.

L'allée débouchait sur l'étang de Bourdalin. Déploiement de force habituel, de nombreux véhicules stationnaient près des berges. Procédure incontournable, un gendarme indiqua à Archi où il devait se garer. En l'occurrence, entre deux voitures. La place ne manquait pas, le terrain était immense, mais pas question de discuter, c'était là et pas ailleurs.

En sortant du pick-up, Jarry fut sidéré par l'ampleur de la mobilisation.

— Que de monde pour un mort !

— Oui, mais ce mort s'appelait Eric Pillorget.

— A quoi servent tous ces types ?

— A écrire des rapports. Plus il y a de paperasse, plus l'Etat est content.

La neige avait cessé de floconner. Le paysage était dégagé. Ils découvrirent le site sans avoir à plisser les yeux. Vaste, interminable, l'étang ressemblait à un lac. Çà et là, des roselières blanchies parsemaient ses abords. Sous leurs capes d'ivoire, anonymes pour un temps, les arbres ne disaient plus leurs noms. A l'autre bout de l'étang, de la fumée s'échappait d'une cheminée. Sous la cheminée s'élevait une petite maison en pisé. Et à bonne distance de la petite maison en pisé, un groupe d'hommes s'activait près des restes d'un feu de joie. Ou plutôt de malheur puisqu'il avait pris une vie.

— J'ai du mal à réaliser ce que je vois, s'épouvanta Jarry. Eric ne vivait quand même pas dans une cabane de gosse, au bord de l'eau et dans le froid !

— Il faut croire que si. Savoir pourquoi est une autre paire de manches.

— J'imagine les titres des journaux, les journalistes vont se gaver.

— Qui pourra leur en vouloir ? Ce n'est pas tous les jours qu'un P-DG meurt comme un clochard.

La haute carcasse de Bordas s'avança vers eux. Ils lui épargnèrent la moitié du chemin en allant à sa rencontre. Les politesses furent réduites à une portion congrue, plus pressés qu'ils étaient d'échanger des infos que des gracieusetés. D'un air soucieux, Bordas entra tout de go dans le dur :

— Ça me rassure que vous soyez là, monsieur Sirauton, j'entends des trucs qui me défrisent.

— Dans la bouche de qui ?

— Du fin limier lourdingue.

C'était un code entre eux pour désigner Poussin. Bordas avait bossé avec Archi quand il était magistrat. Il lui faisait confiance et s'épargnait la langue de bois.

— Le substitut lui a passé un savon. Quant au juge Bernard, on ne peut pas dire qu'il l'a félicité. Depuis qu'ils sont partis, Poussin en veut à un sale con qui a dissimulé des indices. Du moins, c'est ce qu'il affirme.

— Et comme de bien entendu, ce sale con ne peut être que monsieur Jarry.

— A sa décharge, on a découvert deux mille euros dans les affaires de Pillorget. Des billets neufs. Comment se les est-il procurés ? Quoi que l'on pense de Poussin, il est en droit de se poser des questions... Et moi avec.

— Parce que ces deux mille euros n'ont pas brûlé ?

— Non, Pillorget les avait planqués dans un chariot près de sa cabane. Probablement qu'il manquait de place pour le ranger à l'intérieur. Son portefeuille s'y trouvait également avec ses papiers.

— Ce qui vous a facilité le boulot pour mettre un nom sur son cadavre.

— Plus le témoignage du proprio qui l'a reconnu sur des photos. Le gars est formel, la victime est bien Eric Pillorget.

D'habitude réservé, d'un abord diplomate, Jarry s'emporta tout à coup.

— Votre étonnement me stupéfie, capitaine ! Je n'en crois pas mes oreilles !

— Beuh... Pourquoi ?

— Quand Eric a disparu, j'ai signalé aux gendarmes qu'il manquait trois mille euros dans sa cassette. Il en reste deux, il a dépensé le reste. C'est peu en trois mois, convenez-en.

Le colosse tiqua, le fin limier lourdingue ne lui avait pas communiqué ces éléments. Un flop de plus à son actif, à croire qu'il les collectionnait.

— Vous me l'apprenez, monsieur... Et c'est quoi cette cassette ?

La colère fit place à la sagacité. Jarry comprit que « vous me l'apprenez » signifiait que Poussin ne lui en avait pas parlé. Bordas n'y était pour rien. Il en remit son curseur sur l'icône « aimable ».

— Une boîte en bois, une manie de paysan héritée de ses ancêtres. Eric se méfiait du plastique, il réglait ses dépenses personnelles en liquide. Cet argent venait de son compte courant, il n'échappait pas au fisc.

— Mouais... Ben vous, vous n'échapperez pas au délire de Poussin, il lui faut à tout prix un bouc émissaire.

— Pour se justifier, je sais, monsieur Sirauton m'a prévenu.

— Et moi, je vous mets en garde. Si le chien de Pillorget le voyait dans l'état où il est, il fuirait la queue basse en gueulant. Poussin s'attend à ce que vous craquiez devant son cadavre. Son but est de vous déstabiliser pour vous faire avouer je ne sais quoi... Bon, je ne vous ai rien dit, mais je le répète : prenez sur vous pendant l'identification.

Sur cet avertissement, ils se dirigèrent vers un fourgon. En chemin, Archi analysa les propos des deux hommes. Le discours de Bordas n'était pas nouveau, il détestait son chef autant que Proudhon détestait les nantis. C'était dire la hauteur du barreau sur l'échelle de l'inimitié. Aucune surprise de ce côté. En contrepartie, les révélations de Jarry le dérangèrent. Pourquoi ne lui avait-il pas parlé de ces trois mille euros ? Oubli étrange. Et confirmation de ce qu'il pensait : Eric avait prémédité son coup, sans quoi il ne serait pas parti avec tout cet argent. Il n'en résultait pas moins que son aventure s'était mal terminée... et qu'on ignorait toujours comment elle avait commencé.

Médias

13 heures à son horloge de bord. Une déglinguée comme tout le reste de sa voiture. Plus fauché qu'un pâtre grec, Marcel ne pouvait s'en payer une neuve. Il mit son autoradio en marche, un à aiguille, motif idem. Jingle rapide, la voix du speaker résonna dans l'habitacle en capilotade – *confer* l'indigence précitée.

« Fréquence Lug, bonjour, bienvenue au journal de la mi-journée. »

Re-jingle. Les journalistes de la radio adorent les jingles. Et ils vont droit au fait en cinq mots par seconde. Les moins doués s'en tiennent à quatre. Les bègues sont aux manettes.

« Mort d'Eric Pillorget. Surnommé le duc du Beaujolais, disparu en novembre dernier dans des conditions mystérieuses, Eric Pillorget a péri cette nuit dans un incendie. Son corps a été retrouvé ce matin au bord d'un étang de la Dombes. D'après la police, Eric Pillorget vivait dans une cabane qui a pris feu rapidement et dont il n'a pu s'échapper. »

Qui, dans la police, avait filé l'info à la presse ? Poussin en serait vert de rage, il lui faudrait sa tête ! Mais où trouver la bonne ? Ses ennemis ne se comptant plus, le malveillant pouvait dormir tranquille.

En revanche, Marcel jubila. Vivent les indics et les médias qui lui mettaient du baume au cœur !

« La nouvelle vient de nous parvenir, nous disposons donc de peu d'éléments pour la développer. L'un de nos reporters, parti sur place, vous en dira plus dans notre prochaine édition. »

Cependant, il fallait garder les auditeurs à l'écoute, ce pour quoi un monsieur Je-Sais-Tout prit le relais pour parler de Pillorget. Panégyrique. Hommage. Et ricanements dans l'habitacle.

— Un enfoiré, oui ! Une raclure de moins !

Sa guimbarde en bavait. L'arrière-pays du Beaujolais croulait sous la neige. Sur les hauteurs où il habitait, les routes n'étaient pas encore dégagées. Marcel serra les fesses. Si son tas de tôle tombait en panne, il en serait quitte pour rentrer à pied. Personne ne le dépannerait. Depuis l'affaire du sucre, ses confrères lui tournaient le dos. Ses magouilles leur avaient fait du tort, c'était tout juste s'ils supportaient sa vue.

Plus de crainte que de mal ! La souffreteuse l'amena à bon port. Pressé de partager sa joie, Marcel en bondit comme un diable de sa boîte. Ou un requin hors de l'eau pour attraper sa proie, quoique la sienne fût déjà bouffée par les flammes.

La cuisine baignait dans un *sfumato* à trois sous. La peinture des murs s'écaillait. Le lave-vaisselle avait rendu l'âme. Et sur la gazinière, dont un seul brûleur marchait encore, mijotait un ragoût bon marché.

Marcel y entra en trombe. Fluette, les traits marqués, sa femme épluchait des carottes en soupirant à chaque coup de lame. Il n'y a rien de moins cher que les carottes. Mais c'est lassant quand on en mange tous les jours, ce qui était son quotidien depuis que le domaine avait été hypothéqué.

— T'as entendu les infos ?

Le visage de Clémence s'illumina à vingt-cinq watts, puissance égale à son budget.

— Ouais, à la télé, ils ont annoncé la nouvelle au journal régional.

— Le malheur change de camp. Ça s'arrose, non ?

— On en débouchera une quand on en aura fini avec les Pillorget. Avant, ça nous porterait la poisse, on en a déjà assez.

Par tradition, de père en fils, on était superstitieux dans la famille Lavoisier. Marcel approuva donc sa femme en croisant ses gros doigts.

— T'as raison, faut pas faire fliquer le sort.

— Retrouvons d'abord Margot, on fera la fête après.

— T'as appelé les restos dont je t'ai donné les numéros ?

— Tous, ils ne connaissent pas Margot. François t'a peut-être berné.

— Non, il a juré sur le Christ qu'elle était dans les Alpes.

Clémence capitula. S'il l'avait juré, son frère n'avait pas pu mentir.

— Bon, ben il faut étendre la recherche, tu vas en contacter d'autres, reprit Marcel.

— Pff !... Ça va coûter des ronds, on a un forfait limité.

Que parlait-elle d'économies ! Marcel en eut la berlue.

— Je m'en tape de la dépense, faut ce qu'il faut pour gagner ! Dès que j'aurai mis la main sur Margot, les Pillorget raqueront ! Et à nous la belle vie ! T'es d'accord avec moi pour mettre le paquet ?

— Tu sais bien que oui, je me méfie de tout, sans plus.

La cause était entendue, il ne lui restait qu'un problème à régler.

— Si elle refuse de cracher le morceau, je lui fais quoi à ta sœur ?

— Ce que tu veux, elle peut crever. J'en ai rien à glander de cette salope.

Codicille

Déguisé en Humphrey Bogart, Poussin les attendait près du fourgon. Il avait repéré Archi à son arrivée, ce qui lui avait laissé le temps de digérer son dépit. Il s'était préparé à cuisiner Jarry à la sauce sournoise, mais la présence d'Archi l'obligeait à revoir sa recette.

Saluts bâclés, civilités minimales, il attaqua, cauteleux :

— Monsieur Sirauton, quel honneur... Corrigez-moi si je me trompe : Eric Pillorget ne dépendait pas de votre commune ?

— Non, mais c'était un confrère de longue date. Nous peaufinions un projet avec monsieur Jarry quand vous l'avez appelé. Un projet sur le vin dont je vous épargne les détails, je sais que vous ne buvez que de l'eau.

Régime qui l'affligeait, car pour ressembler totalement à Boggie il ne lui manquait que le whisky. Hélas, autant que la comprenette, Poussin avait le foie fragile.

— Et à quel titre l'accompagnez-vous ?

— Celui de chauffeur, ma voiture tient mieux la neige que la sienne.

— Une routière, précisa Jarry, pas du tout faite pour rouler sur une patinoire.

— Vous avez bien fait d'être prudent, cher monsieur. Mais ce sera seul que je vous prierai d'identifier la victime... D'ailleurs, pourquoi attendre ?... Si vous voulez bien monter dans ce fourgon.

Sur un signe qu'il lui adressa, un type en combinaison en ouvrit les battants. Il tendit la main à Jarry pour l'aider à grimper puis referma derrière lui. L'avertissement de Bordas n'était pas du pipeau. A aucun moment, comme l'exigeait la règle, Poussin n'avait préparé Jarry à subir un choc. Il l'avait expédié vers l'horreur sans soutien psychologique. Jarry tiendrait-il le coup ? Ressortirait-il indemne de cette épreuve ? Archi allait vite le savoir, le type en combinaison rouvrait déjà les battants.

— Est-ce que vous vous foutez de moi, commissaire ? Il serait plus facile d'identifier un bout de charbon !

Furibard, Jarry sauta du véhicule et se campa devant un Poussin raplapla. A priori, il avait retenu la leçon.

— Que... que... Dois-je comprendre que vous n'avez pas pu...

— Je n'ai rien pu du tout ! Qui pourrait reconnaître un homme calciné jusqu'aux os ? J'aimerais le savoir ! Si c'est ça votre conception d'une enquête bien menée, il y a du souci à se faire !

Les souliers de Poussin rétrécirent à vue d'œil, ils devinrent trop petits pour ses énormes pieds. Doubler la même erreur relevait de l'amateurisme. Il aurait dû se souvenir que, sous une apparence docile, le petit homme cachait un templier, ni figurant ni enfant de chœur.

— Ce n'est pas *ma* conception, monsieur Jarry, c'est la procédure classique.

— Eh bien révisez vos classiques, ils sont dépassés.

— Quoi que vous pensiez de nos méthodes, le de visu n'est qu'une première étape. L'autopsie nous en apprendra plus.

— Parce que vous espérez qu'un expert tirera quelque chose de ce tas de cendres ? Vous rigolez, commissaire, il n'a même plus un cheveu.

— C'est normal, si je puis dire, la victime a grillé toute la nuit. Les pompiers n'ont récupéré son corps qu'au petit matin. Mais l'odontologie pourra nous certifier qu'il s'agit bien de monsieur Pillorget, ce dont je ne doute pas une seconde.

— A condition que ses dents n'aient pas été exposées à plus de 400 degrés Celsius, lui rappela Archi.

— De toute façon, ça ne servira à rien, conclut Jarry, Eric ne voyait son dentiste que pour se faire détartrer. Et il avait une santé de fer. A ma connaissance, il n'a jamais été opéré de quoi que ce soit.

Fin de l'escarmouche, Jarry s'en était tiré haut la main. Archi n'ajouta qu'une question qu'il n'avait pas posée.

— Pourquoi les pompiers sont-ils intervenus si tard ?

— Au motif que monsieur Bourdalin, le propriétaire des lieux, n'a pas le téléphone et ne se déplace qu'à vélo. Excepté la nuit : il n'y voit pas à deux mètres. Ce n'est donc qu'au matin qu'il a pu se rendre au village pour les avertir.

— A-t-il tenté de porter secours à Pillorget ?

— Il en a eu l'intention mais il était déjà mort. Je le crois volontiers parce qu'il est honnête... Il aurait pu voler les deux mille euros que Pillorget planquait dans son chariot.

— Quel chariot ? fit Archi, comme s'il l'apprenait.

— Un comme on en utilise pour faire ses courses, un banal chariot qui a échappé aux flammes. Pillorget y avait caché cette somme et son portefeuille.

A son tour, Jarry la joua étonné.

— Ah... Il n'a donc dépensé que mille euros pour vivre.

— Quoi ? Vous saviez qu'il avait cet argent sur lui ?

— Oui, et vous aussi, commissaire, je l'ai dit aux gendarmes au cours de ma première déposition. C'est dans leur rapport, je présume que vous l'avez lu ?

Rapidement, en travers, avant de le jeter au fond d'un tiroir. Ce qu'évidemment il ne pouvait avouer. Parce qu'il se moquait de sa rigueur militaire, Poussin négligeait la prose des pandores. *Vanitas, vanitatum*, sa vanité pouvait lui coûter son fauteuil, or il y tenait plus qu'à sa mère.

— Bien sûr, de long en large, ça m'était sorti de l'esprit.

— Il est vrai que vous avez tant à faire. Cependant, j'aimerais comprendre comment Eric a pu vous échapper. Vous avez une théorie là-dessus ?

Poussin sentit venir le danger. Jarry était le chien de garde d'Edmonde, et Edmonde avait le coup de fil facile. Pas bon pour sa carrière. Il devait s'en débarrasser avant qu'il ne le morde. C'était pressé. Alors il se pressa.

— Oui, je vous en parlerai en temps voulu... Quelques détails à vérifier... Pour l'instant, je vous conseille d'aller voir Bourdalin, il a demandé à vous rencontrer.

— Moi ? Personnellement ?

— Avec beaucoup d'insistance. Eric Pillorget lui avait laissé vos coordonnées s'il lui arrivait malheur. Quand Bourdalin a appris qui était l'homme de la cabane, il a manqué défaillir. Je suppose qu'il veut vous présenter ses condoléances.

Sa diversion pour échapper à ses morsures ne dupa guère Jarry. Ni Archi, qui connaissait le bovin jusqu'aux cornes. Mais puisqu'il s'était refusé à lui porter l'estocade, il épargna sa queue et ses oreilles.

Bordas les invita à le suivre. Son rôle d'intermédiaire était justifié, il en avait à dire et le dit en chemin.

— Je me méfie de lui, monsieur Sirauton. Bourdalin est un cocktail mi-Ravachol, mi-tigre solitaire. Il vaut mieux que je vous présente pour que vous ne subissiez pas ce qu'on a eu à subir. J'en ai encore mal au crâne.

— Il est si terrible ?

— Pire que ça, on a dû lui arracher les mots de la bouche. En plus, il a fallu les traduire, son vocabulaire est inconnu du *Petit Robert*.

— Il vit seul ?

— Oui, il ne s'est jamais marié.

— Misogyne ?

— Non, aigri. Bourdalin a eu son heure de gloire. Il aurait pu devenir un grand champion. Mais, pas de pot, un accident a mis fin à sa carrière.

En quelques phrases courtes, Bordas résuma ses heurs et malheurs. Suite à quoi Archi n'eut aucun mal à deviner le reste.

— Voilà qui explique l'altruisme du bonhomme. En anar qui se respecte, il lui était impossible d'expulser un clodo.

Le temps s'adoucissait. La maison en pisé infusait dans une drôle de brume. Des canards volèrent près de son toit. Habitué à n'en voir que dans son assiette, Bordas suivit leur vol avec des yeux d'enfant. Fasciné comme un bambin qui découvre la faune, il attendit qu'ils disparaissent pour toquer à la porte.

Un son proche du feulement résonna à l'intérieur.

— Mrrr !... Qu'c'est ?

— Capitaine Bordas, monsieur Bourdalin. Je suis avec monsieur Jarry, vous vouliez le rencontrer.

— Mrrr !... I'là ?

— Oui, près de moi, je viens de vous le dire.

— Mrrr !... 'rive.

Avant qu'il n'ouvre, Archi glissa à l'oreille de Bordas :

— J'ignorais que vous compreniez le patois de Chewbacca.

Poilu, barbu, chevelu, Bourdalin était plus petit que le yéti de *Star Wars*. Et aussi moins fringant. Vêtu d'habits datant de la Grande Guerre – à cette époque on en faisait des solides –, il apparut voûté, hirsute, et surtout mal disposé.

— C'qui, Jarry ?

— Ce monsieur-là, le désigna Bordas.

— Enchanté, monsieur Bourdalin.

Succinct « Pr-pr » qu'il fut convenu de prendre pour un salut. Epuisé par cet assaut de politesses, le bougon détailla longuement Archi. Sa tenue d'Esquimau parut l'éblouir. Une erreur, elle le déconcerta.

— C'qui, l'Papou ?

— Archibald Sirauton, un ami, le présenta Jarry.

— Mrrr... Fagoté biscornu... Entrez, dois causer.

Puisque le contact se passait bien, Bordas les abandonna au volapük du bourru. Un rab de son jargon eût été de trop pour sa migraine. Sur le point de s'en aller, il se pencha vers Archi.

— Il y a un os dans ce bazar, murmura-t-il. Est-ce que je peux vous appeler sur le coup de 16 heures ? Poussin se fout dedans comme d'habitude. J'aimerais avoir votre opinion.

D'un clignement de paupières, Archi lui fit comprendre qu'il acceptait de l'aider. Satisfait, le colosse partit rejoindre son chef pas bien-aimé.

L'antre de l'ermite correspondait à l'idée qu'ils s'en étaient faite : un désert parsemé de meubles désuets. Jarry ne lui en envoya pas moins un « C'est mignon, chez vous ». A jésuite, jésuite et demi, Archi félicita Bourdalin d'un « Mm-mm ». Puis il parcourut le musée de sa gloire éphémère. Affiches, articles, trophées tapissaient les murs du salon. Il pointa une photo où il défiait un adversaire plus musclé.

— Vous avez gagné ce combat, monsieur Bourdalin ?

— En parle point.

Archi ne s'en formalisa guère, ses blessures n'appartenaient qu'à lui seul. Et surtout ses regrets d'avoir chuté au pied du podium. D'ailleurs, plutôt que de s'étendre sur son passé, le bourru s'était dirigé vers un buffet. Il en sortit une grande enveloppe qu'il tendit à Jarry.

— D'part d'l'homme, pour vous.

Interloqué, Jarry hésita à la prendre. Il lut d'abord ce qui était écrit dessus : son nom, son adresse et la mention *Confidentiel. A n'ouvrir qu'après ma mort.* Il se ressaisit et la palpa machinalement.

— On dirait qu'il y a un objet à l'intérieur.

— Eh bien, voyez ce que c'est, le bouscula Archi.

Jarry la décacheta proprement, la renversa au-dessus d'une table, puis s'écria, stupéfait, en découvrant ce qui venait d'en tomber :

— La chevalière d'Eric ! Je la reconnaîtrais entre mille.

En homme de loi qui se méfie de tout, Archi l'examina de près. Les initiales EP y étaient gravées. A moins d'une coïncidence, c'était bien la chevalière de Pillorget. Restait à savoir ce que l'enveloppe contenait d'autre. Sans cacher son émotion, Jarry en retira une page manuscrite.

— On dirait un testament. Regardez, monsieur Sirauton, Eric l'a rédigé il y a un mois. Il a même apposé l'empreinte de son pouce près de sa signature.

— Le texte est court, je crois plutôt que c'est un codicille.

Ils n'eurent pas le temps de le lire, Bourdalin se manifesta bruyamment.

— Mrrr ! Dois parler à Jarry. Message d'l'homme.

Au regard qu'il lui lança, Archi comprit qu'il était de trop. A quoi servirait-il de se fâcher ? Il s'inclina en souriant.

— Je vais faire un tour, monsieur Jarry. Bon courage pour la suite.

La formule était de mise, il lui en faudrait des kilos pour décoder le pathos du grincheux.

Super Grenouille avait prédit qu'il referait beau.

Pour la Dombes, dont elle est le symbole, Super Grenouille n'annonce pas n'importe quoi. Les nuages s'étaient peu dissipés, le soleil boudait encore, mais le baromètre avait révisé la position de ses aiguilles.

Que faire en attendant Jarry ? Fouiner du côté des experts ? Discuter avec Bordas ? Non, ces options l'amèneraient à revoir Poussin. Alors, faute de mieux, Archi se contenta de marcher autour de la maison.

La neige avait recouvert les allées. Ainsi qu'un potager. Des tuteurs en dépassaient. Mais, curieusement, des roses dressaient leurs pétales au-delà de ses barrières. Au mitan de l'hiver, leur floraison relevait du phénomène. Intrigué, Archi avança dans la bouillasse pour les regarder de près. Et s'en voulut de sa bêtise. Dame Nature n'avait pas accompli de miracle : ces fleurs étaient en plastique. Bourdalin avait-il une âme de poète pour ne point se passer d'en voir à toute époque ? Ou, incapable d'en faire pousser des vraies, se contentait-il de fausses ?

— Monsieur Sirauton !

L'entrevue n'avait pas traîné, Jarry était déjà sorti. Bouillasse en sens inverse, Archi s'arracha du potager. En chemin, il passa près de la remise. Par réflexe, par curiosité, il jeta un coup d'œil à l'intérieur. En plus de sa Dodoche, Bourdalin y avait rangé son attirail de pêche. Des cannes, des bourriches, des épuisettes. Bah, le poisson était à deux pas de son seuil, il aurait eu tort de se priver d'en manger. Surtout sans dépenser un sou puisqu'il lui appartenait.

Quand il retrouva Jarry, ce dernier lui parut passablement fébrile. Qu'avait bien pu lui dire le bourru pour le mettre dans cet état ?

— Ça va, vous avez réussi à comprendre le jargon de Bourdalin ?

— Pour être franc, j'ai plutôt deviné le sens de son message.

— Que vous pouvez me confier ?

— Oh, ce n'est pas un grand secret. En gros, Eric l'a prié de me répéter qu'il nous demandait pardon.

— C'est tout ?

— Oui, si ce n'est qu'il tient à ce qu'on respecte ses dernières volontés... Je crois que les Chais sont sauvés.

Sauvés, voilà qui expliquait sa nervosité.

— Tenez, monsieur Sirauton, lisez son codicille. Bourdalin affirme qu'Eric l'a écrit devant lui avant de le cacheter. En cas de contestation, le bourru m'a promis d'attester qu'il est bien de sa main.

Vieille habitude d'ancien magistrat, Archi le parcourut à haute voix.

— *Je, soussigné, Eric Pillorget, sain de corps et d'esprit.*

Stop ! Carton rouge ! Il arrêta de lire, perplexe.

— Côté esprit, ça commence mal, j'en connais qui contesteront ce passage. Quoi qu'il affirme ici, Eric n'était plus vraiment frais.

Il laissa Jarry à ses grimaces pour en venir au cœur de l'acte.

— *Mon précédent testament, signé chez maître Galignon, notaire à Lyon, est inchangé. Je n'en modifie qu'un paragraphe : je lègue, par la présente, deux pour cent de mes parts des Chais Pillorget à mon filleul, Maxime Aubert. Je souhaite qu'il en devienne le président et lui en donne ainsi les moyens.*

Bien qu'écrit sans les formes exigées, le texte était précis.

— Avec deux pour cent des parts, Maxime pourrait entrer au conseil.

— Et avec celles qu'Edmonde récupérera de son mari, s'excita Jarry, elle l'imposera sur du velours. *Game over*, les pantins.

Tout s'arrangeait comme dans un conte. Le chevalier blanc terrassait le dragon, délivrait la princesse et lui faisait des marmots – une tapée puisque dans tous les contes il est précisé qu'*ils en eurent beaucoup*. Mais Jarry rêvait debout. Il oubliait que la France est un pays de chicaniers.

— J'ai dit « pourrait », le réveilla Archi, c'est loin d'être gagné. Attendez-vous à une réaction violente des ambitieux.

— Pourquoi ?

— Parce qu'un père n'a pas le droit de déshériter ses enfants, or c'est ce qu'Eric fait dans ce codicille. Quoi qu'il ait écrit, quelles que soient ses dernières volontés, ses enfants peuvent exiger ses parts en héritage.

— C'est légal ce machin ?

— Légal, oui. Juste, on peut en discuter. Tout ce qui est légal n'est pas forcément juste, sinon la jurisprudence n'aurait pas tant de succès.

Les minutes défilaient pour rien, leur présence ne se justifiait plus, il était temps qu'ils s'en aillent. D'autant qu'Archi devait aller chercher Xa à la gare de Mâcon-Loché.

— Venez, monsieur Jarry, je vous raccompagne. Je vous expliquerai ces tripatouilles en route.

En repartant, ils croisèrent des voitures de la presse régionale.

Poussin n'allait plus tarder à passer un moment mémorable...

Quelqu'un

Dès qu'il retrouva Xa, Tirbouchon lui fit la fête. Une fête de chien avec jappements, sauts de carpe, frétillements de queue et contorsions d'anguille.

Bougonne, plus réservée, se fendit d'un semblant de bise. Pragmatique, elle lui demanda *ex abrupto* :

— Vous resterez combien de temps ? J'ai besoin de le savoir pour ma cuisine.

— Huit jours, chômage technique. Je repartirai à Paris avec Archi.

— Eh bien, j'achèterai des boules Quies en conséquence, lâcha Bougonne, incisive, avant de retourner à ses casseroles.

Les retrouvailles du couple ne se faisaient pas sans bruit. Bougonne s'en était déjà plainte, plus pour les taquiner que pour protester. Sur son tapis d'horreur, Tirbouchon, lui, gémit de désespoir. Avec son ouïe plus fine que celle d'un bipède, leurs effusions l'empêchaient de dormir. Tant pis, se résigna-t-il, il trouverait bien un coin où il ne les entendrait pas.

La réflexion de Bougonne lui passa au-dessus du catogan. Archi s'en battait les poils de barbe. Il était chez lui et y faisait ce qu'il voulait. L'amour, entre autres, avec la femme de sa vie. Enfin presque, puisqu'ils n'habitaient pas ensemble. Du moins, pas encore. Il fallait que le temps fasse son œuvre pour les décider. Dix ans les séparaient ainsi que leurs métiers. Beauté grecque par son père, d'esprit lyonnais par sa mère, grande, brune, frisottée, le physique avantageux, Xa était une comédienne remarquée. La télé l'employait de temps en temps, le cinéma commençait à s'intéresser à elle et le théâtre l'absorbait. Elle s'écroula sur un sofa – effiloché jusqu'à la garde –, épuisée, éreintée, assoiffée.

— Peux-tu me servir un verre d'eau, mon Doudou ? Je n'ai rien bu depuis ce matin.

— A condition que tu me parles de tes répétitions. L'ambiance est si délétère que tu me l'as dit en route ?

— Oh que oui ! Je n'ai jamais vu une troupe aussi nulle. Le producteur et le directeur se tirent la bourre. Baron, qui interprète monsieur Jourdain, se prend pour Louis Jouvet, les comédiennes pour des stars et les messieurs cabotinent. On se chipote, on ragote, on papote, c'est une foire aux veaux.

— Ça tombe bien, vous jouerez pendant le Salon agricole.

— Avec du retard, l'actrice principale est malade.

— Remplacez-la.

— Impossible, c'est la maîtresse de Deflers.

— Le metteur en scène ? C'est lui qui vous dirige ?

— Oui, on ne se refuse rien. Et lui se tape une emmerdeuse.

— Pauvre Molière, il méritait mieux qu'une Messaline.

— Oui, mais c'est grâce à son zona que je suis au manoir. Et je ne compatis pas, bien fait pour sa peau de vache ! Cette pimbêche nous fatigue. Qu'elle commence par respecter ses camarades, on la plaindra après.

Sa besace étant vidée, Xa but d'un trait le verre qu'il lui avait apporté. Puis, avec une pirouette propre à son art, elle renversa les rôles.

— Alors, et toi, où en es-tu avec la morte du vignoble ? La police a pu l'identifier ?

— Toujours pas. Ce qui est certain, c'est qu'elle n'est pas du pays. J'ai compté nos nanas, il n'en manque aucune.

— Voui, ben évite de trop t'en approcher.

— Serais-tu devenue jalouse ?

— Ça te déplairait ?

— Va savoir, je ne connais pas la jalousie. La preuve en est que je me tais quand tu joues des scènes d'amour.

— Bon... Dans ce cas, considérons que cet échange est préventif. Ce serait moche si ce fléau nous tombait dessus.

Il s'inclina, elle fit une révérence, et ils passèrent au sujet suivant. Fallait-il encore en trouver un bon pour effacer leur gêne. En voiture, à grands traits, Archi lui avait parlé de la mort de Pillorget. En tant que Lyonnaise, Xa connaissait la réputation du duc du Beaujolais. Son nom revenait souvent dans les bouchons. On le dénigrait ou on l'encensait. Sa réussite n'était pas du goût de chacun. Et le sujet était enfin trouvé.

— Pauvre Pillorget, il a dû déguster avant de mourir.

— Oui, en ayant toute sa tête quoi que les flics en pensent.

— Tu plaisantes, mon Doudou, ce type était marteau. Pour vivre comme un clochard, c'est qu'il ne tournait plus rond.

— Ce qui ne tourne pas rond, c'est cette version simpliste.

— Parce que c'est normal de pieuter dans une cabane quand on a un château ? Du personnel de maison ? Et des millions sur son compte ?

— Non, tu as raison, on ne devient pas Diogène du jour au lendemain. Et c'est bien ce qui me tracasse. Son envie de tout plaquer sur un coup de blues ne colle pas au personnage.

— Ouillouillouille ! « Qui me tracasse ». Roulez tambours, sonnez trompettes, Justiceman est de retour !... Toi, je sens que tu vas te remettre à enquêter.

— Disons que je vais m'autoriser à réfléchir au problème.

La formule était mensongère puisqu'il le décortiquait déjà. Feuille après feuille, comme un artichaut. En trouvant plus de vinaigre que d'huile dans la vinaigrette. Que d'erreurs ! Le degré de myopie de Poussin frisait l'incommensurable. Un bizut, à sa place, aurait tout de suite vu que cette affaire se lisait entre les lignes. Comme prévu, Bordas l'avait appelé pour lui en communiquer des pages. Avec ce qu'il lui avait appris, Archi était parvenu à décrypter son contenu.

Il se cala dans un fauteuil pour réunir ses chapitres...

Pourquoi, sur le perron, au moment de disparaître, Eric avait-il jeté sa cravate ? La réponse crevait d'évidence : parce qu'avec ce geste il avait envoyé un signal convenu à *quelqu'un*, un *quelqu'un* à l'affût dans le parc, prêt à le conduire là où il le désirait. François remercié, Eric s'était assuré que personne ne l'observait.

Il avait alors jeté sa cravate, couru vers ce *quelqu'un* qui l'attendait, puis, en sa compagnie, s'était éclipsé par la petite porte du parc. La suite était facile à deviner : il avait pris le large dans la voiture que ce *quelqu'un* avait garée au diable. D'où le chœur uni du personnel qui, en toute bonne foi, avait affirmé ne pas en avoir aperçu rôder près du château.

Quant à l'argent planqué dans le chariot, n'était-il pas question de billets neufs ? Si ! Détail éminemment louche ! De deux choses l'une. Soit Eric continuait à en retirer. Soit *quelqu'un* les avait glissés dans son chariot après sa mort. Déduction logique : qui laisserait autant de fric à la portée des malveillants ? Certainement pas Eric, méfiant comme un grigou.

L'option numéro un ne tenait pas la route. D'ailleurs en retirant une telle somme, Eric aurait été localisé *illico*. Il le savait, l'homme était intelligent, bien trop pour tomber dans un piège aussi crasse.

La seconde, en revanche, pesait lourd en conjectures. Car si *quelqu'un* avait mis cet argent dans son chariot, il fallait en déduire que ce *quelqu'un* était présent quand la cabane avait pris feu. Par conséquent, imaginer qu'il avait tué Eric n'était pas à exclure. Mais pour quelle raison ce *quelqu'un* l'aurait-il assassiné ? Par vengeance ou par intérêt, évidemment. Toutefois, quel que soit le motif, il restait à expliquer comment il l'avait retrouvé. Et, plus étrange encore, pourquoi il s'était délesté de deux mille euros... parce que ces billets ne pouvaient être ceux qu'Eric avait emportés. Bordas était formel, un banquier lui avait confirmé qu'ils sortaient de l'imprimerie. Info qu'il dissimulait à son chef pas aimé.

Dans cet imbroglio, un type mentait peut-être : Jarry, l'ami de toujours, le presque frère. Lorsqu'il avait signalé qu'Eric s'était envolé avec une somme importante, sa parole avait suffi pour qu'on le croie. Etait-il le *quelqu'un* de la fuite ? Impossible, Jarry se trouvait à Bourg-en-Bresse. Sinon, était-il le *quelqu'un* qui avait craqué l'allumette ? Impossible également, Jarry aimait trop Eric pour vouloir sa mort. Au contraire, même ! Chaque fois que le jour se levait, le vieux renard priait pour qu'il revienne flinguer les ambitieux.

La cabane avait pris feu aux environs de 2 heures du matin. A cette heure de la nuit, de nombreux candidats pouvaient être le *quelqu'un* des billets. Dans l'immédiat, faute de biscuits, mettre un nom sur ce *quelqu'un* était compliqué. Mais pas sur le *quelqu'un* de la fuite. A savoir celui qui avait aidé Eric à se barrer du château.

Archi avait éliminé les rejetons de la liste. Sauf un, Guéwen. Le dilettante travaillait chez lui, à Lyon, pendant qu'Eric prenait les voiles – sans témoin, toutefois, pour confirmer son alibi. Ses deux aînés, pour leur part, traînaient leur égoïsme loin du Beaujolais. Déborah à Madrid et Jacquemin à Nice. D'ailleurs pourquoi se seraient-ils faits les complices de leur père ? A contrario, une bonne raison s'imposait pour Guéwen : le révolté détestait sa famille. La décision de son paternel de faire chier le peuple avait dû l'emballer. Mais cette hypothèse était douteuse. Quoique... *Omnis homo mendax... tout homme est menteur*, affirme le psaume CXV que chacun connaît par cœur...

Edmonde, quant à elle, ne pouvait figurer au tableau des suspects. Elle se trouvait à Lyon quand son mari s'était volatilisé. Et celui-ci, en la quittant, l'avait mise dans le caca... Exit Edmonde et sa superbe...

Restait Maxime, le filleul dévoué. Il devait tout à Eric, il lui était redevable. Et il le serait davantage... A condition que la loi lui permette d'hériter d'une part de ses parts. Son parrain lui avait-il parlé de son codicille ? S'il en avait eu vent, Maxime arrivait en bonne place pour être le *quelqu'un* de la fuite. D'autant que son agenda, le 13 novembre, comportait quelques trous. Si on creusait encore, il devenait aussi le *quelqu'un* des billets. Eh oui, le *quelqu'un* de la fuite était le seul à savoir où se terrait Eric. Heureusement pour Maxime, un élément plaidait à sa décharge : Eric avait rédigé son codicille devant Bourdalin. Excepté le bourru, tout le monde ignorait l'existence de ce papier. Et son contenu par voie de conséquence.

Dans cet écheveau, une question restait sans réponse. Archi s'en torturait les méninges : qu'aurait fait Eric s'il n'avait trouvé la mort ? Serait-il revenu sauver les Chais ? Aurait-il dépêché un avocat au conseil ? Ou aurait-il laissé sa boîte partir à la dérive ? L'histoire ne le dirait pas, sa décision avait brûlé avec lui dans la Dombes.

Néanmoins, Archi avait compris pourquoi il s'était enfui le 13 novembre. Super Grenouille, encore elle, avait annoncé qu'il pleuvrait ce matin-là. Comme on le dit dans la région, on attendait une *chiaquée*. Or, quoi de mieux qu'une averse pour se sauver en douce ? Déclic immédiat chez Eric ! Le jardinier travaillerait dans la remise, les alentours du château seraient déserts, personne ne le verrait courir sous la pluie. La suite était connue. Mais bien plus que tactique, son plan avait été machiavélique. Le duc avait surpassé le prince. Au lieu de profiter d'un déplacement pour s'éclipser – ce qui aurait fait penser à un accident –, Eric s'était évaporé à la vue de tous. Disparition stupéfiante ! Les flics en soignaient encore leur hémicranie. Sauf Poussin dont le cerveau était un cas pour la science. Pourquoi Eric s'était-il appliqué à monter cette pantalonnade ? La réponse tombait d'elle-même : tout bonnement pour brouiller les pistes. Son plan avait marché, nul n'avait eu l'idée de le chercher dans une cabane. Quant à expliquer sa motivation, la parole appartenait aux psychiatres. Ou aux philosophes. C'était selon. De toute manière, seuls les experts s'en soucieraient. L'homme de la rue, lui, n'en aurait rien à battre, plus intéressé par le prix du gas-oil que par le spleen d'un richou.

— S'il te plaît, Archi, je peux te parler une seconde ?

La voix de Filoche le tira de sa bulle. Le jeune homme avait eu le temps d'entrer, de saluer Xa et de caresser le chien sans qu'il remarque sa présence.

— Euh... moui, vas-y.

— Hou là ! Tu m'as l'air d'être dans les vapes.

— Non, persifla Xa, monsieur tente de résoudre une énigme. Le mort était-il fou ? Doit-on l'enterrer avec une camisole de force ? Vous le saurez en écoutant le prochain épisode de *Justiceman, le retour.*

— N'importe quoi.

— Certainement pas, mon Doudou, ça fait cinq minutes que tu as décroché. Allô la Lune, ici la Terre, fait-il beau temps chez vous ?

Cinq minutes ? Il ne s'en était pas aperçu.

— Pardon, j'étais distrait.

— Ben, cesse de rêver, reprit Filoche, le matériel est prêt pour le Salon. Il n'y a plus qu'à le charger. On lance ce qui est prévu ou on modifie ?

— Attends... Il faut que je retourne un instant sur la Lune.

Sur ce, il replongea dans ses cogitations, concrètes et ordonnées, quoi qu'en pensât Filoche. Pourquoi, subitement, avait-il le sentiment qu'on l'avait roulé dans la farine ? Sa petite fée ne l'alertait jamais en vain. La mort d'Eric, lui soufflait-elle, cachait des faits plus graves. Mais quoi ? Avait-il négligé un élément révélateur ? Certainement, sinon sa petite fée l'aurait laissé tranquille. Il la connaissait bien, elle lui faisait toujours le coup quand il commettait une erreur. Alors il fit ce qu'elle lui ordonnait : il compta les jours.

— On maintient le plan, mon petit Filoche, si ce n'est que tu installeras le stand sans moi.

— Ça, c'est la meilleure ! A cause de quoi tu te défiles ?

— Nous sommes samedi. Dimanche on glande. Si je calcule bien, le temps que le légiste fasse sa découpe, on enterrera Pillorget jeudi. Je tiens à être présent à ses obsèques.

La décision d'Archi était inattendue. Filoche ne pouvait deviner ce qui la motivait. Juste un mélange de doute et de curiosité : s'était-on servi de lui et si oui, dans quel but ?

— OK, c'est toi le patron, je me plie aux ordres.

— Pour la déco, je te laisse les mains libres. Tu feras à Paris comme on fait ailleurs : des affiches, des tonneaux, des bouteilles et des verres. Le connaisseur se fiche du superflu, c'est le vin qui l'intéresse.

S'il consterna Filoche, ce changement de programme fit le bonheur de Xa.

— Super ! Comme ça nous serons plus longtemps ensemble.

— Mais je n'ai pas l'intention de te laisser seule, ma chérie, ni ici ni à Paris. Les TGV ne sont pas faits pour les chiens.

Sur son tapis d'horreur, Tirbouchon ronchonna. Il détestait les références négatives employées sur le dos des canins. Le chien n'était-il pas le fidèle compagnon du bipède ? Alors au nom de quoi celui-ci disait-il « temps de chien », « vie de chien », « mal de chien » pour illustrer ses malheurs ? Il ne manquait pas d'animaux pour ce faire. Les chats, par exemple, une engeance d'hypocrites, de vicieux, de voleurs. Il en avait encore chassé un à midi, un gros puant qui lorgnait sa gamelle.

— Ce qui signifie, mon Doudou ?

— Que j'irai te voir un soir sur trois au théâtre.

— Tu auras du mal à t'en remettre.

— De la pièce ? Vous la jouez comme des pieds ?

— De ces voyages, idiot, ils te bousilleront la santé.

— Pff ! J'ai crapahuté dans de pires conditions au service militaire. Je n'en suis pas mort pour autant.

La porte s'ouvrit, Bougonne entra dans le salon, la figure chiffonnée, la lippe en berne. Elle vira de gauche à droite en marmottant, prit des couverts dans un buffet, les reposa, les reprit, les re-reposa, recommença, et finit par énerver Archi.

— Qu'est-ce qu'il t'arrive encore ? Tu as perdu ton porte-monnaie ?

— Non, et j'ai retrouvé mon portefeuille.

— Alléluia ! Tu devrais remercier saint Antoine.

— J'ai remercié l'un de ses copains, il lui fera la commission.

— Et c'est ?

— Secret.

Archi fit celui qui n'avait rien entendu. Réaction ordinaire d'une Bougonne embêtée, il savait que sa grogne était comme le tonnerre : l'annonce d'un orage qui ne tarderait pas à péter.

— Bon, qu'est-ce qui te tourmente ? Je te donne cinq secondes pour tout me dire.

Prise de court, elle remballa sa foudre.

— Il faut que je te parle d'un ami d'enfance. Je crois que tu peux l'aider.

— Qui c'est ce type ?

— Il s'appelle François Dupuis. Tu le connais, il est maître d'hôtel chez les Pillorget.

— Ah oui ! Le grand nigaud à la mâchoire équine.

— Lui-même... Je l'ai rencontré ce matin par hasard. François ne sait pas se battre dans la vie, j'aimerais que tu lui donnes un coup de main.

— C'est quoi son problème ?

— Son salopard de beau-frère.

Funérailles

La fonction de maire n'est pas de tout repos. Pendant les cinq jours qui précédèrent les funérailles d'Eric, Archi eut fort à faire sur tous les fronts. Des sérieux, des cocasses, des inattendus.

Il dut se battre pour qu'on dégage les routes qui menaient au village. Et par là même d'où on le quittait pour aller pousser un chariot. Dès que la neige fondait, il en retombait des tonnes. Les maîtres de la voirie étaient débordés. Et Archi assailli de reproches.

Les harpagons le harcelèrent. C'est tout juste s'ils ne l'accusèrent pas qu'il faisait froid. Comme si la mairie recevait une dîme sur le chauffage ! Mais surtout ils lui reprochèrent de rouler dangereusement. Leurs voitures patinaient dès qu'ils sortaient de chez eux. Inadmissible ! Que n'avait-il prévu des engins de déblayage ! La riposte d'Archi fit le tour du village. Au Café de la Mairie, on s'en fendit la pêche. Posément, il leur répliqua qu'il venait d'en acheter un lot mis à leur disposition. Gracieusement, ça allait de soi. Pour commencer, il ouvrit un catalogue qui vantait les mérites de véhicules idoines. Des gros. Des compliqués. Des coûteux. La commune pouvait-elle se les offrir ? Oui, répondit-il, mais en répartissant la facture *per capita*. Le latin n'étant pas leur langue préférée, les harpagons traduisirent *capita* par capital. Autrement dit, par les sous qu'ils planquaient sous leurs draps. Sur le moment, ils crurent qu'Archi était sérieux, qu'il avait pour de bon commandé quelques-uns de ces monstres. Ce bredin allait les ruiner ! Ils en eurent des sueurs aussi froides que la neige. Archi les rassura, il s'en était fait livrer des plus économiques. Ces fleurons de la technologie française, les allécha-t-il, déblayaient une rue en un rien de temps, étaient faciles d'emploi, ne réclamaient ni entretien ni une goutte de gas-oil. En un mot comme en cent, rapport qualité/prix on ne pouvait trouver mieux. Pour terminer, il les entraîna dans l'atelier municipal. Et là il leur montra des pelles : « Gratuit, messieurs ! Servez-vous, vous n'avez plus qu'à vous y mettre. »

Archi eut également à gérer des urgences. Les anciens isolés ne pouvaient plus faire leurs courses. Il fallut les ravitailler à domicile. Non sans se faire agonir. D'aucuns rouspétèrent parce qu'on ne leur livrait pas leur muscat du midi. C'est à cette occasion qu'Archi découvrit un secret : passé un certain âge, le muscat est un élixir de longévité. D'autres se lamentèrent que la viande était dure ou que les fruits étaient mous. Accorder tous les dentiers fut difficile. Mais pas insurmontable : on concocta des menus à base de hachis et de compote de pommes.

Puis, soudain, le soleil réapparut. *Bye-bye* les flocons, Super Grenouille promit qu'il n'y en aurait plus. Tout ce qui subsista de la vague chaotique se réduisit à des plaques neigeuses. Des têtues plantées çà et là dans le paysage. De cette période agitée, Archi tira un enseignement. Il avait dû courir partout où ça se plaignait, intervenir pour qu'EDF dépanne les foyers privés de courant, mettre la main à la pâte aux cuisines, livrer des plateaux-repas, dégager des voitures enlisées, sauver un chat gelé, s'engueuler avec un tas de gens, et tout cela pour quoi ? Pour un salaire proche du Smic. Aussi, une fois pour toutes, il sut qu'être maire d'un village était un sacerdoce.

Page tournée. Il put enfin s'occuper de ses affaires, du problème de François, et de Xa qu'il avait négligée.

Le camion était chargé, prêt à partir pour le Salon. Filoche n'avait plus qu'à boucler sa valise. Archi le félicita pour son travail. Lesdites félicitations furent assorties d'une gratte. À son âge, le jeune homme saurait quoi en faire à Paris.

Entre deux mails à envoyer, Archi demanda à Fernandez de passer au manoir. L'adjudant-chef rappliqua à toute allure. Comme à son habitude, il débarqua en faisant de grands gestes. Hypernerveux permanent, Fernandez ne tenait pas en place. En cas de contrariété, ou de vive émotion, il lui arrivait de remplacer un mot par une curiosité. Phénomène qui se reproduisit lorsqu'il fut face à Xa. Le gendarme était son premier fan. Plus vite qu'un glaçon, il fondait devant elle.

— Mademoiselle, se courba-t-il, c'est un *gagir* de vous revoir.

— Le *gagir* est partagé, le remercia-t-elle sans rire.

— La semaine dernière, j'ai vu un téléfilm dans lequel vous jouiez. Quel talent ! Quelle présence ! Vous étiez... *matatique* !

— C'est trop de compliments. Si seulement la presse pouvait en dire autant.

— Elle le devrait, ce ne serait que justice.

Le temps imparti à ses ronds de jambe étant terminé, Archi le recadra gentiment.

— C'est d'ailleurs à propos de justice que je vous ai prié de venir, monsieur Fernandez. Merci d'avoir fait vite.

L'agité se redressa – pas de bien haut, sa maigreur était d'une stature commune. A priori, le ton d'Archi annonçait de l'action. Ses yeux châtaigne en scintillèrent, ses joues couleur havane s'écartèrent sur un sourire ravi.

— Une enquête, monsieur Sirauton ?

— Il y a de ça.

— En rapport avec la morte du vignoble ?

— Non, navré de vous décevoir, j'ai besoin que vous me rendiez un service. Pourriez-vous me transmettre le CV d'un mauvais sujet ? Il se nomme Marcel Lavoisier. Avant de lui dire un mot, j'aimerais savoir à qui j'ai affaire.

— Que vous a fait ce type ?

— A moi, rien. Asseyez-vous, je vais tout vous raconter.

Ce à quoi il s'attela en le priant de n'en parler à personne. Quand il en eut fini, Fernandez promit de lui donner le renseignement. D'ailleurs, pouvait-il le lui refuser ? Non, Archi lui avait offert ses plus belles réussites, il ne jurait que par lui. Et Bougonne étant une amie, si François était son ami, il devenait son ami à qui il devait assistance. Plus sûrement que sur Facebook où des milliers d'*amis* ne vous prêteraient pas leur mouchoir.

La journée fut productive, Archi rattrapa son retard. Il ne lui resta que le plus important à régler : se faire pardonner de Xa.

Le soir venu, il l'invita dans un restaurant huppé. Leur surprise fut gigantesque : la salle était vide, la neige avait fait fuir les gourmets. Directeur, maître d'hôtel, chefs de rang, sommelier et commis n'étaient là que pour eux. Scène surréaliste ! Du Buñuel à l'état pur. La glotte bloquée par un fou rire, ils mangèrent ce qu'on leur servit sans l'apprécier. Ainsi fait, ils revinrent au manoir excités comme des poux. Puis, le temps se réchauffant, ils se réchauffèrent à leur tour… et Bougonne eut du mal à s'endormir.

Enfin vint le jour attendu.

Celui des funérailles.

Relations, clients, fournisseurs, ils furent nombreux à venir dire adieu à Eric.

Edmonde avait tenu à ce que le service religieux se déroulât dans la chapelle du château. Pour le père Goma, son souhait ne posa aucun problème. Mais pour la majorité qui ne put y entrer, ce fut un supplice. *O saisons, ô châteaux…* Des tentes avaient bien été dressées dans le parc, l'ennui est que si elles protégeaient des averses, elles ne protégeaient pas du froid. De mémoire d'homme, on n'avait jamais vu tant de beau linge grelotter. Car, comme le disait Molière, il n'y avait que des gens de qualité dans ladite lingerie. Où qu'il posât les yeux, Archi ne vit que des rosettes aux boutonnières des manteaux. Ainsi que des rubans de différents honneurs. Cet étalage l'amusa. Pour en coudre *aussi* sur son manteau, il fallait souffrir d'un ego colossal. Quoi qu'en eût pu dire Michel Onfray, vouloir se distinguer à ce point ne pouvait être que freudien.

Le noir dominait dans les rangs, un noir revisité par de grands couturiers. Tout le contraire de ce que portait Archi. Que de regards outrés critiquèrent sa tenue

Pourtant, elle était de circonstance. Au Vietnam, le blanc est la couleur du deuil. La mort n'y est qu'un joyeux passage dans un pays meilleur. Ce n'était pas de la provocation. Aux larmes occidentales, Archi préférait l'optimisme asiatique.

Xa, en revanche, s'était pliée à la tradition. Sans pour autant passer inaperçue. Le noir valorisait sa silhouette. On ne voyait qu'elle. Surtout les barbons décorés qui lorgnaient ses nichons. Ce dont elle se ficha, habituée qu'elle était aux zieutages des vicelards. Sa présence avait un but inavouable. Xa ne priait pas. Xa engrangeait des souvenirs. Comédienne dans l'âme, elle en faisait le plein pour jouer des scènes d'enterrement.

Comme il se devait dans une cérémonie de ce niveau, une bataille de superlatifs fit rage. Ce fut à qui encenserait le défunt. Le vent souffla, les haut-parleurs se relâchèrent, monsieur Larsen (1871-1957) se distingua. Dehors, sous les tentes, on perçut mal les oraisons. Par chance, on put capter la plus fumeuse (si l'on peut dire). L'orateur – un député local et anticlérical –, emporté par sa fougue, dressa un parallèle entre Eric et les grands humanistes. Comme eux, il s'était battu contre l'obscurantisme ! Comme eux, il avait repoussé les préjugés ! Et, à force de courage (trémolos dans la voix), il avait imposé le beaujolais aux quatre coins du monde. L'ennui est qu'il compara Eric à Giordano Bruno. Parallèle exécrable ! Le phraseur avait oublié que Giordano Bruno avait péri sur un bûcher.

Puis la déferlante cessa de déferler.

Le père Goma leva la séance.

On s'égailla pour gagner le cimetière.

Et ce fut pour Archi une nouvelle occasion de se divertir.

Les voitures garées autour du château étaient toutes de luxe. Que de la jolie tôle ! Que des chevaux de haras ! Certaines appartenaient à des très riches, et d'autres à des pas riches. Les différencier fut aisé pour Archi. Les très riches montèrent dans leurs bolides, prirent le volant et démarrèrent. Les pas riches, quant à eux, eurent droit à des chauffeurs qui s'installèrent aux commandes.

Xa contesta ce distinguo.

— Mais tu te trompes, mon Doudou. Ceux qui ont des chauffeurs sont forcément les plus riches.

— Non, ma chérie... Je te dirai pourquoi plus tard.

Pas le temps de le lui expliquer. Il dépassa le cortège dans son pick-up d'encore moins riche que les pas riches.

Le cimetière n'était pas un trou de verdure où chantait une rivière. D'abord il surplombait le vignoble. Et si, près de son enceinte, coulait bien un cours d'eau, celui-ci était gelé.

Le long des grilles, des anonymes y attendaient le cercueil d'Eric. Des vulgaires, sans rubans ni rosettes, qui n'avaient pas été conviés au château. Mais ces braves gens étaient ses vrais amis. Des vignerons pour la plupart. Dans le tas, Archi remarqua la silhouette de Martinien. Pépé Pipelette se tenait à l'écart, triste comme un jour sans gorgeon. Il s'approcha de lui pendant que Xa répondait à une dame en voilette. Notoriété quand tu nous tiens ! La groupie l'avait reconnue et se pâmait de la rencontrer. Artiste est un métier. Où que l'on soit, quoi qu'on fasse, il faut assurer le service après-vente.

— Ben alors, Martinien, tu n'entres pas ?

Le vieux bavard fit une moue dégoûtée.

— Non, Archi, j'attends que les macaques aient fini leurs singeries. J'irai dire adieu à mon pote après leur départ. Ça me fait malice qu'il soit mort dans ces conditions. Je l'ai gros sur la truffe.

— Oui, je m'en doute, tu le connaissais bien.

— Pas qu'un peu, il m'a toujours épaté. Tiens ! Même son enterrement m'épate.

— C'est-à-dire ?

— Inciné et enterré... Il n'y a que lui qui ait réussi ce doublé.

Son humour de potache déconcerta Archi. Il l'avait habitué à plus de retenue. Etait-ce parce qu'il avait de la peine que Martinien baissait ?

— Bonjour, monsieur Sirauton.

L'irruption de Fernandez lui permit de passer outre. La présence du nerveux l'étonna, il n'était pas sur son territoire de chasse.

— Monsieur Fernandez ! Que diantre faites-vous dans ce cimetière ?

— Bougonne m'a dit que je vous y trouverais. J'avais quelqu'un à voir dans le coin, j'ai fait un petit crochet.

Il lui tendit une feuille de papier.

— Tenez, je vous ai apporté ce que vous m'avez demandé.

— Service rapide... Et ça raconte quoi en substance ?

— Que vous n'avez rien à craindre de votre oiseau. Mon collègue de Quincié me l'a décrit en se marrant. Il se donne des airs de condor mais ce n'est qu'un pélican.

— Un pélican ?

— Une grande gueule qui ne vole pas haut.

Cependant qu'Archi lisait son CV, Martinien rit sous cape. C'était bien ce qu'il pensait, Archi avait son réseau secret. Pour le compléter, il ne lui manquait que l'homme le mieux informé du canton...

— Je peux savoir de qui vous causez ? Des fois que j'aurais des infos qui vous échappent... Histoire de rendre service, j'suis pas du genre à bacholer.

— Tu ne connais pas ce type, Martinien, il habite à perpète.

— Dis toujours, on ne sait jamais.

— Marcel Lavoisier.

— L'empoisonneur ! Et comment que je le connais, bon loup de bon loup ! Y avait plus qu'à mettre du pain dans son vin pour en faire un sasson.

Pas peu heureux de le bluffer, il se préparait à réciter son pedigree quand Xa se libéra de sa groupie. Elle rejoignit Archi et, par là même, son premier fan qui se plia en douze.

— Mademoiselle Sifakis, lui fit-il un baisemain, même en noir vous êtes *mervéfique*, positivement *mervéfique*.

Le nerveux lui aurait bouffé les doigts si le cercueil d'Eric ne s'était enfin avancé. La voiture mortuaire entra dans le cimetière, la foule la suivit, pieusement recueillie, et Archi entraîna Xa derrière elle à toute allure. Resté dehors, Martinien ne renonça pas pour autant à son récit. Le pauvre Fernandez eut droit à une attaque en règle.

— Tiens-toi bien, Lucien, ça m'en rappelle une bonne.

Fernandez était du pays, Martinien l'avait vu naître et le tutoyait depuis sa maternelle.

— Je me souviens qu'en 1987 un arsouille qui s'appelait Lepetit – une baraque, le gars –, eh bien, que ce Lepetit...

Peu à peu, sa voix fut couverte par les murmures, les « floc-floc » des semelles et les plaintes féminines. Une épaisse bouillasse recouvrait les allées. Si les messieurs y progressaient facilement, les dames en talons hauts s'y maculaient les chevilles. D'où des « Mince ! », des « Flûte ! » et même des « Oh merde ! » des plus saugrenus.

Le caveau de la famille Pillorget datait de vieux. Ce n'était qu'une simple dalle en granit, de ce granit qui donne du goût au vin.

L'assistance se regroupa autour de son grisé. Le père Goma lut une épître, on sortit les mouchoirs, la séance du goupillon démarra, et Archi, à l'affût, observa les réactions de chacun.

Des journalistes avaient fait le déplacement. L'affaire Pillorget était toujours à la une, le public en redemandait goulûment. Hormis des comptes rendus larmoyants, Archi n'avait rien à attendre d'eux. Ce fut sur les proches d'Eric qu'il se concentra. Si ces gens avaient de tristes mines, ce n'était pas à cause de leur chagrin. Ils se faisaient la gueule. Trois clans s'étaient formés. Près de Goma, Guéwen soutenait sa mère. Sa sœur, son frère et leurs conjoints faisaient bande à part. Discrets et silencieux, Jarry et Maxime se tenaient à l'écart. Dès que les dernières poignées de main furent échangées, les trois clans quittèrent le cimetière en ordre dispersé. Regards furax, gestes nerveux, l'ambiance était tendue. Archi sentit qu'il en fallait peu pour que les conjoints explosent. Et l'étincelle jaillit quand ils regagnèrent leurs voitures. Telle une furie des Enfers, Noémie s'en prit violemment à Jarry :

— Vous avez beau nous éviter, Victor, vous n'éviterez pas nos avocats !

Le vieux matois refusa de répliquer, ce qui l'énerva plus encore.

— Je vous jure que vous allez en baver. Maxime rêve debout, jamais ce foutriquet ne prendra la présidence !

A l'instar de Jarry, Maxime ignora ses insultes.

— Ecoute-moi bien, Maxime, reprit Jacquemin en renfort de sa femme, tu ne me léseras pas de mon héritage. Tu n'es rien dans cette famille, tu n'es qu'un mendiant qu'on a recueilli. Alors, tu sais, ton codicille, je n'en ai rien à cirer. La loi te dira le reste.

Epouvantée, au bord de l'asphyxie, Edmonde tenta de les raisonner. Les photographes photographiaient, les journalistes prenaient des notes et les caciques s'indignaient.

— Je vous en prie, on nous regarde. Arrêtez de vous disputer, vous choquez nos amis.

Sa tentative échoua. Au contraire de l'effet recherché, elle déclencha la réaction du plus tordu de la bande : Wilfrid le sanguinaire.

— Oui, parlons-en de ce codicille tombé par miracle. A qui veut-on faire avaler cette couleuvre, ma chère belle-mère ? Pas à moi, en tout cas. On va l'analyser, on va la dépiauter. Dès demain je déposerai un recours !

La bave aux lèvres, il se tourna vers Jarry :

— La guerre est déclarée, Victor ! Vous n'en avez pas fini avec moi !

Sur cette ultime menace, tous montèrent dans leurs voitures, et le scandale cessa faute de propos scandaleux. Les journalistes n'en avaient pas perdu une virgule. Ni les notables outrés. Il n'y eut qu'Archi pour se féliciter d'y avoir assisté. Ce qu'il voulait savoir était su. Pendant la rixe, Déborah avait gardé ses distances. Ce qui prouvait qu'elle supportait bien Maxime. Certes, le codicille de son père réglait le problème, mais avant qu'on le découvre, il se demandait ce qui l'avait poussée à prendre son parti. Son futur divorce ? Archi n'y croyait guère. Froide, déterminée, cette femme n'écoutait que son intérêt. Or il aurait dû lui conseiller de rester neutre. Si les ambitieux l'avaient emporté, sa trahison lui aurait coûté chaud. Alors, pourquoi avait-elle tourné casaque ?...

Le moment de stupeur passé, les gens se remirent à parler. Dans le brouhaha général, le patois de Martinien résonna aux oreilles d'Archi.

— Tu vois l'argaille, là-bas, dans la première chaponnière ?

Il lui désigna un gros type planqué derrière une rangée de ceps.

— Moui, le bedonnant hilare.

— Eh bien, c'est le gars que tu cherches : Marcel Lavoisier.

Que diable fichait ce salopard à l'enterrement d'Eric ?... Ce fumier devait se délecter de sa mort, il n'y avait pas d'autre raison. Comme il n'y en avait pas pour attendre. C'était tout de suite ou jamais qu'il devait l'étriller.

Déterminé à lui régler son compte, Archi prit Xa à part.

— Il faut que tu me rendes un service.

— Je t'écoute, fit-elle d'une voix blanche, alarmée par la dureté de son regard.

— J'ai repéré Lavoisier, je dois lui parler en privé... *sans témoin*.

— Et alors ?

— Je ne tiens pas à ce que tu assistes à l'*entretien*. Acceptes-tu que je demande à Fernandez de te raccompagner au manoir ?

Elle écarquilla les yeux, sidérée par sa démarche.

— Tu n'as pas peur qu'il me fasse la cour ?

— Aucun danger, il sait que sa femme le châtrerait pour moins que ça.

— Et si par hasard il oubliait le danger ? Et qu'en plus ça me plaisait ?

— Va savoir... Je saurais peut-être enfin à quoi ressemble la jalousie.

Ruines

Pour glisser, ça glissait. Une vague de froid avait gelé le macadam – de mister McAdam (1756-1836), inventeur de nos chaussées modernes. D'une génération disparue avec le walkman à cassette, l'antiquaille de Marcel était peu à l'aise sur le verglas. Sa technologie ignorait l'existence de la direction assistée et, depuis la mort de Kadhafi, son proprio ne lui avait pas changé ses pneus. Un bail. Mais sa radio tenait la route. Une consolation, même si celle-ci était seule à pouvoir la tenir.

13 heures. Marcel tourna le bouton aux nouvelles. Jingle immédiat...

« Fréquence Lug, bonjour, bienvenue au journal de la mi-journée. »

Re-jingle. Même punition, même scie. Les journalistes de la radio adorent les jingles.

« Ce matin ont eu lieu les obsèques d'Eric Pillorget, le duc du Beaujolais, décédé dans des conditions tragiques autant que mystérieuses. Une foule considérable a assisté à la cérémonie, laquelle s'est déroulée dans la chapelle du château familial. Le recueillement a été général jusqu'à ce qu'un scandale éclate à la sortie du cimetière... Marc Ferrand, vous étiez sur place, pouvez-vous nous en dire plus ? »

Raclement de gorge, intervention de l'envoyé spécial.

« Oui, et je m'y trouve toujours parmi des gens choqués. C'est Noémie Pillorget, l'épouse de Jacquemin Pillorget, actionnaire des Chais, qui a déclenché les hostilités. Noémie Pillorget s'en est vivement prise à Victor Jarry, directeur financier de l'entreprise. Puis son mari s'est attaqué à Maxime Aubert, filleul d'Eric Pillorget, lequel hérite d'une part de ses actions. Je rappelle que Maxime Aubert est le directeur commercial des Chais. Enfin, Wilfrid Carle, gendre d'Eric Pillorget, et actionnaire lui-même, s'est mis de la partie. La cause : le codicille du disparu qui souhaite que son filleul lui succède. L'enjeu : l'avenir de l'entreprise, enjeu capital pour la région. Mais puisque mon micro était branché, je vous laisse apprécier la violence de leurs propos. »

L'enregistrement était superbe, Marcel revit la scène comme s'il y était. Il exulta. Tous les médias allaient en parler, le trône des Pillorget allait bientôt vaciller... Comme son cœur qui fit une embardée.

— C'est quoi ce bordel ? Il va me tuer, ce connard !

Un pick-up l'avait dépassé en trombe pour ralentir brusquement. Marcel freina, manœuvre que l'antiquaille apprécia peu. Elle zigzagua, tangua, puis, par miracle, redressa sa ferraille. Le conducteur du pick-up prit du champ. Marcel respira. La petite voie qu'il avait empruntée était étroite. Des fossés la bordaient. En cas de pépin, les chances de les éviter se résumaient à zéro. Ce que la suite lui confirma. Tout à coup, le pick-up se mit en travers de son chemin. Impossible de le contourner, le choc était inévitable. Marcel n'eut pas d'autre option que sortir de la route.

Bang ! Bing ! Boum ! De la fumée, des bruits divers, dont un grrrr-bzzz désagréable : sa radio ne marchait plus. Marcel releva la tête. De la vigne. De la vigne à perte de vue. Il était vivant, sonné mais bien vivant. Blessé, peut-être ? Apparemment non puisqu'il ne souffrait pas. Du moins pour l'instant, parce qu'une poigne d'acier le délogea de son antiquaille. Sans ménagement, brutalement, à la vandale. La poigne d'acier le propulsa ventre à terre dans un îlot neigeux. Il se retourna tant bien que mal. D'où sortait ce type ? Que lui voulait-il ? Si c'était de l'argent, il se trompait de client.

— Prêt à m'écouter, monsieur Lavoisier ?

Marcel prit peur. Si ce fou connaissait son nom, ce n'était pas par hasard qu'il l'avait envoyé dans le décor.

— Qui êtes-vous ?

— L'avatar de l'Ange blanc à visage découvert.

— Ouais... Vous étiez à l'enterrement, je vous ai remarqué dans vos fringues guignolesques.

— Comme tout un chacun, je ne passe jamais inaperçu.

— Ben, je saurai vous retrouver, je vous traînerai en justice, vous paierez les dégâts.

— Pourquoi ? Que vous ai-je fait ?

— Vous avez mis votre pick-up en travers pour que je me plante.

— Vous déraisonnez, mon cher. Regardez-le, est-il de guingois ? Non, il est parfaitement droit. Et révisé à fond. En revanche, les pneus de votre voiture sont lisses, ce qui explique que vous n'ayez pas pu la maîtriser.

Marcel enragea, ce malade avait raison, aucun expert ne lui donnerait gain de cause.

— Je dirai que vous avez tenté de me tuer !

— Moi ? Allons donc ! Me suis-je enfui quand j'ai vu que vous dévissiez ? Non, je me suis arrêté pour vous porter secours. D'ailleurs, ne me remerciez pas, c'est tout à fait naturel.

Décidément, ce salopard avait réponse à tout. Et le pire, c'est que les gendarmes seraient de son côté.

— Bon, il est temps que je me présente : Archibald Sirauton, maire de Saint-Vincent-des-Vignes et, accessoirement, ancien magistrat.

Ah ! Voilà pourquoi ce détraqué était si sûr de lui : il avait des relations.

— Et votre palmarès vous donne tous les droits ?

— Par pitié, n'employez pas un mot dont vous ignorez le sens.

— Lequel ?

— *Droit !* Je vais vous en réciter un morceau.

Archi s'accroupit face à lui et, toutes dents dehors, se mit à imiter Fernandel dans *Le Schpountz*.

— Article 312-10 du Code pénal, la peine encourue pour délit de chantage est de cinq ans de prison et de 75 000 euros d'amende.

— Qu'est-ce que vous voulez que ça me fasse ?

Archi reprit sa voix normale, mais en mode sarcastique :

— Réfléchir, monsieur Lavoisier, d'autant que les articles 225-13 et 14 contre les abus à l'égard de personnes vulnérables sont tout aussi répressifs. Si on additionne l'ensemble, la facture est salée. Or j'ai la sérieuse impression qu'elle vous pend au nez.

Dès lors, Marcel commença à comprendre où il voulait en venir. S'il s'attendait à ce qu'il plaide coupable, il se mettait le doigt dans l'œil.

— La bonne blague, je n'ai rien de lourd sur la conscience.

— A part du sucre dans le vin.

— C'était une connerie, je l'ai payée, c'est du passé.

— Il y a une histoire de bouteilles qui appartient également au passé. Je vais donc être clair : fichez la paix à François Dupuis, oubliez-le, ne croisez plus jamais sa route... Sinon ce n'est pas dans le fossé que je vous enverrai, mais en prison. Je vous jure que j'en ai les moyens.

Les yeux de Marcel fouillèrent l'horizon. Personne, pas de voiture, il était condamné à répondre. Il ne vit qu'une solution pour se tirer d'affaire : menacer à son tour.

— Si je plonge, François perd sa place. Match nul, monsieur Sirauton.

— J'ai l'impression que vous êtes sourd, je vous ai parlé de personnes vulnérables. Admettez que François entre dans cette catégorie, vous en avez d'ailleurs honteusement profité.

— C'est un bredin, oui ! Un bigot qui a peur de son ombre, des fois qu'elle commettrait des péchés dans son dos.

— Bien, puisque nous sommes d'accord sur son cas, sachez deux choses. Si vous cherchiez à lui nuire, voici ce qui arriverait. Primo, en tant qu'ami de madame Pillorget, je plaiderais sa cause près d'elle. Elle l'engueulerait mais elle le garderait à son service. Secundo, votre acharnement vous desservirait. Un juge ne l'aimerait pas. Je sais ce que je dis, je l'ai été. Pour vous apprendre les bonnes manières, il vous ferait incarcérer en Bretagne où votre femme ne vous verrait qu'à Noël... C'est loin du Beaujolais la Bretagne, et les voyages coûtent cher.

Archi abattit alors son dix de der'.

— Cependant, ce scénario peut s'appliquer sans votre collaboration. Si j'en parlais à l'un de mes ex-confrères, je suis sûr que votre chantage le passionnerait.

Vidé, vaincu, lessivé, Marcel s'écroula. Archi n'eut plus qu'à lui poser la question de confiance.

— Allez, assez parlementé. Me donnez-vous votre parole de laisser François tranquille ?

— ... Oui... Vous l'avez.

— Excellent, c'est un plaisir de discuter avec un homme raisonnable.

Puisqu'il avait eu ce qu'il voulait, Archi se releva pour rejoindre son pick-up.

— Je veillerai à ce que vous la teniez... Bonne journée, monsieur Lavoisier.

A peine eut-il fait un pas que Marcel le héla :

— Oh ! Vous n'allez pas me laisser ici, il faut que quelqu'un vienne me dépanner.

— Appelez votre assureur, si toutefois vous êtes assuré.

— Je le suis mais je n'ai pas de portable.

— De mobile, c'est le nom exact de l'engin... Fâcheux, en effet.

Béni soit son isolement, Archi réalisa qu'il partait un peu vite.

— Entendu, je vais vous prêter le mien... à une condition...

— Quoi encore ?

— Que vous répondiez à quelques questions.

— Au point où j'en suis, une de plus, une de moins, je m'en tape.

— Parfait ! Alors voici la première : où étiez-vous dans la nuit de vendredi à samedi ?

Marcel faillit s'étouffer de rire, conscient de ce qu'Archi voulait lui faire avouer.

— J'ai bien dit que si je trouvais Pillorget, je le ferais brûler à petit feu. Mais ce n'était que des paroles en l'air pour impressionner François. Et pour votre gouverne, cette nuit-là je dormais dans mon pieu à côté de ma femme.

Le collègue de Fernandez ne le traitait-il pas de pélican ? C'était bien vu, Marcel avait une grande gueule et ne volait pas haut.

— Passons à la suivante : pourquoi voulez-vous mettre la main sur Margot ? D'après ce que j'ai compris elle vous a volé quelque chose. C'est quoi ce quelque chose ?

Là, Marcel se referma comme une huître, peu disposé à le révéler.

— Si vous voulez le savoir, je vous conseille d'aller à l'Auberge des Passées. Elle se trouve près de Saint-Amour.

— Margot y a travaillé ?

— Tout ce que je peux dire, c'est que Maxime Aubert y a ses habitudes. A vous de voir, fin du tuyau.

A toutes fins utiles, Archi enregistra l'adresse.

— Dernière question : ce qu'elle vous a pris a de la valeur ?

— Disons pour quelques amateurs... Au moment où je vous parle, Margot doit essayer d'en tirer un max, elle a tellement besoin de fric.

— Pourquoi ? Elle a des dettes ?

— Non, un projet : elle veut acheter une maison. Devinez où ? A Saint-Vincent-des-Vignes, dans le village de ses parents.

Archi eut beau chercher, il n'en connaissait pas à vendre.

— Où çà, exactement ?

— Vers le Pillon, sur la route du Loup. Margot est en relation avec un dénommé Benoît Bouillot. Il lui a proposé d'acheter la bicoque de ses grands-parents. Il paraît que c'est un tas de pierres à retaper pour pas cher.

Benoît Bouillot ! Décidément, l'arcandier, comme l'appelait Pépé Pipelette, avait le chic pour se fourrer dans de sales draps.

Vitole

L'amateur de cigares est un esthète doublé d'un érudit.

Il ne fume pas, il déguste sa vitole dans les règles de l'art.

Il en parle savamment, en commençant par expliquer ce qu'est une vitole, à savoir les caractéristiques d'un cigare, attributs qu'il est permis de comparer à ceux d'un grand cru : origine, taille, couleur, arômes et tout le toutim. A la simple évocation de leurs noms, l'amateur appréhende autant les qualités d'un Flor de selva robusto, forcément hondurien et poivré, que celles d'un château-yquem, forcément bordelais et moelleux.

Wilfrid Carle faisait partie de ces aficionados, fan de vitoles roulées *totalmente a mano*. Ce qui n'allait plus tarder à le perdre en cette fin de soirée.

Mais pour le comprendre, petit flash-back sur la journée...

Après l'épisode du cimetière, le retour au château avait été orageux. Edmonde ne put retenir sa colère. Les ambitieux en prirent plein les gencives. Et ne se laissèrent pas faire. Les mots doux volèrent, les insultes crépitèrent, les menaces tonnèrent. Noémie et Wilfrid furent les plus acharnés. Surtout Wilfrid qui, par égard pour sa femme, se retint de traiter sa belle-mère de pétasse. Il ne le dit pas mais tout le monde l'entendit.

Puis chacun se retrancha dans sa sphère privée.

Edmonde s'enferma dans ses appartements qu'elle ne quitta plus.

Capon de première classe, Guéwen partit à Lyon pour fuir les obus.

Pressé d'éviter un clash, Jarry s'éclipsa avec tous ses dossiers.

De marbre, Maxime l'imita sous les injures des conjoints.

Et les ambitieux squattèrent le salon où ils tinrent un conseil de guerre.

Ainsi dispersés, tous campèrent sur leurs positions. Géographiques, bien sûr, mais d'abord stratégiques. Remonté comme jamais, Wilfrid prit la direction du combat. Il appela des amis haut placés de son père – pléonasme ! Son paternel n'en avait pas de bas placés. Sur un ton péremptoire, il leur enjoignit de faire la peau à Maxime, d'empaler Jarry et de bâillonner Edmonde. Il en allait de la survie des Chais ! Le plus poliment qui soit, tous, sans exception, lui promirent de se pencher sur le problème. Autrement dit, de s'y intéresser et non de le résoudre. Le fils n'était pas le père et, à l'entendre hurler, n'était pas sain d'esprit.

Subtilité à laquelle il ne prit garde, certain que les jours du trio étaient comptés.

Entre-temps, Noémie reprocha sa mollesse à Jacquemin. Il était urgent qu'il se remue comme son beau-frère ! C'était maintenant ou jamais qu'il fallait se retirer les doigts ! Assurément, répondit-il, mais se retirer les doigts d'où ? Effondrée, Noémie renonça à le bousculer.

Etendue sur un canapé, Déborah les abandonna à leurs nerfs en pelote. Elle passa l'après-midi à lire des magazines, indifférente à leur complot.

Quand le soir tomba, les séditieux allumèrent la télé. Comme ils s'y attendaient, on parla du scandale aux infos régionales. C'est là, une fois encore, que Wilfrid démontra son incapacité à comprendre les gens. A présent, jubila-t-il, le public savait que Jarry et Maxime étaient des escrocs. Avec un tel battage, la bataille était gagnée d'avance.

Puis, par inadvertance, François lança son traditionnel « Madame est servie ! », ce dont ils ne se formalisèrent guère.

Les deux couples passèrent à table.

Edmonde, qui refusa de les voir, se fit servir dans ses appartements.

Son absence ne leur coupa point l'appétit. D'autant qu'ils avaient sauté la gamelle de midi.

Ils mangèrent copieusement, burent modérément, et, quand il fut repu, Wilfrid, comme tous les soirs, eut l'envie d'un cigare.

Fin du petit flash-back...

Wilfrid était le seul fumeur du quatuor. Sous la pression de sa femme, Jacquemin avait fait une croix sur la cigarette. Noémie ne savait pas à quoi ressemblait le goût du tabac et, à part un taf « pour essayer », Déborah en détestait l'odeur.

Wilfrid les quitta donc pour allumer une vitole.

Il l'aurait bien dégustée dans le parc, mais une pluie glaciale tombait sur la région.

Alors il se cloîtra dans le fumoir, la pièce la plus moderne du château. Des fauteuils confortables entouraient une table basse. Sur celle-ci trônait une cave à cigares, de belle taille, en placage de thuya. Fumeur repenti, Eric l'avait achetée pour le plaisir de ses invités. A l'intérieur, l'amateur y trouvait un choix des plus illustres. Wilfrid ne fut pas long à faire le sien. Il en tira un Partagas Lusitania, un Lonsdale de seize centimètres, de quoi s'occuper pendant une bonne heure.

Il en coupa la tête et alluma le pied suivant les règles du savoir-faire.

Puis dégusta le premier tiers que les experts nomment le « foin ».

A petites touches, sans avaler la fumée, il arriva au deuxième tiers, le meilleur, le nirvana.

Un cigare digne de ce nom est roulé avec trois feuilles. Chacune a un goût différent et une fonction précise. Celle du milieu, dite « saco », est celle qui fournit son arôme à la vitole. C'est à cette étape, nommée le « divin », qu'elle en dégage le plus.

Les jambes allongées, les paupières closes, détendu, Wilfrid en apprécia chaque bouffée, posément, la bouche emplie de saveurs délicates.

Cette partie consumée, il s'apprêta à entamer la dernière.

Soudain, la porte du fumoir s'ouvrit brusquement.

Par politesse – il en avait un minimum –, Wilfrid se redressa dans son fauteuil.

En même temps qu'il dessilla les yeux.

Pour voir un pistolet pointé sur son visage.

— Merde...

Expression de circonstance : le dernier tiers d'une vitole s'appelle le « purin ».

Un coup de feu claqua.

Wilfrid s'écroula, une balle en plein front.

Calibre

Un autre moldu ne comprenait rien à rien, mais lui c'était normal. Poussin pataugeait dans les suppositions.

La gendarmerie avait contacté la PJ pour signaler le meurtre de Wilfrid. Procédure légale, elle n'était pas habilitée à mener l'enquête.

Tiré de son canapé d'où, pour la énième fois, il regardait *Le Grand Sommeil*, Poussin avait dû quitter ses pantoufles pour chausser ses andalouses. A 22 heures et dans le froid, courir de Lyon au château l'avait mis de mauvais poil.

Et son humeur s'était aggravée en mesurant l'étendue de la cata.

C'était pour sa carrière qu'il comptait les points. La mort d'Eric Pillorget lui en avait fait perdre un paquet. Celle de Wilfrid Carle allait lui prendre le reste. Il vouait aux gémonies cette tribu de notables. Pourquoi le destin l'avait-il mise sur le chemin de sa Légion d'honneur ? C'était injuste, il ne méritait pas un tel acharnement.

Une armée de flics s'activait dans et autour du château. A des bricoles, par pur principe. Des pandores fouillaient le parc sans savoir ce qu'ils cherchaient.

D'autres, à l'intérieur, inspectaient les couloirs. Qui sait ? L'assassin s'y était peut-être caché. Seul le médecin légiste servait à quelque chose. S'il ne pouvait réanimer la victime, au moins pouvait-il décrire les circonstances de sa mort. Poussin le retrouva dans le fumoir. Chaufourier avait terminé son boulot *in situ*. Il recouvrait d'un drap le visage de Wilfrid. Pour l'instant, il ne pouvait en faire plus, il l'autopsierait demain à l'institut médico-légal.

— Avez-vous une première conclusion à me livrer, docteur ?

La cinquantaine, célibataire, Chaufourier se flattait de sa ressemblance avec George Clooney. Quand les dames apprenaient la profession qu'il exerçait, elles croyaient à une blague. Ce charmeur ne pouvait disséquer des cadavres à longueur de journée ! Et quand elles acceptaient enfin la réalité, elles oubliaient son métier, conquises par son esprit. Le don Juan en avait à revendre.

— Oui, commissaire, monsieur Carle ne reviendra pas à la vie.

Poussin détestait ce genre de repartie.

— Et plus sérieusement ?

— La mort est une absurdité, on ne peut pas la prendre au sérieux. Mais soit, je vais vous montrer comment monsieur Carle a été tué.

Pour les besoins de l'expertise, Wilfrid était toujours dans le fauteuil où il avait dégusté son cigare. Chaufourier retira le drap qu'il venait de mettre sur son visage. Sa mâchoire béait, l'apparition de la rigidité temporo-maxillaire faisait déjà effet. Néanmoins, par décence, on lui avait fermé les yeux.

— Regardez bien le trou à son front, il est auréolé de poudre. Ces particules signifient que l'assassin a tiré à bout portant, voire à bout touchant. Je serai plus précis quand je l'aurai décalotté.

— Dans les deux cas de figure, le meurtrier était quand même tout près.

— Oui, si près qu'une seule balle a suffi pour le tuer... Et la question est : pourquoi Carle n'a-t-il pas eu le réflexe de se relever pour se défendre ? Je vais vous le dire.

Plutôt que d'en parler, Chaufourier reconstitua la scène. Il compta trois enjambées de la porte au fauteuil, deux secondes pour le parcours, pointa un index sur le front de Wilfrid, et salua Poussin.

— Aller-retour six secondes tir compris, huit au plus. Carle n'a pas eu le temps de réaliser ce qui lui arrivait. Je présume qu'il tétait son bambou quand le tueur est entré. *Subito presto*, arme au poing, pour l'avoir par surprise.

— Préméditation ?

— Le hasard aurait bon dos. Carle se tapait un cigare tous les soirs, on savait où le trouver après le dîner : dans ce fauteuil qu'il adorait.

— C'est donc un assassinat.

— Oui, l'assassin a utilisé un petit calibre, un modèle qui se manie facilement. Je vous dirai lequel dès que j'aurai récupéré la balle.

La certitude de Chaufourier anéantit Poussin, qui en eut des borborygmes. Qui utilisait un petit calibre ? Certainement pas les pros de la gâchette, mais des particuliers comme monsieur Tout-le-Monde. Ou madame Tout-le-Monde. N'importe qui de paisible et de recommandable. Et ce n'importe qui pouvait être un Pillorget ou un proche du clan. L'avenir lui parut sombre. Il allait devoir soupçonner tous ces gens, les interroger, les passer au gril... Et ces gens ne manquaient pas de relations. Horrible perspective, il vit s'éloigner un peu plus sa belle Légion d'honneur.

— Commissaire, vous pouvez venir ? Les témoins vous attendent.

Bordas l'arracha de ses affres. Lui aussi avait dû quitter son foyer à la hâte. Le cœur serré : sa femme s'était surpassée pour lui mijoter son plat préféré, des ris de veau qu'il n'avait eu que le temps d'entrevoir.

— Je vous suis, capitaine.

Le colosse s'était toujours attendu à ce que Poussin le reprenne. Jamais il ne lui avait donné du « patron ». Ce que l'intéressé aurait pu exiger. La tradition également. En fait, Poussin préférait qu'il l'appelât « commissaire ». Aux yeux du fin limier lourdingue, « patron » faisait tenancier de boui-boui.

Toute la famille, du moins ce qu'il en restait, s'était réunie dans le salon en compagnie du personnel. Sauf Déborah, qui, précisa Bordas, avait dû s'aliter, choquée par la mort de son mari. Un toubib lui avait fait une piqûre pour qu'elle s'endorme. De quoi ? Il l'ignorait. Tout ce qu'il savait, c'était que dans ces cas-là on parlait de piqûre. Poussin s'en contenta et observa les suspects. Eh oui, maintenant c'était ainsi qu'il devait les considérer. Le constat lui faisait mal au ventre, mais à part eux, à l'heure du crime, personne d'autre n'était dans le château. Ce fut sur cette précision qu'il entama son interrogatoire.

— 20 h 26... C'est l'heure exacte où monsieur Carle a été tué, heure à laquelle vous étiez tous au château. Je tiens donc à vous prévenir : chacun de vous est un témoin qui peut se transformer en suspect.

A ces mots, Edmonde versa une larme de crocodile. Si tant est qu'un crocodile pleure. Mais cette larme toucha Poussin. Il se dit qu'il convenait d'être moins direct. Faire pleurer madame Pillorget l'écartait davantage de la médaille tant désirée.

— Pardonnez-moi, madame, j'aurais d'abord dû vous présenter mes condoléances. Acceptez-les avec retard, vous et les vôtres, elles sont sincères.

— Merci, commissaire, s'inclina Edmonde, nous vous en savons gré.

Rendu prudent, le fin limier lourdingue fit une pause avant de foncer. Ses yeux de fouine scannèrent chaque personne présente. En robe de chambre soyeuse, Edmonde était prostrée dans un fauteuil. Blancs comme des yaourts, effondrés sur une méridienne, Noémie et Jacquemin se tenaient par la main. Debout, derrière eux, impassible, le personnel attendait qu'il les interroge. Pour les femmes de chambre, il ne sut laquelle s'appelait Henriette ou Zoé. Il verrait cela plus tard. Pour René, le cuisinier, il lui fut facile de l'identifier. Le bonhomme n'avait pas ôté son tablier. Quant à François, ce fut encore plus facile. Sa tenue de maître d'hôtel valait carte d'identité. Puis son regard se posa sur un homme assis au fond de la pièce. Jarry ! Que fichait ce trublion parmi les suspects ? Sa présence le fit douter. Il se tourna vers Bordas.

— Que fait Jarry ici ? murmura-t-il. Vous m'avez dit qu'il n'était pas au château quand le crime a eu lieu.

— Je vous le confirme, commissaire. C'est madame Pillorget qui l'a appelé à la rescousse. Tous ces braves gens étaient tétanisés. Jarry a dû gérer la panique dès qu'il a débarqué.

L'explication était limpide. Toutefois, Poussin tint à s'assurer que le panier était correctement rempli.

— Nous sommes donc bien d'accord qu'il ne manque personne ?

— Absolument. Le jardinier et l'homme de peine habitent au village, ils sont partis à 18 heures rejoindre leurs familles...

— Et Guéwen Pillorget ?

— Absent depuis cet après-midi, tout comme Maxime Aubert. Ils sont rentrés chez eux après l'engueulade qui a suivi celle du cimetière. D'après ce que m'en a rapporté Jarry, elle a été riche en pétarades.

— Je vois... Alors si nous sommes au complet, que la fête commence.

Dans la douceur cette fois, son ruban rouge en dépendait.

— Ceci est une enquête criminelle. Son déroulement va m'obliger à vous poser des questions directes. Je vous prie, par avance, de n'y voir aucune attaque personnelle, je ne fais que concourir à l'expression de la vérité.

Avec ce préambule *soft*, Poussin fut certain d'avoir mis les formes. Les Pillorget ne pourraient pas se plaindre auprès de sa hiérarchie.

— Commençons par vous, madame. Où étiez-vous à 20 h 26 ?

— Dans ma chambre, sanglota Edmonde, au premier étage de la tour de l'aile gauche.

— Qu'y faisiez-vous ?

— Je dormais profondément.

— Si tôt ?

— J'avais pris un somnifère.

La plus jeune des bonnes s'immisça promptement.

— J'en atteste, monsieur le commissaire. Après le drame, j'ai dû secouer Madame pour la réveiller. Je vous garantis que ça a été compliqué.

— Votre nom, s'il vous plaît ?

— Zoé Massut.

Par élimination, Poussin, qui avait parfois un grain de logique, sut que la plus âgée était Henriette Assard.

— Et vous, mademoiselle Massut, où étiez-vous à 20 h 26 ?

— A la cuisine avec Henriette et René.

Ce que sa collègue et le gros cuisinier confirmèrent d'un mouvement de tête.

— Qu'y faisiez-vous ?

— On mettait tout au propre avant de nous détendre. C'est d'ailleurs nous qui avons donné l'heure exacte du crime. Quand le coup de feu a éclaté, on a regardé la pendule.

— Pourquoi un tel réflexe ?

— Notre service se terminait à 20 h 30. Le bruit nous a inquiétés, on a eu peur de faire du rab pour nettoyer des dégâts.

Son témoignage permit à Poussin de gagner du temps. Elle et ses collègues sortaient de la compétition. Quant à Edmonde, c'était réglé, Zoé l'avait disculpée. Pour leur part, Déborah, Noémie et Jacquemin discutaient dans la salle à manger. Eliminés eux aussi de la course. Par conséquent, il ne lui restait plus qu'un suspect à titiller.

— A votre tour, monsieur Dupuis. Où étiez-vous à 20 h 26 ?

Par malheur, sorti de ses fonctions, le frêle François n'avait pas l'aplomb du commun des mortels. Il se mit à transpirer, à trembler, à bafouiller, à faire de sa carcasse une candidate aux galères.

— Je... je... Au... au... au salon, je pense.

— Vous le pensez ou vous en êtes sûr ?

— Euh... Ce drame m'a brouillé le souvenir... J'en suis encore tout mou de l'intérieur... Mais... oui... Je me revois, j'étais bien au salon.

— Et qu'avez-vous fait quand vous avez entendu le coup de feu ?

— Un saut, pardi !

— Ce n'est pas ce que je vous demande, je veux savoir où vous êtes allé.

— Bah... J'ai couru pour voir d'où venait ce boucan.

— Jusqu'au fumoir ?

— Ben oui.

Peu à peu, Noémie se détacha de Jacquemin. Elle fronça des yeux soupçonneux, regarda François comme si elle le voyait pour la première fois, puis articula fermement, quasi accusatrice :

— Quand nous sommes arrivés dans le fumoir, François, vous y étiez déjà. Vous avez même été le premier sur place.

— C'est, c'est possible... Je... je ne m'en rappelle pas.

— Moi si, très bien.

— Moi également, insista Jacquemin, et Déborah le confirmera. Vous étiez hagard devant le corps de Wilfrid, à baragouiner je ne sais quoi.

Voilà qui devenait intéressant, Poussin reprit les commandes :

— Que disiez-vous à ce moment-là, monsieur Dupuis ?

— Une... une prière... Je récitais une prière pour l'âme du défunt.

— Parce que vous saviez que monsieur Carle était mort ?

— Il avait un trou dans le front.

— Je reconnais que c'est une raison valable... Et si vous le voulez bien, nous allons continuer cette conversation dans la salle à manger. Veuillez me suivre, je vous prie.

Cependant que François avançait vers son sort, Bordas prit son chef de moins en moins aimé à part.

— Vous n'imaginez quand même pas que cet idiot a commis ce crime ?

— Croyez-en mon expérience, capitaine, il faut toujours se méfier d'un imbécile.

Goguenard, Bordas riva son regard au sien.

— Soyez tranquille, commissaire, c'est ce que je fais tous les jours.

L'allusion passa à côté de ses neurones. Poussin emmena François hors du salon, et, discrètement, Jarry activa son mobile.

Puis le temps défila en attendant d'attendre. D'attendre quoi ? On attendit de le savoir. Les pandores poursuivirent leur inspection. Le corps de Wilfrid fut chargé dans un fourgon, Zoé apporta du café au salon – la nuit risquait d'être longue –, et Jarry fit les cent pas sur le perron.

Un bon quart d'heure s'écoula sans que l'on ait des nouvelles de François.

Quoique en matière de quart d'heure, celui qu'il passait avec Poussin devait être « sale ».

Durant tout ce temps, Noémie ne cessa de dévisager Edmonde. La mort de Wilfrid aurait dû ressouder leurs liens. Mais pour l'héritière des laiteries Beaucart, le mot « trêve » s'accordait mal avec ses intérêts. A un moment où la famille devait se serrer les coudes, Edmonde en fit brutalement la découverte.

— Et si nous faisions la paix, ma chère belle-fille ? La disparition de Wilfrid nous oblige à nous rassembler. Déposons les armes, agissons de concert. En bonne intelligence, envisageons l'avenir ensemble.

— Dans vos rêves, ma chère belle-mère ! A qui profite le crime ? A votre parti ! Mes avocats le démontreront, je ne lâcherai pas le morceau. Le combat continue, et je vous jure qu'on le gagnera. Maxime ne sera jamais président ! Faites une croix là-dessus !

Jacquemin n'osa contredire sa femme, le personnel fit semblant d'être sourd, et un silence sépulcral envahit la pièce.

A 23 h 32, un pick-up se gara dans le parc. Aussitôt, Jarry se précipita vers l'arrivant.

— Merci d'être venu rapidement, monsieur Sirauton.

— Pas de quoi, monsieur Jarry, votre appel m'a interloqué. Où en est-on ?

— Je crains le pire pour François, Poussin ne le lâche plus. D'ici à ce qu'il l'embarque, il n'y a qu'un cheveu.

— Ça l'arrangerait de partir avec un coupable. Ce gros mauvais est en baisse dans les sondages, il doit redorer son blason.

— Mais pas sur le dos de François, je le connais, il est un peu... *spécial.*

— Je le sais, monsieur Jarry, c'est pour cela que je suis là. François est un ami d'enfance de Bougonne, elle m'a longuement parlé de lui.

Archi s'en tint à cette quintessence. Les problèmes du benêt ne le regardaient pas, et il y avait urgence à le sortir d'un duel où il n'était pas de taille à tenir une épée.

En trouvant les témoins réunis au salon, Archi faillit se tordre de rire. Il ne manquait qu'une tasse de thé pour que la scène soit complète.

— Poussin vous a interrogés ici, collectivement ?

— Oui, soupira Jarry. Tout en dentelle, tout en douceur.

— Bizarre, je croyais qu'il se prenait pour Boggie, pas pour Hercule Poirot.

Pour gagner du temps, il salua Edmonde du bout des doigts puis courut vers la salle à manger.

Au milieu de celle-ci, François suait comme un vieux jambon. D'une pugnacité perverse, Poussin reformula une question qu'il lui avait posée dix fois.

— Répondez mieux que cela, monsieur Dupuis : que faisiez-vous exactement au salon ?

— Je... je l'ai dit... Du rangement.

— Vous rangiez quoi à part des magazines ?

— Des coussins.

— Combien y en avait-il ?

François n'eut plus à se creuser son peu de cervelle, l'irruption d'Archi mit fin à son supplice.

— Bonsoir, commissaire ! A moi de vous poser une question !

Estomaqué, le fin limier lourdingue en perdit l'usage de la parole.

— A l'encontre de monsieur Dupuis, existe-t-il des indices qui feraient penser qu'il a participé, de près ou de loin, à ce crime épouvantable ?

La gorge de Poussin se décoinça pour laisser couler sa rage.

— C'est à voir, il était seul près de la victime et ses propos sont nébuleux. Quant à vous, je vous promets que vous allez le sentir passer, vous faites obstruction au bon déroulement d'une enquête.

— Certes pas, c'est vous qui risquez des ennuis.

— J'aimerais savoir pourquoi ?

— Pour ce que je viens d'entendre... Puisque vous pensez qu'il n'a pas tout dit sous le coup de l'émotion, monsieur Dupuis devient un témoin assisté. Pour pouvoir l'interroger, article 113-3 du Code de procédure pénale, vous devez saisir un juge d'instruction. Suite à quoi, monsieur Dupuis devra être accompagné d'un avocat. Jusqu'à plus ample informé, vous n'avez plus à le retenir.

Assis près de Poussin, Bordas se retourna pour sourire en cachette. Et Archi poursuivit :

— Je vais vous éviter une erreur judiciaire, commissaire. Laissez-moi vous démontrer comment vous alliez en commettre une... si toutefois vous le soupçonniez.

D'autorité, il prit place face à François. Sa voix devint grave, agressive, son ton violent, vindicatif :

— Dupuis ! Qui a volé l'orange ?!

Le benêt verdit de peur en tremblant de plus belle.

— Que... que... quelle orange ?

— L'orange du marchand !

— Je ne sais pas, ce n'est pas moi qui fais les courses.

— Et votre sœur, c'est elle qui a cassé la machine ?!

— Margot ? Quelle machine aurait-elle cassée ?

— A vapeur !

— Je, je ne la vois plus... Elle travaille dans les Alpes.

La preuve en était faite, François était doublement innocent. Innocent de ce crime et innocent tout court.

— Vous voyez, commissaire, monsieur Dupuis serait capable d'avouer qu'il a tué Henri IV.

S'il y avait une matière dans laquelle François se distinguait, c'était l'histoire de France. Ce dont il apporta la preuve, fier de sa culture :

— Ah bah non, c'est Ravaillac.

Avec ce correctif, sa naïveté ne fut plus discutable. Pas plus que son innocence. Un tel benêt ne pouvait avoir tué un homme de sang-froid.

Poussin se leva en masquant son dépit.

— D'accord, nous le reverrons plus tard. Venez, capitaine, c'est l'heure de la paperasse, nous n'avons plus rien à faire au château... Bonsoir, messieurs.

Il sortit dignement, c'est-à-dire en se mordant les lèvres.

Tétanisé sur sa chaise, François tremblait encore. Jarry dut lui prendre les mains pour qu'il se calme.

— C'est fini, François, ils sont partis, ils ne vous embêteront plus.

— Oui, mais il y a encore ce monsieur, répondit François en lui montrant Archi.

— Que vous devez remercier, mon ami, c'est grâce à lui que vous êtes libre. Sans son intervention, Poussin vous aurait embarqué.

Alors, si Jarry l'affirmait, il le crut sans discuter.

— Je vous dois des excuses, monsieur Sirauton, je n'avais pas compris que vous m'aidiez, je pensais que vous m'enfonciez.

— Simple manœuvre, j'ai prêché le faux pour démontrer le vrai.

— Avec une telle conviction que je suis tombé dans le panneau. Je ne sais pas comment je pourrai vous remercier.

— Moi, je le sais... S'il vous plaît, monsieur Jarry, pouvez-vous me laisser seul un instant avec François ?

Jarry ne chercha pas à comprendre ce qu'il avait en tête. Il les abandonna et, sitôt qu'il eut fermé la porte, Archi rassura le simplet qui se remettait à trembloter.

— Ouvrez bien vos oreilles, François : vous n'avez plus à craindre Marcel Lavoisier. Je me suis occupé de son matricule, il vous fichera la paix.

François croyait aux anges gardiens, mais pas du genre d'Archi.

— Oh... oh... Pourquoi êtes-vous intervenu dans cette histoire ?

— Depuis trente-deux ans, Bougonne – Amélie, si vous préférez – est ma gouvernante. Elle est en quelque sorte ma seconde maman.

— Amélie ? La fille de Lucette ? La petite-fille de Christine ?

— Oui, la soi-disant sorcière. C'est elle qui m'a parlé du chantage que votre beauf exerçait sur vous. Il ne recommencera plus, je vous le promets. J'ai été... persuasif.

Quoi ! Ce type qu'il avait tant critiqué, tant méprisé, était comme le fils de son amie d'enfance, sa confidente, sa presque sœur de lait ? Alors là, ça changeait tout. A partir de ce jour, il lui serait éternellement dévoué !

— Demandez-moi ce que vous voulez, monsieur Sirauton. Que puis-je faire pour vous en retour ?

— Me confier une photo de Margot. Vous devez bien en avoir une de récente dans vos affaires ?

Document

Ce matin-là, le ciel faisait n'importe quoi. Ni moche ni beau, il s'ornait d'une couleur inclassable, inéligible à la poésie. Par bonheur, maigre compensation, il ne pleuvait plus.

En revanche, les articles tombaient à verse sur les Pillorget. La presse quotidienne se régalait. Le scandale du cimetière faisait les gros titres. Et la mort de Wilfrid de plus énormes encore. Leurs portraits occupaient des pages entières. Des photos les montraient, recueillis, priant devant la tombe d'Eric. Mais surtout déchaînés, se déchirant comme les Atrides.

Mauvais pour le pays, mauvais pour son image.

C'est pourquoi, avant de quitter le manoir, Archi avait prévenu Xa. Aujourd'hui, il la mettrait à contribution. Et quand il lui avait dit à quoi, elle s'était mise à danser la gigue – ou une danse approchante tout aussi désuète. Rien ne la passionnait plus qu'un rôle de détective.

Le premier acte se jouerait à midi.

Le second le soir.

Cependant, Archi se réservait le lever de rideau. C'était pour lui qu'il roulait aux abords de Saint-Vincent-des-Vignes.

Le domaine où il se rendait se situait à l'ouest du village, au pied des monts les plus élevés. Autant dire à peu de temps de chez lui. Comme tous les gens de la campagne, Archi ne comptait pas en kilomètres, il comptait en minutes.

Il ne lui en fallut que six pour parvenir à destination.

Erigée en bordure du vignoble, la maison des Bouillot n'avait rien de beaujolais. C'était une bâtisse achetée sur catalogue. Marie-Jo y avait tenu. Les vieilles bicoques aux murs pas droits, très peu pour elle ! Au moins celle-ci offrait tout le confort voulu. Les anciennes, elle les laissait aux Anglais qui ne venaient qu'aux beaux jours. Eux ne s'y gelaient pas l'hiver. Et puis, avantage considérable, ce p'tit-chez-moi standard était de plain-pied. Les enfants ne risquaient pas de s'y casser une jambe dans les escaliers.

Ah, ses enfants ! Marie-Jo les adorait. Les villageois la surnommaient la mère poule. Fallait-il qu'elle en veuille à Benoît pour les avoir abandonnés.

Ce fut le petit dernier qui ouvrit à Archi. Un petit bout de sept ans qui aurait dû être à l'école. A en juger par sa présence, il y avait du relâchement. Benoît baissait les bras devant son rôle de père.

— Bonjour, Kévin... Tu n'as pas classe aujourd'hui ?

— Mademoiselle Juliat est malade, c'est papa qui me garde.

Ouf ! Plus de peur que de mal, Benoît assumait bien ses responsabilités.

— Tu peux lui dire que je souhaite le voir ?

La carrure de Benoît apparut derrière son fils.

— Pas la peine, bonhomme, j'ai entendu Archi.

En un coup d'œil, Archi constata qu'il ne se laissait pas aller. Benoît était lavé, rasé, after-shavé, aspergé d'eau de Cologne – un peu trop, il sentait le coq en chasse au bal du samedi soir. Il avait été celui du village, bien avant Filoche qui avait pris la relève. Aujourd'hui, c'était un coq plus mûr, mais il lui restait de belles plumes. Svelte, les traits fins, la voix veloutée, Benoît débordait de charme. La jalousie de Marie-Jo pouvait se comprendre, son mari était un homme que d'aucunes qualifiaient d'attirant... et qu'elles essayaient d'attirer.

— Entre, Archi. Est-ce que je te sers un café ?

— Oui, avec plaisir.

Benoît n'eut pas à ajouter « Ne fais pas attention au ménage », la maison sentait le propre. Non seulement séduisant, Benoît était une fée du logis.

La décoration intérieure avait de quoi surprendre. Mais comme celle dans laquelle il vivait était déplorable, Archi refusa de la juger. Omerta, donc, sur le mobilier en kit, les vues de New York achetées dans un bazar, les brimborions chinois et les rideaux à franges.

Les deux hommes s'installèrent dans la cuisine, Kévin ayant réussi son OPA sur le salon. La télé s'y trouvait, il y regardait un dessin animé.

Quand il eut préparé les cafés, Benoît vint s'asseoir en soupirant. Archi connaissait ce genre de soupir, il précédait toujours des confidences. Benoît n'était pas idiot, il savait pour quoi Archi était chez lui.

— Tu sais pour Marie-Jo, bien sûr.

— Radio village... Comment te sens-tu ?

— Je tiens le coup.

— Et les gosses ?

— Le ch'tit, ça va. Du moment qu'il a ses jeux, ses biscuits et ses films, tout baigne pour lui. Son frère aîné, va savoir. Il passe ses soirées devant son ordi. Et quand ce n'est pas devant son ordi, c'est avec sa PSP.

— Ils sont tous pareils à quatorze ans. Et ta fille ?

— Clotilde, c'est différent, elle sera bientôt majeure. A cet âge-là, une fille n'est plus une gamine et pas encore une femme... C'est une chieuse... Il paraît qu'il faut subir pour comprendre. Moi, je subis et je ne comprends pas. J'avoue que le départ de sa mère n'a rien arrangé.

— Elle t'en veut ?

— Autant qu'à ma femme, mais ce n'est pas nouveau. Ça fait deux ans qu'elle nous en veut d'être ses parents. Elle nous reproche de ne pas lui laisser assez de liberté. D'après mademoiselle, nous serions des blaireaux.

Il se tut, but son café, puis reprit :

— Comme tu le vois, monsieur le maire, j'arrive à gérer le tout, la maison, les enfants et le boulot. Ce n'est pas la peine de prévenir la DDASS.

Erreur sur ses intentions ! Archi s'empressa de mettre les pendules à l'heure.

— Ce n'est pas le maire qui est devant toi, Benoît, c'est l'ami. Je suis venu te parler d'une affaire qui n'a rien à voir avec ton couple.

— Ah... Et c'est ?

— La maison de tes grands-parents au Pillon.

Avant de développer le sujet, Archi dut attendre que Benoît ait fini de s'occuper de son fils. Le film que Kévin regardait était terminé. Il voulait en voir un autre. Benoît revint longtemps après, le choix avait été compliqué.

— Excuse-moi, il y a eu bataille entre *Shrek* et *Spiderman*. C'est *Shrek* qui l'a emporté.

— Tu gardes Kévin toute la journée ?

— Non, ma mère viendra le chercher à midi, je pourrai bosser après.

A présent qu'il était tranquille, Benoît reprit la conversation où il l'avait laissée :

— La maison du Pillon... Je sais qu'elle est à retaper, mais ne me dis pas qu'elle gêne dans le paysage.

— Non, rassure-toi, aucune loi ne t'oblige à la raser, Bruxelles n'en est pas encore à traquer les ruines.

— Une ruine ?... Elle a juste besoin d'un coup de barbouille.

— C'est bien pour ça que tu peux la vendre. J'ai appris que tu avais déjà une acheteuse potentielle.

D'où tenait-il cette information ? Benoît en resta baba.

— Nom de gui ! T'es un sapré fouineur, toi ! Personne n'est au courant.

— J'ai mon réseau privé.

— Et alors, c'est quoi le lézard ?

— Un vide. Je voudrais savoir si ton acheteuse est cette femme-là.

Archi tira une photo de sa veste, celle que François lui avait confiée. Il la posa devant Benoît et attendit. Pas plus de deux secondes, Benoît la reconnut sur-le-champ.

— Oui, c'est bien elle. Qu'est-ce qu'elle a fait pour que tu te promènes avec son portrait ?

— Rien de répréhensible, Margot Dupuis est inconnue des services de police.

— Parce que tu connais aussi son nom ?

— Ce que j'ignore, c'est comment tu l'as rencontrée. Tu veux bien m'en parler ?

S'il n'y avait que ça pour l'obliger, Benoît n'y vit aucun inconvénient. L'histoire était banale. D'ailleurs, Archi s'en souvint pour en avoir été l'initiateur. En novembre dernier, à l'occasion de la sortie du beaujolais nouveau, le syndicat viticole avait organisé une réception. Une fête énorme. Nombre de restaurateurs de la région étaient présents, sommeliers et cuisiniers itou. Benoît y avait fait goûter sa production. C'est ainsi qu'il avait rencontré Margot et qu'ils s'étaient liés d'amitié.

La formulation fit sourire Archi. A en juger par sa photo, Margot ne manquait pas d'attraits. Le visage lumineux, d'allure sportive, elle possédait un physique épargné par les morsures de l'âge.

— Amitié, amitié... On ne devient pas si vite amis.

— Sauf affinités exceptionnelles : on est de la même classe... Allez, va, je vais te dire la vérité. En fait, Margot m'a appris qu'elle était originaire de Saint-Vincent-des-Vignes, c'est ce qui nous a rapprochés.

— Continue, il doit y avoir un « et » en prime.

— Et... elle cherchait à acheter une maison dans le village. Pour Margot, c'était un retour aux sources... ou une revanche sur la vie.

— Tu lui as donc proposé celle de tes grands-parents.

— Oui, puisque je n'en ai pas l'usage.

— Elle a de l'argent ?

— Elle attend un petit héritage, je n'ai pas posé de questions.

En revanche, Archi en avait une à lui poser, une délicate.

— C'est ainsi que d'amis vous êtes devenus amants ?

Pourquoi s'en serait-il défendu ? Benoît n'avait plus rien à cacher.

— Oui, pendant deux mois.

— Jusqu'à ce que Marie-Jo vous surprenne et que Margot se sauve à poil dans ta vigne.

— Décidément, tu es au courant de tout.

— Un témoin l'a vue, on me l'a répété.

— Ben, je le regrette, j'aurais dû lui demander de rester.

— Pour lui éviter de prendre froid ?

— Non, pour entendre ce que j'ai balancé à Marie-Jo.

Ses traits se durcirent, ses mains pétrirent sa tasse. D'un ton hargneux, Benoît vida son sac :

— Pour la première fois de ma vie, j'ai crié plus fort qu'elle. Je lui ai sorti ce que j'avais sur le cœur. Elle en a eu la langue coupée, elle n'a su que claquer la porte... Marie-Jo ne m'a pas quitté, Archi, elle s'est enfuie parce qu'elle a eu la frousse.

— Waouh ! Marie-Jo n'est pourtant pas du genre à reculer.

— C'est devant sa glace qu'elle a reculé. Je lui ai montré ce qu'elle a toujours été : une égoïste, une râleuse, une avare ! Et maintenant un frigo ! Ça fait des mois que je me la mets sous le bras. J'ai aussi ajouté que c'était le grand pied avec Margot, et qu'avec elle ce n'était même pas un bout d'orteil.

Quelle femme aurait pu supporter cet affront ? Aucune, pensa Archi. Marie-Jo moins qu'une autre. Si ce n'était déjà fait, elle chercherait à se venger. La pie-grièche n'avait pas un caractère à prendre des coups sans les rendre.

— Est-ce vrai qu'elle a vidé votre compte ?

— Ça a failli, le banquier m'a alerté, j'ai fait ce qu'il fallait.

Comme à son habitude, Martinien avait exagéré. Pour qu'un drame soit racontable, l'indécrottable aggravait ses chapitres. Faute de sensationnel à se mettre sur la langue, il en inventait à plaisir.

— Où se trouve Marie-Jo ?

— Mystère, elle s'est évaporée.

— Après votre engueulade ?

— Non, elle s'est d'abord réfugiée chez son père. Je le sais parce qu'il m'a appelé pour me menacer. Ce vieux con a entendu la suite, ça l'a refroidi tout net. Je n'ai plus vingt ans et il en a soixante-treize. S'il tient à garder le peu de dents qui lui reste, vaut mieux pas qu'il s'approche.

— Il t'a menacé de quoi ?

— De me faire la peau et celle de Margot. Ce bredin a des ambitions démesurées : il est pourri d'arthrose.

Dans le passé, Archi avait connu des criminels infirmes. Quand le sang lui monte à la tête, ses douleurs n'empêchent pas un homme de tuer. A fortiori s'il peut se déplacer sans béquilles. Or le père de Marie-Jo entrait dans cette catégorie.

— As-tu des nouvelles de Margot ?

— Pas depuis cette débandade. J'ai bien peur que l'aventure soit finie.

— Tu as essayé de la contacter ?

— Plusieurs fois, elle ne me répond plus.

— T'a-t-elle dit qu'elle a quitté l'Auberge des Passées ?

Benoît aurait dû être étonné qu'il en sache autant sur sa copine. Mais Archi ne le surprenait plus.

— Oui, elle a signé un CDI en Savoie. Je n'ai pas pensé à lui demander où. Tout ce que je sais, c'est qu'elle bosse dans un palace.

Sa réponse fit bondir Archi. Si ce qu'il pensait se confirmait, son histoire de cul allait prendre une tournure mortelle.

— A propos de signature, avez-vous signé une promesse de vente ?

— Evidemment, le matin même où Marie-Jo nous a trouvés au plumard.

— Où aviez-vous rangé ce document ?

— Le mien dans mon bureau, celui de Margot dans le salon. Elle l'avait laissé sur la table basse pour aller... fêter notre accord.

— Ce qui fait que Marie-Jo, en rentrant, a pu en prendre connaissance.

— Mm... Fort possible, oui...

— Et ainsi récupérer son nom et son adresse.

Benoît se changea en statue de sel.

— Oh merde ! Maintenant que tu m'en parles, j'ai cru que Margot l'avait emporté en partant.

Il croyait quoi, cet idiot ? En se sauvant à poil, Margot avait dû avoir d'autres priorités que de penser à prendre un bout de papier.

La disparition de ce document le chiffonna.

Archi nota d'appeler Fernandez.

Evolution

Curiosité que l'on doit à l'Assemblée nationale constituante de 1789, la commune de Saint-Amour – et son vin éponyme – est située en Bourgogne. En Saône-et-Loire précisément. Comme La Chapelle-de-Guinchay où l'on produit du moulin-à-vent.

Les autres crus sont issus de villages implantés dans le département du Rhône.

Mais tous font partie intégrante du Beaujolais.

Pour en revenir à Saint-Amour, les mêmes sans-culottes l'avaient rebaptisée Bellevue. Les saints, à l'époque, n'étaient plus en odeur de sainteté. Ce nom lui convenait bien. Perchée à 475 mètres dans les hauteurs vigneronnes, la vue y est splendide. Puis la commune est redevenue Saint-Amour. Et, finalement, en 1903, s'est désormais appelée Saint-Amour-Bellevue.

Avec un tel label, son vin s'invite dans les mariages. D'autant que les Sanctamoriens fêtent dignement la Saint-Valentin.

Ah, l'amour, toujours l'amour. Eh oui, cette petite commune est viscéralement attachée à l'amour.

Etait-ce pour cette raison que l'Auberge des Passées en abritait des sulfureuses ? Les curieux l'ignoraient, aucune rumeur n'en filtrait. Sa discrétion était renommée. Ambivalence compréhensible : seuls les initiés en parlaient entre eux. Et ces derniers étaient nombreux.

Si ladite auberge réussissait à préserver ses secrets, c'est parce qu'elle se trouvait en dehors du village. Pour y parvenir, il fallait rouler sur des routes étroites, aux lacets dangereux, avant de s'engager dans un chemin privé. Au bout de celui-ci, perdus dans le vignoble, s'élevaient ses murs d'un abord sympathique.

C'était vers eux qu'Archi se dirigeait.

Pour la circonstance, il conduisait sa C5. La tôle du pick-up aurait fait tache dans le décor. Près de lui, songeuse, Xa réfléchissait.

— Tu es certain que c'est une maison de rendez-vous ?

— Oui, la meilleure de la région. Fernandez me l'a garanti.

— S'il n'existait pas, celui-là, comment ferais-tu, je me le demande.

— Pour obtenir des infos ? Je m'adresserais à quelqu'un d'autre, je ne manque pas d'amis parmi les flics. Mais je leur préfère Fernandez.

— Parce qu'il est natif du coin ?

— C'est un avantage. Il sait se taire quand il le faut.

Ce qui était aussi sa force. Beaucoup trop pour Xa, les silences d'Archi la faisaient bouillir. Son mutisme l'ulcérait. Elle le lui avait déjà reproché dans le passé... et le tacla à nouveau, terriblement vexée.

— Et toi, tu as intérêt à me dire ce que tu mijotes. Parce que tu remets ça, mon Doudou, tu me prends pour une quantité négligeable.

— Moi ? Je te jure que non, ma chérie.

— Ah oui ? Eh bien, je vais t'apprendre ce qui coince. Ce matin tu es parti je ne sais où. Ensuite tu as parlé à Fernandez de je ne sais quoi. Et maintenant je te suis dans cette auberge sans savoir pourquoi. Tu ne crois pas que j'ai des raisons de râler ?

— Si... Pardonne-moi, je suis dans mon trip.

— OK ! Alors sors-en tout de suite, je t'écoute.

L'ultimatum était justifié. En homme ordonné, Archi commença par lui relater son entrevue avec Benoît. Puis, en prenant garde à respecter les faits, il lui confia ses doutes.

— Marie-Jo a disparu le jour où l'inconnue du vignoble a été tuée.

— Et après, où est le rapport ?

— C'est ce jour-là que Margot a quitté le pays... Curieuse concomitance.

— Ah, d'accord ! Parce que tu penses que c'est elle l'inconnue ?

Il eût aimé le croire mais ça ne collait pas.

— Non, Margot est bien vivante, son frère est toujours en contact avec elle.

— Ben tu te fais un film pour rien.

— Pas tant que ça... Les tueurs ont peut-être confondu cette pauvre femme avec Margot...

Il laissa sa phrase en suspens, certain qu'elle la compléterait.

— Tu sous-entends qu'ils se seraient trompés de victime ?

— Simple hypothèse, minuscule hypothèse.

— Et que Marie-Jo et son père seraient les coupables ?

— C'est du domaine de l'envisageable. Marie-Jo avait l'adresse de Margot à Mâcon. Elle l'a attendue avec son père près de son immeuble. Une femme qui lui ressemblait en est sortie, ils l'ont suivie en voiture et les choses ont mal tourné.

— Impossible, mon Doudou, Marie-Jo a vu Margot dans sa chambre, elle n'aurait pas pu se gourer de cible.

— Faux, elle ne l'a qu'entrevue, Margot s'est sauvée à toutes jambes. De plus, l'inconnue était de l'âge de Margot, *dixit* le légiste. Même taille, même morphologie, ça concorde.

A un détail près, que Xa fit valoir en avocate du diable :

— Il est beau ton scénar, mon Doudou. L'ennui est qu'il néglige que l'inconnue a été tuée en bas de la vigne de Martinien. Crois-tu que cette femme se serait laissé embarquer jusque-là sans se débattre ? Sans protester ? Sans dire son nom ?

— Qu'est-ce qui te prouve qu'elle a été tuée à cet endroit ? Des pierres dorées, on en trouve partout. Et on n'a pas retrouvé celle du crime. Le reste est une mise en scène... Dans le cadre d'une supposition, j'insiste encore.

Xa n'en démordit pas. Plus par jeu que par conviction.

— Et tu en fais quoi des voitures ? Il y en avait deux sur le lieu du crime.

— Pas certain... Imagine avec moi... Le duo force cette femme à sortir de la route. Un tête-à-queue l'expédie dans le décor. Marie-Jo bondit de sa voiture. La femme se met sur la défensive. Marie-Jo s'énerve encore plus, ramasse une pierre et la frappe au visage... Sans prendre le temps de discuter.

— Mouais, en étant persuadée qu'il s'agissait de Margot.

L'auberge approchait, Archi tint à en terminer avant de franchir ses grilles.

— Attention, ma chérie, je te le répète, ce n'est qu'une hypothèse. Mais si je vais au bout de sa logique, une seule voiture a suffi pour trimbaler sa dépouille jusque chez Pipelette... Après que nos complices l'eurent déshabillée ailleurs.

— Et où auraient-ils fait disparaître sa voiture ?

— Au diable vauvert, conduite par Marie-Jo dans un trou où elle se terre. Si cette version est la bonne, je présume qu'elle n'a pas réapparu à cause de ses remords... et de ses cauchemars... Difficile de se remettre d'un meurtre.

Tout compte fait, se dit Xa, les pièces de ce puzzle s'assemblaient bien.

— Ça me convient, mon Doudou, tu devrais en parler à Bordas.

— Non, il serait obligé d'en référer à Poussin. Ce gros lourdaud mettrait la pagaille dans le pays. Voilà pourquoi j'ai demandé à Fernandez d'enquêter discrètement. Il saura vite ce que Marie-Jo et son père fabriquaient le soir du crime.

— Et où se cache Marie-Jo.

— Oui, pour le même prix. On avisera s'il y a anguille sous roche.

Le parking de l'auberge était plein. Archi dut se garer sur le gazon. L'été, la manœuvre était dommageable pour les trèfles, mais l'hiver pour les semelles. Par galanterie, il avait déposé Xa avant de s'y engager. Heureusement, sinon la gadoue aurait massacré ses escarpins princiers. Des Stuart Weitzman, s'il vous plaît, qui coûtaient la peau des pieds.

Dès qu'il put s'en décoller, Archi essuya ses bottes avec des mouchoirs en papier. Cependant qu'il les briquait, Xa avisa les voitures alignées sur le gravier. Des chères, des luxueuses, des qui roulaient comme celles des gueux. Le cuir et l'acajou en plus.

— Dis, mon Doudou, à propos des riches et des pas riches, tu ne m'as toujours pas donné la solution.

— La réponse est pourtant facile. Tiens, je te file un indice : le statut des chauffeurs des pas riches est encadré par la loi du 13 juillet 1983.

— Tu tiens absolument à ce que je me gave d'aspirine ?

— Ne capitule pas, la solution est bête comme chou.

Il la laissa bouder et s'avança vers l'auberge. Une question en chassa une autre, Xa en avait des camions en réserve. Elle examina la façade du bâtiment, une folie bourgeoise qui valait le manoir, puis murmura, critique :

— Des Passées, ça fait *dépassé*. Connotation négative. Tu ne trouves pas, mon Doudou ?

— Au contraire, c'est positif. Une passée est un passage pour les vendangeurs. On dit qu'ils ont fait une passée quand ils ont vendangé deux rangées. Pour les vignerons, ça signifie que le travail a bien avancé.

— Ah... On en apprend tous les jours... Et si j'en juge par le nombre de voitures, le restaurant a l'air complet. As-tu au moins réservé ?

— Oui, au nom de monsieur Sifakis.

— Hein ! Et pourquoi pas au tien ?

Encore des cachotteries ! Il ne s'en guérirait jamais. Mais à l'inverse de ce qu'elle crut, Archi ne s'était pas à nouveau enfermé dans sa bulle.

— Parce que c'est une surprise, ma chérie. Tu la découvriras au dessert. Apprête-toi à passer un bon moment, je te jure qu'il sera burlesque.

La tenancière était une petite femme boulotte, quinqua, blondasse et couverte de bijoux. Elle les reçut avec un sourire coquin et un accent importé de la Croix-Rousse. Si elle avait voulu cacher ses origines, c'était foutu. A ses « eu » en longueur et ses « ô » caverneux, on devinait qu'elle débarquait de Lyon. Après les salutations d'usage, ses considérations sur le temps, elle confia leurs manteaux à un serveur. Puis, bavarde comme une pie, curieuse comme une poule, elle les conduisit à leur table.

— J'adore ce que vous portez, monsieur Sifakis. C'est grec ?

— En partie, ma veste est une corroiera de gaucho.

— Le tout vous va très bien, ça change des cravates qui pendent sur les panserottes.

La salle à manger fleurait son Louis le Quinzième. Tables et chaises étaient courbées à la mode de l'époque. Des copies des tableaux de Fragonard ornaient les murs, dont, comme il se devait dans ce lieu de plaisirs, *Le Feu aux poudres* et *Le Verrou*. L'ensemble évoquait les joies du Parc aux Cerfs, antre de débauche du Bien-Aimé. Vu la spécialité de l'auberge, ce décor s'imposait.

La boulotte les mena au fond de la pièce, en retrait des autres clients.

— Avec ce froid, on a dû faire du feu. Je vous ai installés près de la cheminée, j'espère que ça ne vous gêne pas ?

— Au contraire, fit Xa, j'apprécie la chaleur.

— Tant mieux, parce qu'il y a des gens qui craignent le trop chaud.

Qu'aurait-elle fait, se demanda Archi, s'ils ne l'avaient pas supporté ? Toutes les tables étaient prises par des couples en situation irrégulière. Un vieux libidineux faisait son intéressant devant une jeune poufiasse. Dans le vide total, il lui parlait de Kafka pendant qu'elle mâchait un chewing-gum. Ailleurs, deux amants se mangeaient des yeux. Ils se croquaient goulûment avant de rejoindre leurs conjoints respectifs. Et à l'autre bout de la salle, puisque le crime d'Oscar Wilde ne paye plus, des messieurs aux regards langoureux se caressaient les mains. Ni interdit ni ostracisme, l'Auberge des Passées était ouverte à toutes les passions.

La carte proposait peu de plats. Un choix épuré qu'Archi apprécia en gourmet. Pas de congelé au menu, les produits étaient de saison. Avec l'accord de Xa, il commanda des gâteaux de foies blonds et de la carpe au vin rouge. Pour le vin, forcément, il s'arrêta au saint-amour.

Le repas se déroula sans la moindre faute. Le service fut parfait et les mets délicieux. Après les fromages de chèvre, vinrent les desserts faits maison. Une réussite, les chefs avaient du métier.

Puis arriva le moment qu'Archi attendait tant. Il n'y avait plus qu'eux dans la salle. La boulotte s'approcha de leur table avec son sourire coquin. Non pour leur apporter l'addition, loin s'en faut, mais pour connaître la « suite ».

— Avez-vous bien mangé ? démarra-t-elle, angélique.

— Excellemment, la complimenta Archi, toutes mes félicitations.

— J'en suis ravie. Et que dois-je prévoir maintenant ?

En sous-termes de sous-termes, elle tenait à savoir s'ils prendraient une chambre pour une heure ou pour l'après-midi. Enfin, diantre, on ne venait pas chez elle que pour bâfrer. S'ils avaient fait le chemin jusqu'à son auberge, c'était, assurément, avec des idées licencieuses.

Archi fit un clin d'œil à Xa. A ce signe, elle comprit que la période burlesque allait commencer.

— Eh bien, chère madame, disons de menues réponses digestives.

Sur l'instant, la boulotte crut à une plaisanterie. Mais elle déchanta vite.

— Vous avez bien réussi, Germaine, belle reconversion. Non, je me trompe : belle évolution dans le pain de fesse. Votre auberge est plus classe que l'hôtel que vous teniez sur les quais de Saône.

Prête à s'écrouler, la boulotte dut se retenir au dos d'une chaise.

— De quoi parlez-vous ?

— De filles, de souteneurs, de michetons, des instants que nous avons passés dans mon cabinet.

— Quel cabinet ? Je ne vous connais pas.

— Oh que si ! Mais sous mon vrai nom, Sifakis n'est pas le mien. J'ai voulu vous faire une surprise, Germaine Poupron, née le 15 décembre 1959 à Villeurbanne, département du Rhône. Vous voyez, j'ai une excellente mémoire.

— Et alors, qui êtes-vous ?

— Archibald Sirauton, pour vous servir.

Une soucoupe volante lui serait tombée sur le crâne, des petits hommes verts en seraient sortis en criant « Youpi ! » que Germaine n'aurait pas été plus ébahie. Elle le scanna longuement avant d'émerger de la cinquième dimension.

— Monsieur le juge ? C'est bien vous ?

— Affirmatif, ma chère Germaine, si ce n'est que je ne suis plus juge.

— Je me disais aussi, attifé comme vous l'êtes, que j'avais manqué un épisode sur la réforme de la justice.

— Quoique je sois toujours magistrat.

Le premier de sa commune, distinguo qu'il passa sous silence. La subtilité fut payante, Germaine grimaça.

— Ouais, et comme les autres : un ripou, j'ai l'habitude... Combien ?

— Combien quoi ?

— Ne faites pas le caqueno. Si vous êtes là, c'est pour me faire cracher au bassinet.

La méprise était de taille. Mais plutôt que de s'en indigner, Archi y vit le moyen d'obtenir ce qu'il voulait.

— Gardez vos sous, Germaine, je vais même régler mon addition.

— Mouais... Je me méfie de vos tours, je vous ai pratiqué. Allez, pas de gognandises, j'ai dans l'idée que vous avez une idée derrière la tête.

— Absolument, je suis venu vous proposer un marché honnête.

— De quel genre ?

— Ma protection contre deux ou trois renseignements.

« Protection », ah le vilain mot ! Il lui rappela ses années noires.

— Ça coûte un max une protection dans ma partie. Quand je bossais à Lyon, j'ai été assurée de toutes parts, vous seriez étonné d'apprendre par qui.

— Et ça vous coûte quoi aujourd'hui ?

— Un repas de temps en temps, histoire d'être tranquille.

— Eh bien, je vous protégerai si les choses s'aggravaient. Voici le deal : zéro centime, quelques infos, mon numéro de téléphone en cas d'urgence, et l'affaire est conclue... Discrètement, parole de magistrat.

Germaine vit tout de suite où était son intérêt. Pas de convocation, pas de rumeur chez ses clients, elle avait tout à gagner en acceptant.

— Banco, j'achète... Que voulez-vous savoir ?

Archi sortit une page de journal de sa poche, la déplia, l'étala et lui présenta les binettes du clan Pillorget.

— J'ai la même en moins froissée, railla Germaine, ce n'était pas la peine d'amener ce torchon.

— On n'est jamais sûr de ce qu'on trouvera chez les autres. Bon, alors, l'un de ces hommes est-il l'un de vos clients ?

Il savait que Maxime fréquentait son auberge, mais ce n'était pas ce qu'il voulait entendre.

— Oui, ce gone-là, pointa-t-elle la photo du filleul.

— Et la dame qui l'accompagne ?

— Celle-ci, la désigna-t-elle sans hésiter. Une jolie femme, il a bon goût.

— Depuis quand viennent-ils chez vous ?

— Euh... Décembre... C'est ça, décembre, c'était le jour de la fête des Lumières.

— Souvent ?

— A peu près trois fois par semaine. Ils prennent toujours la chambre bleue.

La petite fée d'Archi ne l'avait pas trompé, Maxime s'était bien foutu de lui : Déborah avait rejoint son parti parce qu'elle était sa maîtresse.

Dès cet instant, une foule de questions se bousculèrent dans sa tête. Deux d'entre elles sortirent du lot.

Primo, Jarry était-il au courant de leur liaison ? Si oui, pourquoi l'avait-il sollicité ? Dans cette éventualité, avec ou sans son aide, il savait que les ambitieux étaient battus d'avance. Même privé du codicille miraculeux, Maxime aurait été nommé président.

Et secundo, plus épineux, où se trouvait Maxime quand Wilfrid avait été tué ? Sa mort arrangeait ses amours. Après une période de deuil convenable, il pourrait épouser sa veuve à la joie de tous. Et, même si ce n'était que de la main gauche, devenir un Pillorget honorable.

Les réponses demandaient réflexion.

Il se leva, aida Xa à quitter la table, et, comme il s'y était engagé, paya son addition. Il laissa même un gros pourboire. Et, chose promise, le numéro de son mobile.

Le marché était respecté, il ne lui restait plus qu'à regagner sa voiture.

Sur le seuil de l'auberge, il demanda à Germaine qui les raccompagnait :

— Oh, mais j'y pense tout à coup, avez-vous des nouvelles de Margot Dupuis ?

De coquin, le sourire de la boulotte devint méprisant.

— Il tomberait des louis d'or si elle m'en donnait. C'est l'une de vos amies ?

— Une relation... Je sais qu'elle a démissionné de chez vous pour aller en Savoie.

— Démissionner ? Vous plaisantez, je l'ai foutue à la porte.

Assourdissant ! Cette bombe détruisit ses hypothèses. Retour à la case départ, le mensonge de Margot remettait tout à plat.

— Pourquoi ? Qu'a-t-elle fait ?

— Je paye très bien mon personnel, monsieur Sirauton, très, très, très bien. En échange je lui demande d'être muet, aveugle et amnésique. Ce qui se passe dans mon auberge ne regarde personne.

— Ah... Margot a donc manqué à son devoir de réserve ?

— En quelque sorte. Je l'ai surprise dans le jardin avec un gros type. Il tenait un appareil photo, j'ai trouvé ça louche.

— Un paparazzi ?

— Non, un artignol mal dégrossi. Il s'est sauvé quand il m'a vue.

— Et alors ?

— J'ai demandé à Margot ce qu'elle fichait là. Cette garce l'a pris de haut, je n'ai pas apprécié et elle a décampé. Point final.

Pas pour Archi aiguillonné par sa petite fée.

— Ça s'est passé quand ?

— Le 15 décembre, le jour de mon anniversaire.

— S'il vous plaît, Germaine, décrivez-moi ce photographe...

Méthodes

Si, issus du même ADN, les hommes sont égaux, leurs réactions diffèrent devant les embrouilles.

Il y a ceux qui s'en dépatouillent par intuition, ceux qui s'en dépêtrent avec logique, et ceux qui ajoutent des nœuds à la pelote. Ces derniers, il va s'en dire, n'arrivent à s'en sortir que grâce à un coup de pot.

En cet après-midi grisâtre, trois représentants de la loi illustrèrent ces différentes méthodes.

... Celle du flair. Définition appropriée au nez crochu de Fernandez.

Quand et où avait fui Marie-Jo après sa dispute avec Benoît ? Etait-ce le soir même ? Son père l'avait-il conduite dans un endroit connu de lui seul ? Le divorce pouvait être évité, lui avait confié Archi, à condition qu'ils s'expliquent une bonne fois ! Ils ne devaient pas oublier qu'ils avaient fait trois gosses !

Après son appel, le grand nerveux s'était aussitôt mis en chasse. Pas n'importe où, l'homme connaissait son territoire et sa faune. Ladite faune se bornait à quelques jeunes en quête de sensations fortes. La principale consistant à rouler comme des dingues à vélo. Et toujours dans le vignoble. Leurs aînés préféraient la moto, engin plus performant pour tutoyer la peur. Les juniors n'intéressaient pas le nerveux. Leurs cadets, oui, puisqu'ils ne sortaient pas du village. Fernandez se renseigna donc auprès d'eux. Le contact fut facile, il ne les engueulait jamais. Quand il en prenait un en défaut, il lui faisait la leçon. A la répression, le nerveux préférait le dialogue. Et celui-ci fut fructueux.

Ah, la bonne blague ! Bien sûr qu'ils se souvenaient du premier jour du mois ! C'était un vendredi, veille de la Chandeleur. A la cantine, ils s'étaient empiffrés de crêpes. Un peu beaucoup. Aussi, en sortant de l'école, pour digérer le surplus, ils avaient pédalé comme des fous dans les vignes bossues. C'est ainsi qu'ils avaient remarqué que Marc Tournon, le père de Marie-Jo, n'était pas chez lui. Comment en étaient-ils si certains ? tiqua le nerveux. Parce qu'il ne les avait pas engueulés, répondirent-ils en se tapant sur les cuisses, ce qu'il faisait d'habitude quand ils roulaient dans sa cour. Or, pour le faire bisquer, ils roulaient toujours dans sa cour. Et ce soir-là, ils ne s'en étaient pas privés. De plus, cadeau bonus, ils avaient tous pissé sur ses nains de jardin !

Fernandez le nota et poursuivit sa ronde.

... La cartésienne. Propre à l'esprit méticuleux de Bordas.

Ancien militaire d'active, le colosse détestait le désordre. De son séjour sous les drapeaux, il avait conservé une rigueur d'acier. Tout ce qu'il entreprenait obéissait à ses principes. A commencer par ses enquêtes. Il en avait deux en cours. Chacune avait droit à son dossier rangé dans un ordre précis, suivant une nomenclature dont il était l'inventeur.

Il plancha sur le premier, celui de l'inconnue du vignoble.

La prose du légiste ne remplissait qu'une page. La victime était morte sur le coup. L'objet contondant était une pierre dorée. Des particules minérales prélevées sur sa plaie l'indiquaient sans conteste. Par ailleurs, l'examen de l'hypostase démontrait que son corps avait été déplacé. Mais probablement de quelques mètres, quand le ou les tueurs l'avaient déshabillée. Quant aux recherches dactyloscopiques, le fichier avait rendu copie blanche. L'inconnue était une parfaite inconnue. Pour connaître son nom, il ne restait plus qu'à attendre qu'un de ses proches se manifeste.

Bordas ferma le dossier et ouvrit le second.

La mort de Wilfrid Carle était digne d'un polar *deliciously british*. Château, majordome, petit personnel, cigare, fumoir, rien ne manquait au programme. Bordas eut un flash en lisant le rapport de la balistique. L'arme du crime était un 6.35 mm, un Walther PPK qui avait eu son heure de gloire. Inutile de la chercher dans les labos de la scientifique, la clé du mystère était ce pistolet. Quand il saurait où on l'avait acheté, il tiendrait le criminel.

Retour aux bonnes vieilles méthodes. Il décida de faire le tour des armuriers.

... Et enfin l'empirique.

Qu'aurait dit Philip Marlowe, alias Boggie, devant un tel casse-tête ? C'est la question que se posa Poussin. Pour l'affaire Carle, évidemment, prioritaire à ses yeux. Ce n'était pas en résolvant celle de l'inconnue qu'il sauverait son ruban rouge. Dans l'expectative, il divisa une feuille en deux colonnes. Dans la première, il écrivit les noms des présumés innocents. Dont, à son grand regret, celui de François Dupuis. Il s'apprêtait à lister les coupables potentiels quand, d'un geste furieux, il jeta son stylo contre un mur. Non, Marlowe-Boggie n'aurait pas procédé ainsi. Sa méthode consistait à réfléchir à voix basse.

Alors, il soliloqua.

S'il s'en tenait aux suspects présents près de la scène de crime, seule Edmonde Pillorget pouvait avoir tué Carle. Insensé ! Ridicule ! Elle dormait à l'étage quand son gendre s'était fait descendre. Zoé Massut en avait témoigné avec vigueur.

L'assassin s'était donc introduit dans le château en catimini.

Un assassin qui avait de bonnes raisons d'en vouloir à Carle.

Du style de ceux qu'il avait menacés.

Toujours mezza voce, il les passa en revue.

Jarry ? Certes, Carle lui avait déclaré la guerre. Mais à quelques mois de la retraite, le vieux renard n'en avait plus rien à cirer. Sa carrière était derrière lui et, surtout, il n'était pas actionnaire.

Maxime Aubert ? Malgré tout ce que tenteraient les enfants d'Eric, le filleul hériterait de son parrain. Grâce à ces deux parts, et assuré du soutien d'Edmonde, il était certain d'enlever la présidence. Personne ne pouvait l'empêcher de régner sur le duché. Aubert le savait. A part un coup de folie, pourquoi aurait-il assassiné Carle ? C'eût été un acte gratuit autant qu'imbécile. Or Aubert n'avait rien d'un imbécile, et de plus il dînait chez sa mère.

Restait un candidat : Guéwen. L'ambition ne l'étouffait pas, ce gars ne se préoccupait que de sa vie d'enfant gâté. Du moment qu'on lui filait de quoi s'éclater, il se fichait de savoir qui présiderait les Chais. Néanmoins, il y avait une faille dans son désintérêt. Ne venait-il pas de la mentionner ? Si : *enfant* ! A vingt-neuf ans, Guéwen était toujours le fifils à sa maman. Or, au cimetière, Carle avait publiquement humilié sa mère. Impardonnable ! Edmonde était le seul être pour qui Guéwen était prêt à se battre. Et puis son alibi ne tenait debout que sur un pied. A l'heure du crime, il dormait chez lui à Lyon. Ce qu'aucun témoin n'avait pu confirmer.

D'un trait rouge, Poussin souligna son nom.

Errare humanum est, il lui manquait des billes pour soupçonner Guéwen.

Perseverare diabolicum est, il fut fier de son raisonnement.

Echanges

Lyon est de ces villes qu'il faut avoir vues la nuit.

Avec Notre-Dame de Fourvière qui la domine, resplendissante, illuminée, la Saône scintille sous les feux des bâtisses alignées sur ses flots.

Passé la presqu'île où brillent des milliers d'enseignes, le Rhône offre un spectacle enchanteur et magique.

Plus haut, en remontant le fleuve, la Croix-Rousse, mont chargé d'histoire, terre des canuts, rayonne sur la capitale des Gaules.

Caligula l'encensa. C'était « sa » ville. Il y créa un prix littéraire. A l'annonce du palmarès, outre les dithyrambes, on noyait sur-le-champ l'auteur qui avait eu le malheur de déplaire. En ce temps-là, la critique était mortelle.

Néron l'aima tellement qu'il ouvrit son trésor pour qu'on la reconstruise. Un incendie l'avait ravagée, il en pleurait à chaudes larmes. Les patriciens aussi qui, sur son ordre pressant, durent contribuer à sa coûteuse renaissance.

Ces empereurs étaient des débauchés, des fous. Les orgies qu'ils organisaient dépassent l'entendement. Il n'y en a plus de nos jours. Quoique... Pas sûr... C'était ce que Xa et Archi venaient vérifier.

Lyon est de ces villes où l'on circule en râlant.

Des travaux y sont sans cesse en cours. Et que je te refais la chaussée, et que je te ferme un tunnel, et que je te bloque une rue.

C'était encore le cas, le Hobbit en perdait le nord, autant géographique que magnétique. Las, Archi éteignit son GPS.

— On va rouler sans son aide.

— Si tant est qu'on puisse appeler cela de l'aide, ironisa Xa. Laisse-moi te guider, on y sera vite.

Sa compagne étant lyonnaise, il s'en remit à elle. Xa les fit passer par des rues tortueuses, des larges, des étroites, des glauques, des splendides, des courtes et des longues.

Lyon est de ces villes qui s'apprennent tous les jours.

— Génial ce raccourci, et je ne le découvre que ce soir ! Pourtant j'ai vécu à Saint-Paul, j'aurais dû le repérer.

— Tu n'es pas né ici, mon Doudou, c'est pour ça qu'il t'a échappé. Comme on dit chez nous : « Tout le monde y peut pas être de Lyon, il en faut bien un peu d'un peu partout. »

— Parce qu'il n'y a que les natifs qui connaissent bien cette ville ?

— Dans ses moindres méandres avec tous ses secrets.

— Même ceux du Sixty Nine ?

Là, elle opéra un repli. Le terrain était glissant, elle évita de s'y aventurer.

— Il y en a qu'on préfère ignorer, ils sont trop dégueulasses.

Ce qu'il admit volontiers, d'autant que ceux du club puaient l'huile bouillante.

— Tu sais, ma chérie, tu as encore le droit de refuser le rôle. Je t'ai prévenue, ça peut être chaud.

— Ouh ! Hors de question de te laisser aller seul.

— Que crains-tu ?

— Qu'on ne te laisse pas ressortir.

— N'importe quoi, je suis assez grand pour me défendre.

— Et pour résister à la tentation ?

— Par pitié, arrête de dire des bêtises, j'ai eu ma dose à la mairie.

L'après-midi, les harpagons avaient remis le couvert. Cette fois pour la cantine scolaire. Leurs enfants ayant été bloqués chez eux par la neige, ils avaient exigé que les repas non pris soient défalqués de la note. Etre maire, décidément, était un sacerdoce.

Après des tours et des détours, ils débouchèrent sur les quais du Rhône. Sur les indications de Xa, Archi contourna le parc de la Tête d'Or, ainsi nommé parce qu'une tête en or y serait enfouie. Elle est peut-être en cuivre, mais la légende est belle. L'appellation aussi, autrement plus jolie que parc de la Tête en Cuivre.

— Combien de temps restera-t-on, mon Doudou ?

— Un minimum, je ne tiens pas à m'incruster.

— Et après, que fera-t-on ?

— On ira écouter du jazz dans un club fréquentable. Tu n'es plus pressée, tu pourras te reposer demain.

— Evite le sujet, ça commence à bien faire. A mon avis la grippe de Baron est du pipeau. Il s'est fait porter pâle pour emmerder Deflers. Ce n'est pas *Le Bourgeois gentilhomme* qu'il devrait jouer, c'est *Le Malade imaginaire*.

Son agent l'avait prévenue que les répétitions auraient encore du retard. A la suite d'une dispute avec le metteur en scène, monsieur Jourdain était tombé malade. Comme l'aurait dit Molière, sa bouderie faisait de la fièvre sans le savoir.

Lyon est de ces villes où il est dur de se garer, aussi dur que de gagner un cochon au loto quine.

Ce ne fut qu'après avoir tourné cinq fois autour d'un pâté de maisons qu'Archi trouva enfin une place.

Sa montre affichait 22 heures. C'était la bonne heure pour appliquer son plan. Méfiant, méticuleux, il en revit les détails en marchant vers le club.

— On est d'accord, ma chérie, tu ne t'engages pas plus loin que le vestiaire.

— Cela ne risque pas, mon Doudou, je suis une exclusivité.

— J'en suis heureux, sourit-il. Et tu as bien en tête ce que tu dois dire à Klaus ?

— Tu deviens insultant. Je te rappelle que j'ai joué Doña Prouhèze dans *Le Soulier de satin*. Onze heures en scène, une salle déserte et j'ai tenu bon. Je suis une pro, moi, monsieur, ce ne sont pas cinq répliques qui me font peur.

— Excuse-moi, c'était une question idiote. Je sais que tu es dotée d'une mémoire fabuleuse.

— *De quoi viens-tu flatter mon esprit désolé ?* Racine, *Phèdre*, acte III... Si ça peut te soulager, j'ai aussi retenu que je n'avais que deux minutes pour les sortir.

— *Pile-poil, joue le texte et n'improvise pas*. Sirauton, pièce à écrire, acte I. Cent vingt secondes, pas davantage, il faut que tu le prennes de vitesse.

Tout en se chamaillant, ils étaient arrivés devant une porte ordinaire. A part une petite plaque vissée sur son bois, rien n'indiquait que le Sixty Nine se cachait derrière elle.

Il n'était plus temps de reculer. Archi laissa Xa activer la sonnette, puis courut se dissimuler entre des voitures.

La porte s'entrebâilla. Hideux, blafard, un visage s'infiltra dans l'interstice. Un crâne chauve surmontait sa laideur. Des yeux globuleux détaillèrent la jeune femme. La porte s'ouvrit alors. Vêtu de noir, le jumeau de Nosferatu apparut dans l'encadrement.

— Bienvenue au Sixty Nine, mademoiselle. Entrez, je vous prie.

La voix du vampire était raccord avec son physique, aigrelette et pointue.

— Je suis monsieur Klaus, le serviteur de vos futurs désirs, lesquels seront des ordres.

— Je n'en doute pas, minauda Xa, j'ai entendu parler de vos *services* avec beaucoup de bien.

— C'est agréable à entendre, merci pour le compliment.

— Il paraît qu'il est mérité, j'en jugerai par moi-même.

Les politesses étant épuisées, le vampire la reluqua d'un œil concupiscent.

— Etes-vous venue seule ? Je vous rassure, il n'est pas obligatoire pour une dame d'être accompagnée. Elle trouve toujours chaussure à son pied. Et même plusieurs, si elle le souhaite.

— Non, mon ami doit me rejoindre, il ne parvient pas à se garer.

— Ah oui, c'est compliqué dans ce quartier. Mais, que voulez-vous, je ne peux pas mettre un parking à la disposition de mes clients.

— Certes, la discrétion s'impose.

Ce qu'il confirma en se pliant en deux, une main sur le cœur.

— C'est la base de mon activité. Cela dit, voulez-vous passer au vestiaire en attendant votre ami ?

— Je préfère qu'il soit là, nous avons notre petit cérémonial.

— Pardon, je ne tenais pas à vous presser. D'ailleurs, vous avez toute la nuit devant vous.

Pas vraiment, Xa n'avait que deux minutes, et elles arrivaient à terme.

— Au fait, est-ce que Guéwen est là ? Guéwen Pillorget.

— Vous le connaissez ?

— Très bien, c'est lui qui nous a donné votre adresse.

— Ah, je comprends tout. Eh bien, non, je ne pense pas qu'il vienne ce soir avec sa camarade. D'habitude, à cette heure, ils sont déjà... en action.

Bingo ! Victoire remportée in extremis ! Klaus avait craché le morceau sur le fil du rasoir. Les deux minutes étaient passées et on sonnait à la porte.

— Votre compagnon, je suppose, il a dû trouver une place.

Klaus ouvrit sur un Archi suspicieux. Son premier réflexe fut de s'assurer que Xa allait bien.

— Tout baigne ?

— Cinq sur cinq, si ce n'est que Guéwen et sa copine sont absents.

Elle n'eut pas à en dire plus, il sut qu'elle avait réussi sa mission.

— Tant pis, on fera sans eux, lâcha-t-il, laconique.

D'un œil d'expert, Klaus l'examina de long en large. Bâti comme il était, ce nouveau venu allait faire un malheur. A en croire sa tenue, il aimait l'originalité. Ici, il serait servi. Sa compagne également qu'il lorgna sans complexe. Guéwen et son amie n'étaient pas là, et après ? Le choix ne manquait pas, il y en avait pour tous les goûts ! D'ailleurs, en commerçant qui se respecte, Klaus s'empressa de leur faire l'article.

— Je vous garantis que vous les remplacerez aisément. Il y a là des couples qui vous accueilleront avec chaleur. Des gens très bien élevés, des habitués qui ne forcent personne. « Consentement et douceur » est la devise de la maison.

— Dommage que ce ne soit pas la mienne, lui répliqua Archi.

Curieuse repartie ! Klaus se méprit sur son sens.

— Ah, je vois, vous êtes plutôt branché sado-maso.

— Non, sur la loi, monsieur Bernard Klaus, né le 14 mai 1965 à Besançon, département du Doubs.

Comme l'avait fait Germaine Poupron, née le 15 décembre 1959 à Villeurbanne, département du Rhône, Klaus béat, chancela, hoqueta. Mais à la différence d'icelle, il ne se retint pas à une chaise. Plus réactif que Germaine, il se précipita vers un bouton.

— Si j'étais vous, monsieur Klaus, je n'appellerais pas mes gorilles. Je serais obligé d'être violent, et quand je suis violent ça se termine au poste.

— Mon collègue est champion de lutte, renchérit Xa, je l'ai déjà vu à l'œuvre, c'est méchant-méchant... Une bête... Un monstre... Et des rapports à n'en plus finir.

« Poste », « collègue », « rapports ». Klaus hésita, son doigt resta en suspension au-dessus du bouton.

— Que voulez-vous ? Qui êtes-vous ?

— Archibald Sirauton.

L'index se replia.

— Sirauton ?... Eh bé, vous avez sacrément changé de look.

— Pour les besoins de la cause.

— Vous n'êtes plus juge, à ce que je sache.

— Exact, j'ai changé de métier, je m'encroûtais à la justice. Et j'ai ainsi l'honneur de vous présenter mon équipière, lieutenant Magdeleine Robin, des SSI, Services spéciaux interdisciplinaires.

Comme le prévoyait le scénario, Xa ne bougea pas d'un cil. Pourtant elle avait envie de rire. Magdeleine Robin était le patronyme de Roxane dans *Cyrano de Bergerac*. Un rôle qu'elle rêvait d'interpréter depuis son premier prix à l'ENSATT – ex-conservatoire de la rue Blanche délocalisé à Lyon. En attendant de l'endosser, elle exhiba une carte tricolore qu'elle avait bidonnée au manoir.

— C'est quoi ces services spéciaux machin-chose ? reprit Klaus. Jamais entendu parler de ce truc.

— Etes-vous au courant que nous avons changé de président ?

— Je ne vote pas, monsieur Sirauton, mais je sais au moins ça.

— Alors il faut que je vous mette à niveau. Après son élection, un tas de réformes ont été mises en place, y compris dans la police. Les SSI ont été créés dans cette mouvance avec une mission précise.

— Laquelle consiste en quoi ?

— A récupérer ce qui échappe au fisc dans le secteur plaisir. Vaste terrain à ratisser, le boulot ne manque pas. D'autant que dans les boîtes échangistes il y a de quoi s'occuper. Tout y est soft, anonyme. Discrétion garantie. Ni cartes bancaires ni chèques, les clients payent en liquide.

Verdâtre, Klaus commença à paniquer. A sa décharge, sa réaction était normale. Quel commerçant ne baliserait pas en apprenant qu'il va se faire contrôler ? Aucun, surtout dans un pays où ils ont affaire à des pugnaces.

— Je n'ai rien à craindre, je suis en règle avec les impôts.

— Vous dites tous ça, à croire que vous vous êtes donné le mot. L'embêtant, voyez-vous, est qu'on trouve toujours de quoi vous contredire.

— Mon avocat vous montrera mes livres, on en reparlera après.

Avocat ! C'était la menace attendue pour que Xa entre en lice :

— Ça suffit, monsieur Klaus ! Il semble que vous n'ayez pas bien compris qui nous sommes. Les contrôleurs fiscaux sont des contrôleurs. Nous aussi, mais en plus des flics triés sur le volet. On ne nous la fait pas, nous savons parfaitement où passe l'argent de la prostitution.

— Prostitution ? Vous plaisantez ! Mon établissement n'est pas un lupanar. C'est une maison où des adultes consentants aiment se rencontrer.

Ça, c'était sa partie, Archi reprit le gouvernail :

— Je connais la chanson, monsieur Klaus, vous me l'avez serinée autrefois. Liberté sexuelle pour tous, droit pour vos clients de pratiquer la chenille congolaise, l'ombrelle à cinq baleines et je passe sur la toupie. On s'en fout de ce discours, nous, on veut des informations... Ce n'est pas vous que nous visons.

Enfin une nouvelle rassurante ! Le vampire en retrouva son sourire chthonien.

— Qui, alors ?

— Guéwen Pillorget.

— Que lui reprochez-vous ?

— De dépenser plus qu'il ne gagne.

— En quoi son porte-monnaie concerne-t-il vos services ?

— Nous le soupçonnons d'avoir investi dans un bordel espagnol. Là-bas, c'est légal, c'est même bien vu des banquiers. Ici, ce qui ne l'est pas, c'est de dissimuler ses revenus.

— Que voulez-vous que j'en dise ?

— Nous ne demandons pas votre avis, ce que nous voulons, c'est savoir à quoi ressemblent ses camarades de jeu.

— A quelles fins utiles ?

— Vous épargner des soucis. D'aucuns pourraient penser que votre club est un passage obligé pour l'Espagne. Mauvaise pub, n'est-ce pas ?

Réseau de prostitution, blanchiment d'argent, trafic de filles, Klaus se mit à gamberger. Guéwen testait-il ses recrues dans son club ultrachic ? Si ce saligaud lui avait fait ce coup, sa réputation en souffrirait. Ses habitués refusaient tout contact avec des professionnelles – filtrage qu'il leur garantissait et qui faisait sa renommée. Si ça se savait, son chiffre d'affaires en pâtirait. Dans l'immédiat, il prit deux décisions : barrer sa porte à Guéwen et la boucler.

— C'est délicat, monsieur Sirauton, je suis tenu à un minimum de réserve.

— Comme vous voudrez, monsieur Klaus, je ne vous oblige pas à parler. En revanche, en vertu de l'article 53 qui nous confère un pouvoir maximum, j'ai l'impression que nous allons éplucher vos comptes.

— Le soir de préférence, poursuivit Xa, vos clients vont adorer.

Klaus comprit qu'il ne pourrait pas jouer au plus fin très longtemps. Ces vautours avaient le droit pour eux... forts d'un article 53 qu'il aurait eu du mal à trouver dans un service imaginaire.

— Entendu, lieutenant, si ça reste entre nous.

— On ne vous connaît pas, on ne vous citera donc pas.

— Bon... Guéwen ne vient jamais plus de cinq fois avec la même nana. J'ignore où il les ramasse, mais je vous garantis que ce sont des pétasses de concours. Des vraies, des authentiques, qui ne savent même pas que la Terre est ronde.

— Est-il venu récemment avec l'une d'elles ?

— Oui, il nous a amené une rousse, une nouvelle.

— Quand cela ?

— Jeudi soir. Ils étaient présents à l'ouverture.

— A quelle heure ?

— Nous ouvrons à 20 heures.

Xa échangea un regard triomphant avec Archi. Maintenant ils savaient que Guéwen n'avait pas tué Wilfrid.

Là-dessus, la porte du sas s'ouvrit. Un gros homme nu, en position reproductive, fit irruption dans l'entrée, visiblement mécontent.

— Klaus ! C'est très fâcheux ! Il n'y a plus de gel lubrifiant !

Moustique

Le château se morfondait dans une ambiance morne.

Ses occupants s'évitaient, à bonne distance les uns des autres.

Dans la tour de l'aile droite, Déborah, gorgée de tranquillisants, ne quittait plus son lit.

Dans la tour de l'aile gauche, Edmonde restait cloîtrée dans sa chambre, folle de rage à l'idée d'y croiser les ambitieux.

Entre ces deux tours, à part les fantômes qui le hantaient, le rez-de-chaussée était désert.

Outre le personnel, seuls vivants à y circuler, Noémie et Jacquemin dînaient en tête à tête.

Sans beaucoup se parler. D'ailleurs ils ne se parlaient plus beaucoup. A part leurs affaires, ils ne partageaient rien. Aucun point commun, pas la moindre passion sur laquelle échanger. Jacquemin aimait la chasse, Noémie la compissait. Noémie adorait l'opéra, Jacquemin le détestait. Pour le reste, ils s'accommodaient de leurs obligations. L'amour se bornait à l'hygiène. Les petites intentions aux dates incontournables. Noël et les anniversaires les rappelaient à l'ordre. Sans originalité, *bis repetita*, Jacquemin offrait un collier à Noémie. Sans originalité, *bis repetita*, Noémie offrait une cravate à Jacquemin.

A l'origine de leur union, il y avait bien eu une petite flamme, mais c'était une allumette. Trop tournés sur eux-mêmes, ils ignoraient l'existence des embrasements. Une étincelle avait suffi pour qu'ils aient cru avoir trouvé l'amour. Et puis où auraient-ils pu dénicher ne serait-ce qu'une bougie ? Ils ne fréquentaient que des jeunes au destin tout tracé. Chez eux, quand ils parlaient *mariage*, on répondait *alliance*.

Alors ils s'étaient alliés pour le meilleur et le moins pire.

Le père de Noémie avait été ravi de cette union. Son épouse également qui, à l'entendre, « communiait avec Edmonde dans un esprit égal ». Nées dans la soie, les deux femmes appartenaient au même milieu. Elles en connaissaient les codes et le langage métaphorique.

Eric, plus réservé, n'avait pas adhéré à cette liesse. Fils de vignerons modestes, il savait distinguer le vrai du faux. Le cœur de Noémie était en toc. Il l'avait vu au premier regard. Ce que cette fille aimait chez Jacquemin, c'était sa condition. En l'épousant, elle se garantissait de ne pas déchoir de la sienne. L'avenir était assuré, ils auraient toujours de l'argent. Toutefois Eric n'en avait rien dit. Parvenus à l'âge adulte, les choix de ses enfants ne concernaient qu'eux.

De même avait-il gardé le silence quand Déborah était devenue madame Carle. Dès leur première rencontre, Eric s'était méfié de Wilfrid, beau parleur et obtus. Peu au courant de la valeur des choses, ce fils à papa jugeait le monde à l'aune de sa fortune. Leurs rapports n'avaient jamais été chaleureux. Ils s'étaient même aggravés dans les réunions directrices. Wilfrid ignorait comment on fabriquait le vin. Ce qui ne le gênait pas pour critiquer la gestion de son beau-père, fort d'un *MSc in Business Management* décroché à Oxford. Son adorable père l'avait payé très cher.

Diplômée en droit, Noémie était aussi inculte que lui en vin. Mais Wilfrid disparu, elle se voyait à la tête des Chais. Via son grand crétin de mari dont elle méprisait la mollesse. Juste répartition de leurs capacités, il aurait le titre, elle aurait le pouvoir. Il paraderait. Elle dirigerait. C'était une question de temps : ses avocats décortiquaient le codicille. Noémie était confiante, ils finiraient par en trouver la faille.

La langue amidonnée, François lui demanda si elle désirait autre chose. Le couple était passé à table très tard. Bientôt 22 h 30. La journée avait été dure, François n'aspirait plus qu'à rejoindre son lit. Le cuisinier également. Et puis il pleuvinait. Ils tenaient à rejoindre leurs quartiers avant que l'averse ne tombe. Le personnel logeait dans les anciennes écuries.

Chez Noémie, la fatigue se faisait également sentir. Elle remercia François, Jacquemin l'imita, puis ils quittèrent la salle à manger.

En passant devant le salon, Jacquemin bifurqua. Il voulait voir les infos à la télé. Noémie eût aimé le suivre mais, en retard de sommeil, préféra aller se coucher. Par convention, ils se dirent « A tout de suite » et se séparèrent.

En bâillant, Noémie se traîna dans les couloirs pleins de fantômes. L'un d'eux, serviable, tint à la prévenir de ne pas emprunter l'escalier de l'aile droite. L'ennui est qu'à moins de passer par un médium, un spectre ne peut communiquer avec un vivant. Dommage pour Noémie, il n'en avait pas sous la main.

Elle atteignit enfin l'escalier qu'il ne fallait pas qu'elle prenne.

En haut, sa chambre, le repos ; elle en avait bien besoin.

Lourdement, elle mit un pied sur la première marche.

Et sentit comme une piqûre dans sa nuque.

Un moustique en cette saison ? C'était incroyable.

Par réflexe, elle voulut l'écraser.

Mais beaucoup trop lentement.

Un coup de feu résonna dans le château.

Aussitôt, François quitta la salle à manger pour aller voir ce qui se passait. En chemin, il rattrapa Jacquemin, plus gros et moins rapide que lui. Les couloirs étaient vides, ils ne croisèrent personne.

Essoufflés, les deux hommes parvinrent en même temps dans l'aile droite.

Au pied de l'escalier, Noémie gisait dans une mare de sang, une balle dans la nuque.

Troisième retournement

Dans lequel il faut toujours se méfier
d'une porte étroite...
D'un candide...
Et des grandes familles...

Généalogie

Ce samedi matin fut riche en rebondissements. Il s'articula en trois actes : le passif, l'actif, le réactif.

A tout seigneur tout honneur, les mathématiques l'exigeant, commençons dans l'ordre, c'est-à-dire par le premier...

Archi était un lève-tôt chronique. Il lui fallait peu de sommeil pour se ragaillardir. Après l'épisode du Sixty Nine, il avait emmené Xa dans un club de jazz qu'ils fréquentaient parfois. Mais ils en étaient sortis rapidement, pas convaincus par le trio qui jouait ce soir-là.

A 1 h 54 du matin, ils avaient eu l'impression de se coucher tôt.

Et à 9 h 10, Archi s'en était voulu d'avoir fait la grasse matinée.

Quand Xa était absente, Archi prenait son petit déjeuner dans la cuisine.

Ce qu'il fit puisqu'elle dormait encore. Café, fruits, fromage, œufs au plat lui étaient nécessaires pour démarrer la journée. Ainsi que les ragots du village que Bougonne lui rapportait – elle aimait faire ses courses à la fraîche. Ce n'était pas de la curiosité malsaine.

Après sa revue de potins, il savait ce qui l'attendait à la mairie.

— Ça ricanait chez le boucher. Thérèse Magnin a été transportée à l'hôpital. A entendre son mari, elle aurait eu une crise d'appendicite.

— A soixante-dix ans ? Il doit confondre.

— Ouais, avec une indigestion. Si tu voyais ce qu'elle avale, ça te donnerait au cœur. Dix Chinois en ingurgitent moins qu'elle au cours d'un repas.

— Ce qui veut dire que je vais avoir la visite de son mari. Guy n'a plus le droit de conduire, je vais devoir le dépanner pour qu'il lui apporte ses affaires.

— Si ce cul d'ail ne buvait pas tant, il aurait encore son permis. Franchement, il devait en tenir une bonne pour ne pas avoir vu une vache au milieu de la route.

Entracte. Archi avala son café avant d'entendre la suite.

— Et chez le boulanger, quoi de nouveau ?

— Tu connais les Vendoux ?

— Les jeunes mariés qui ont emménagé près de l'église ?

— Ceux-là mêmes. Eh ben, ils ont empêché leurs voisins de dormir. Ils ont fait la fête jusqu'à point d'heure. C'est chaque vendredi pareil, les voisins en ont leur claque.

— Super ! Et une querelle de plus ! Ça sent la pétition.

— Et puis il s'en passe de drôles avec Fernandez. Il a interrogé le fils du boulanger. Il lui a demandé s'il a vu Marc Tournon la veille de la Chandeleur. Toi qui sais tout, tu sais pourquoi ?

— Oui, madame, j'en ai une vague idée.

Dont il ne dirait rien : une voiture de la gendarmerie se garait dans la cour. Il n'eut pas besoin d'attendre pour savoir qui la conduisait. Tirbouchon, d'un ouah-ouah personnalisé, annonça l'arrivée du nerveux. Ce chien avait des ondes et aimait Fernandez.

S'il venait au manoir c'est qu'il avait du neuf. Précédé de Tirbouchon, Archi courut au-devant de lui. Cérémonial intangible, le chien lui fit des grâces pour l'accueillir. Mais des grâces de labrador, plus musclées que celles d'un bichon.

— Par pitié, Tirbouchon, calme-toi, tu vas déchirer mon uniforme.

— C'est bien, mon chien, ça suffit, on va tous dans le salon.

Il ne fallut pas lui répéter deux fois. Salon égale café, égale gâteaux à grappiller. Tirbouchon s'y rendit en aboyant de joie. Et Fernandez frotta son pantalon.

— Merci, monsieur Sirauton, j'ai toujours peur de ses patounes.

— Je vous sers un café pour vous en remettre ?

— Oh non, pas de café, ça m'endort.

Si le café assommait le nerveux, quoi diantre pouvait bien lui donner un coup de fouet ? Pressé par le temps, Archi ne chercha pas à le savoir.

Sur son tapis d'horreur, Tirbouchon les attendait sagement. Sa déception fut grande quand il comprit qu'il n'y aurait pas de gâteaux. Stoïque, il se contenta de les écouter. En plus d'être un hôte accueillant, ce chien était un philosophe.

— Mon enquête a porté ses fruits, monsieur Sirauton. Je sais que ni Tournon ni sa fille n'étaient au village ce soir-là.

— Les gosses du village vous en ont donné la preuve ?

Fernandez s'extasia. Le flair d'Archi l'émerveillait plus que les chutes du Niagara.

— Purée de purée, monsieur Sirauton, vous êtes toujours au courant de tout. Comment faites-vous ? C'est... c'est *prodigal*.

— Pas si *prodigal* que vous le croyez, j'ouvre simplement mes oreilles au petit déjeuner. Mais poursuivez, je vous prie.

— Pour en revenir à votre question : affirmatif ! Réponses garanties véridiques. Les ch'tits n'ont rien inventé.

Sur son tapis d'horreur, Tirbouchon grommela : alors où se trouvaient-ils ? Les ondes des chiens sont-elles parfois perçues par les bipèdes ? Il faut croire que oui puisque le nerveux l'entendit.

— Je sais où ils étaient.

— Avec certitude ?

— Totale, parole d'ancien casque bleu. Ecoutez-moi bien... Sous le prétexte d'une recherche pour abandon de domicile, j'ai sondé Louis Lavoine. Louis, comme vous le savez certainement, est le cousin de Marc Tournon.

Non, il l'ignorait, mais Archi fit mine d'être au courant.

— Ce qui fait qu'il est parent par alliance avec Gisèle Gatien, la nièce de la défunte madame Tournon, et donc la cousine de Marie-Jo.

— C'est clair.

— Or le mari de Gisèle, Thomas Gatien, a une sœur aînée, prénommée Yvonne. Par conséquent, Yvonne est l'arrière-petite-nièce de feue madame Tournon et la lointaine cousine par alliance de Louis.

— Généalogie passionnante, vous la décrivez bien.

Flatté, le nerveux sauta sur la branche basse de l'arbre.

— Louis a un frère cadet, Baptiste, autre cousin de Marc. C'est ainsi qu'Yvonne l'a rencontré dans une réunion de famille élargie. Ils ne s'étaient jamais vus et ça a été le coup de foudre. Baptiste l'a demandée en mariage. Yvonne l'a épousé. Depuis, elle s'appelle Lavoine. Par conséquent, elle est la belle-sœur de Louis.

— Normal.

— Louis les fréquente régulièrement, et c'est ici que ça devient intéressant, monsieur Sirauton. Vous devinez pourquoi ?

— Pas du tout, pourtant j'ai suivi avec attention.

— Parce que pour renforcer leurs liens, Yvonne est devenue la marraine de Marie-Jo. C'est chez elle qu'elle se cache. Louis lui a parlé dimanche dernier.

Devait-il l'applaudir ? Archi en fut tenté. Sa connaissance du terrain et des gens était remarquable. Mais, en enfant de la région, il ne pouvait en être autrement. Même avec des ancêtres espagnols, Fernandez était plus beaujolais que certains Beaujolais.

— Bravo, excellent boulot. Et où se trouve la maison de sa marraine ?

— A Cluny. Tournon y a emmené sa fille le jour où elle a quitté son mari. Louis est catégorique.

— Savez-vous à quelle heure ?

— C'est important ?

— Cluny est proche de Mâcon.

— Certes, et alors ?

— Ce n'est pas pour ressouder son couple que je vous ai demandé de rechercher Marie-Jo. Ni pour savoir si son père l'a conduite à la gare de Villefranche.

— Oh !

— Non... Un instant, je vous prie.

L'air contrarié, Archi partit s'installer au piano. Ses doigts se mirent à caresser les touches, et Ravel ressuscita de ses notes.

— *Pavane pour une infante défunte*... Il faut que je vous parle de Margot Dupuis.

Mais en ouverture – tradition immuable –, Archi lui demanda la plus grande discrétion. Tout en jouant, il lui répéta ce qu'il avait dit à Xa. La liaison de Benoît et de Margot, la fuite à poil de cette dernière, le document qu'elle avait oublié, il ne lui cacha rien. Fernandez ne pipa mot. Ce ne fut qu'après qu'il eut déroulé sa théorie que le nerveux s'emballa.

— Purée de purée, ça tient la route, monsieur Sirauton ! Comme vous le dites, Mâcon est sur la route de Cluny, et Margot y habite. Elle me plaît bien votre hypothèse sur l'erreur de la personne.

Coda prématurée, désaccords, cacophonie, plaquages rageurs. Archi ferma le piano en soupirant de dépit.

— L'emmerdant est qu'elle ne vaut plus un kopeck.

— Hein ! Pourquoi ça ?

— Parce que huit semaines avant le meurtre de l'inconnue, Margot a été lourdée de son travail.

— Qu'est-ce que ça change ?

— Que – pour rester dans le scénar du pire – Tournon a dû s'assurer qu'il était à la bonne adresse. Logique, sa fille et lui voulaient intimider Margot sans intention de la tuer. Or il n'a pas pu voir son nom sur les boîtes aux lettres, elle avait rendu ses clés depuis longtemps.

— Pour aller en Savoie ?

— Non, Margot a dérobé un objet de valeur, et le volé savait où elle habitait. C'est pour lui échapper qu'elle a effacé sa trace.

— C'est quoi cet objet, monsieur Sirauton ?

— Je ne vais pas tarder à le savoir. J'ai l'intention de rendre une petite visite au présumé volé. S'il se trouve que j'ai raison, je vous appellerai cet après-midi... Ce sera alors à vous de jouer, Poussin n'est pas chargé de cette affaire.

Fernandez apprécia sa démarche. Plus que n'importe qui, il détestait Poussin. Le fin limier lourdingue lui en avait fait trop voir. Cependant, bien que partenaire inconditionnel d'Archi, il n'en restait pas moins gendarme. Et un gendarme respectueux de son serment.

— Pour l'instant, je suis sourd, monsieur Sirauton. Mais mardi je serai obligé de recouvrer l'ouïe. Je ne peux pas vous offrir plus de trois jours de surdité.

— C'est la règle, je la respecterai.

— D'ici là j'enquêterai en douce. Donnez-moi l'adresse de Margot à Mâcon. Je vais voir si une locataire manque à l'appel.

Archi lui tendit un papier sur lequel il l'avait notée.

— A supposer que Margot ait déménagé, elle a dû faire suivre son courrier. La Poste devrait me dire où.

— Ça m'étonnerait que ce soit en Savoie, monsieur Fernandez. Je parierai pour l'Italie.

— Que ficherait-elle en Italie ?

— Un nouveau départ dans la vie. Si Margot a vendu ce qu'elle a volé, elle a dû toucher gros. Puisqu'elle est tricarde chez nous, je l'imagine bien ouvrir un restaurant sur la côte Adriatique.

— Oui, il est vrai que Marie-Jo lui arracherait un bras si elle s'installait ici.

Le point était fait. Sinon se souhaiter bonne chance, ils n'avaient plus rien à se dire. Le nerveux s'apprêtait à prendre congé quand, telle Vénus sortant de sa conque, Xa surgit dans le salon en déshabillé froufroutant.

— Bonjour, mon Doudou... Ton piano m'a réveillée...

Et, prise au dépourvu, découvrit le pandore :

— Oh ! Vous êtes là, monsieur Fernandez ?

Non, il n'était plus là, il était dans les nuages, à mille pieds au-dessus de la stratosphère, sur la planète Gastéropode, bavant autant qu'un escargot.

— Ma... ma... mademoiselle Sifakis... Que... Quel *mouvmeillement* !

— Euh... A ce que je vois, vous étiez sur le point de partir.

— Je... Ja... Ben...

— Absolument, intervint Archi. D'ailleurs j'allais raccompagner notre ami jusqu'à sa voiture.

D'une volte du bras, en hôte bien élevé, il lui présenta la porte pour qu'il la passe le premier. Mais la mélodie du téléphone retarda leur départ. Bien obligé de répondre, Archi l'abandonna pour décrocher le combiné.

— Archibald Sirauton, bonjour... Comment allez-vous, monsieur Jarry ?... Non, vous ne me dérangez pas.

Faux, il en avait assez des simagrées du nerveux. Si les tapis du salon méritaient la décharge, ce n'était pas une raison pour leur baver dessus. Et, plus gênant encore, Xa commençait à ne plus savoir où se mettre.

— Non, monsieur Jarry, je ne suis au courant de rien... Quoi ?!... Quand ça ?... Vous me l'apprenez, c'est dramatique.

Il colla l'appareil sur sa poitrine pour informer Fernandez :

— Noémie Pillorget a été assassinée hier soir au château.

— Hein ? Et on ne m'a pas prévenu ? C'est... *scandalable* !

Puis il reprit la communication.

— Non, un aparté, je parlais à un ami... Et que se passe-t-il à présent ?... Ah, c'est déjà un bon point... Comment ?!... Redites-moi ça doucement, je ne le crois pas... Ce mec est marteau, il se trompe de bonhomme... Moui, si ça vous convient je peux venir aux alentours de midi... Je vous en prie... A tout à l'heure.

Sur ce, il raccrocha, mi-effondré, mi-rigolard.

— Une victime de plus, la folie des hommes m'écœure.

— Pourtant celle-là a l'air de t'amuser, mon Doudou.

— Je rigole parce que Poussin a placé Guéwen en garde à vue. Ce crétin le soupçonne d'avoir tué son beau-frère et sa belle-sœur.

— Il est malade.

— Gravement ! On voit ce que ça donne quand on ne boit que de l'eau.

— Pour quel motif l'a-t-il embastillé ?

— Le dilettante n'a pas d'alibi solide.

Xa, à son tour, esquissa un sourire.

— C'est dommage, surtout pour le premier crime.

— Ne le plaignons pas trop vite. Avec un peu de mémoire, il devrait s'en tirer.

De son côté, Fernandez fulmina contre un flic, toujours le même, unique objet de ses ressentiments.

— Le château est hors de mon territoire, il n'empêche que Poussin aurait pu m'appeler. J'aurais organisé une ronde pour contrôler les véhicules suspects.

— Vous le connaissez, il se croit infaillible.

— Si ce n'est qu'il se trompe peut-être de client. Le filleul, Maxime Aubert, il en fait quoi ?

— Un innocent... Maxime dînait chez sa mère à l'heure du crime.

— Et sait-on où il se trouvait quand Wilfrid Carle a été tué ?

— Idem, chez sa maman, Bordas me l'a dit hier. Nous gardons le contact sur cette affaire.

Hors champ des procédures, leur complicité contraria Fernandez. Mais si elle servait la cause, il ne put que s'en féliciter. Et puis, lui-même, ne malmenait-il pas le règlement ?

Il salua Xa en bégayant, remonta dans sa voiture et partit sous un ciel gris.

Quelques instants après, Archi prit la même route.

Négatif

Deuxième est un adjectif numéral *ordinal* – à ne pas confondre avec *ordinaire*. D'autant que ce deuxième acte ne le fut pas. Au théâtre, le deuxième acte a pour vocation de renforcer l'intrigue. Et celui-ci se conforma à la règle.

Après avoir quitté le manoir, Archi sortit des limites du village. Marcel habitait loin de Saint-Vincent-des-Vignes. En mesure locale : à vingt minutes de ses bornes. *Loin*, ici, il est bon de le répéter, se rapporte au temps d'un parcours. Sur les routes qu'Archi emprunta, cette conversion se justifia largement. De crêtes en vallons, de descentes en montées, les lacets qui menaient à Marcel se moquaient des moyennes. D'ailleurs, à cause d'un crachin impromptu, il mit huit minutes de plus pour atteindre son domaine.

Ce qu'il en vit d'abord, ce fut un vignoble en partie à l'abandon. Seul pour s'en occuper, incapable de payer des journaliers, Marcel n'en cultivait plus qu'un hectare. Dans les années 1960, les vignerons qui en cultivaient si peu avaient dû s'exiler au pays des usines. Hélas, ils furent nombreux à partir travailler à la chaîne. C'est ainsi qu'Eric Pillorget avait racheté leurs vignes. Sa fortune venait de là. Si ce n'est qu'il avait anticipé l'évolution du marché. La vente au visiteur du dimanche avait vécu. Visionnaire réaliste, Eric s'était imposé avec les méthodes de son temps, méthodes que les anciens avaient jugées impies.

Puis son regard se balada sur la maison. Par définition, puisque beaujolaise et ancienne, elle s'articulait sur deux niveaux. Le premier étant le chai, le second l'habitation. Jadis, la demeure avait dû être pimpante. Mais, toujours à cause de la dèche, Marcel ne pouvait plus l'entretenir. Enfreindre la loi coûte un bras. La facture du sucre avait été salée.

Personne ne sortit de la bâtisse pour l'accueillir. Archi n'avait pas de temps à perdre en formalités. Il grimpa les marches qui menaient à l'étage et sonna. Aussi sec, une femme qu'il devina être Clémence aboya de l'intérieur. Faute de pouvoir élever un chien, elle le remplaçait rageusement.

— Foutez le camp ! On a besoin de rien !

Si, se dit Archi, d'une leçon de politesse.

— Je vous prie d'ouvrir, madame Lavoisier, il faut que je voie votre mari, c'est important.

— A propos de quoi ?

— D'un vol.

— Qui êtes-vous ?

— Archibald Sirauton. Je pense qu'il a dû vous parler de moi, notre rencontre a marqué le début d'une belle amitié.

La porte s'ouvrit alors sur une mégère aux cheveux courts. Par manque d'argent pour aller chez le coiffeur, elle se les était coupés. Ni crème ni maquillage, ses rides le disputaient aux crevasses d'un désert. Archi tenta de la comparer à sa sœur. Mais à part leur nez retroussé, il se demanda si elles étaient bien de la même mère.

— Vous avez pas fait assez de dégâts comme ça ? Qu'est-ce que vous lui voulez à Marcel ?

— Lui poser une question, pas davantage.

— Vous avez juré qu'il ne vous reverrait plus.

— Pour une affaire réglée, je vous le promets. Aujourd'hui, c'est différent, je lui apporte des nouvelles de Margot.

Margot ! Ce fut le sésame qui débloqua l'entrée.

— Venez, on va dans la cuisine, mon mari répare le frigo. Cette vacherie de machine est tombée en panne. Une tuile de plus. Avec toutes celles qu'on accumule, on aurait de quoi refaire le toit.

Les pièces qu'ils traversèrent étaient à l'identique de la façade. Elles témoignaient d'une aisance disparue qui ne reviendrait jamais. Le papier mural décollé tenait avec du scotch, la peinture des plafonds s'écaillait, des plaids couvraient les trous des fauteuils. Grandeur et décadence, le vin s'était vengé.

La cuisine n'avait rien à envier au reste de la maison. Rafistolage et bricolage lui permettaient de se maintenir. Agenouillé derrière le frigo, Marcel triturait son moteur avec un tournevis.

— Qui c'était ? demanda-t-il à sa femme.

— Archibald Sirauton.

— Le salopard ?

— Ouais, et il est derrière toi si tu veux bien te retourner.

Affolé, Marcel fit volte-face. Clémence ne mentait pas, le salopard était chez lui, dans sa cuisine, en train de sourire comme un pervers. Réflexe des plus idiots, il pointa le tournevis sur sa poitrine.

— Qu'est-ce que vous foutez ici ?

— Lâchez cet outil, monsieur Lavoisier, je viens en ami.

— J'ai pas le souvenir qu'on soit copains.

— Il a des nouvelles de Margot, le rassura sa femme. Pose cet engin, t'es maladroit, tu vas blesser quelqu'un.

Une fois encore, le nom de Margot suffit à détendre l'atmosphère. Marcel se redressa, un peu plus amène mais toujours sur ses gardes.

— Sûr ? De Margot et rien d'autre ?

— Parole d'honneur, monsieur Lavoisier.

— Bon... Alors on s'assied pour causer.

En ne se quittant pas des yeux, ils prirent place autour d'une table en formica, prêts à tout se dire, à tout entendre.

— Elle devient quoi, Margot ? attaqua Marcel sans attendre.

— Une fugitive.

— Vous ne m'apprenez rien, je la cherche depuis deux mois, elle a déménagé du jour au lendemain.

— Et vous aurez du mal à la trouver, elle a dû se réfugier en Italie.

— En Italie ? s'étonna Clémence.

— Je dis l'Italie comme je dirais la Croatie. Quel que soit l'endroit où elle se planque, il me paraît indéniable que ce n'est pas en France. J'en veux pour preuve qu'elle a renoncé à s'installer à Saint-Vincent-des-Vignes.

Abandon d'un projet dont il censura le motif, motif a priori déclencheur de sa disparition. Les faits penchaient pour cette thèse. Cependant, Archi n'y croyait qu'à moitié. Il en avait une autre en tête, et pour peu que Marcel lui répondît franchement, il saurait si la sienne tenait mieux debout.

— Vous comprenez ce que signifie son départ, monsieur Lavoisier ?

— Qu'on ne la reverra jamais, je m'y attendais.

— Et pour cause : elle a vendu à prix d'or ce qu'elle vous a volé.

— Dites-moi que vous plaisantez, s'épouvanta Clémence. Ce truc ne valait pas tant que ça.

— Ai-je donné un chiffre ? Non, madame. Néanmoins, je peux vous assurer qu'il a dû être copieux. A vue de pif, de quoi s'acheter une place au soleil pour le restant de ses jours.

Terrassée, laminée, Clémence ne put émettre qu'un « Oh merde » en pensant à ce qu'elle avait perdu. Son mari, en revanche, demeura impassible, peu convaincu par le discours d'Archi.

— Ce sont des gognandises, monsieur Sirauton, vous ne savez même pas ce que m'a pris cette pétasse.

— Détrompez-vous, je le sais depuis peu... Secret de l'instruction.

— Admettons que ce soit vrai, Margot n'a pas pour autant empoché un million.

— Mais le tiers, oui... C'est à peu près ce qu'elle a dû encaisser.

Tout en divisant un million par trois, Marcel se décomposa. Non que le calcul fût dur, mais parce que la somme était coquette.

— Hein ?! Moi j'évaluais l'affaire à cent mille euros maxi.

— Petit jeu, monsieur Lavoisier, surtout en ce moment. Je présume que vous suivez les péripéties des Chais Pillorget ?

— On ne parle que de ça dans la presse, ces fumiers se battent pour en devenir président.

— Alors réfléchissez : à ce moment crucial, croyez-vous que la fille d'Eric a mégoté sur le prix de vos photos ? L'enjeu est énorme, monsieur Lavoisier. Pour la mauvaise raison qu'il est son amant, Déborah n'a pas eu envie qu'Aubert se fasse éjecter. Et puis le scandale aurait donné le pouvoir au parti adverse.

Quitte ou double ! En parlant des photos, Archi avait abattu ses cartes. S'était-il trompé de « marchandise » ? Il allait le savoir, Clémence se remuait sur sa chaise en malmenant un torchon.

— Trois cent mille euros plus les virgules... Ma sœur avait vu juste, ces photos valaient plus cher qu'on ne croyait.

Bingo ! Il avait tapé dans le mille ! La suite serait du gâteau.

— Vous ne l'avez pas crue ?

De rage, elle fit un nœud au torchon qui ne lui avait rien fait.

— Non, parce qu'elle s'appuyait sur ce que lui racontait notre frère. Vous connaissez l'oiseau, il dramatise tout, il faut en prendre et en jeter.

— Ah, parce que François lui rapportait ce qu'il entendait au château ?

— Oui, il ne supporte pas les disputes. François est très sensible, il l'appelait tous les jours pour qu'elle lui remonte le moral.

— Bon, oublions votre frère, concentrons-nous sur Margot. Quand vous dites qu'elle avait vu juste, ça se traduit par quoi ?

Marcel serra le bras de sa femme ; la réponse lui revenait.

— D'après Margot, dès que ça s'est gâté aux Chais, ce n'était plus à Déborah qu'il fallait... *vendre* ces photos. C'était à quelqu'un d'autre.

— Ne me dites pas à Maxime, il est loin d'être riche.

— Non, il n'a d'ailleurs jamais été question de lui.

— A qui, alors ?

— Ben, on ne le sait pas, elle l'a gardé pour elle.

A la manière dont Marcel avoua son ignorance, Archi comprit qu'il aurait aimé cracher le morceau. Pour se venger de Margot. Pour nuire aux Pillorget. Mais l'essentiel de l'affaire était clarifié. Il ne lui restait donc qu'à en éclaircir les détails. Exercice qui réclamait un langage de faux cul. Archi le maîtrisait. Des années passées au service de l'Etat en avaient fait un expert.

— Vous n'avez commis aucun délit, monsieur Lavoisier, on ne peut donc vous poursuivre. Tout ce que vous m'avez confié, ou tout ce que vous me confierez, échappe à la justice. Ce qui n'est pas le cas de votre belle-sœur. Le chantage est sévèrement condamné par la loi, elle peut ramasser gros. Sans oublier que sa « victime » devra s'expliquer devant un juge... Vous me comprenez à demi-mot ?

En guise d'accusé de réception, la caboche de Marcel opina de bas en haut. Que, du même coup, Margot et les Pillorget se fassent taper dessus était une vengeance dont il n'avait osé rêver.

— Oui, message reçu, terminons-en.

Comme l'avait prédit Archi, la suite ne fut que du gâteau.

— A l'origine, c'est bien Margot qui a eu l'idée de faire chanter Déborah ?

— Ça coule de source, monsieur Sirauton, je ne suivais pas la fille Pillorget à la trace. Quand Margot l'a reconnue à l'Auberge des Passées, elle m'a appelé tout de suite. Elle m'a dit que je tenais ma revanche et que ça rapporterait des sous.

— A partager, je suppose ?

— Moitié-moitié, chacun son rôle... Elle devait me prévenir quand le couple reviendrait, et moi je devais venir prendre des photos.

— Comment se fait-il qu'elle vous les ait volées ?

— C'est l'appareil qu'elle a volé.

— Vous ne pouviez pas retirer la carte ?

La réponse tomba, toujours sur fond de dèche :

— Non, parce que c'est un vieux bousin à pellicule.

— Où est le problème ?

— Le fric, monsieur Sirauton. Le développement coûte des pions, Margot nous a proposé de le prendre à ses frais. On lui a fait confiance.

Et ils ne l'avaient plus revue.

Positif

Comme annoncé, le troisième acte fut réactif. Sur la base d'un positif. Au décalage distinctif. Bref, il fut le prélude au dénouement. Mais pas celui auquel Archi s'attendait.

Tout corps plongé dans un liquide... Le carré de l'hypoténuse est égal...

Les choses les plus simples sont souvent difficiles à comprendre.

Logique, indices, preuves...

Le cerveau d'Archi obéissait à cette triade. Tel saint Thomas, il ne croyait qu'à ce qu'il voyait ou entendait. Le flair, très peu pour lui ! Il n'échafaudait une théorie que sur des éléments concrets, jamais sur son instinct. Et il les revérifiait jusqu'à ce qu'il soit sûr de leur fiabilité. Puis il passait à un niveau supérieur, de marche en marche, de degré en degré. Ce n'était qu'au bout de ce processus qu'il s'autorisait à désigner un coupable.

Dans cet esprit, en route vers le château, il recensait les éventuels pigeons que Margot avait pu délester. La somme qu'il avait annoncée aux Lavoisier était aléatoire.

Mais à plus ou moins cent mille euros, elle correspondait au prix de la tranquillité.

L'un après l'autre, il examina les candidats au chantage, en opposant le probable au contestable.

Déborah ne prit pas part à la compétition. Au dire des Lavoisier, Margot l'avait écartée du jeu. Ce qu'il voulut bien croire.

Alors qui, parmi ses proches, était capable de sortir tant d'argent de sa poche ?

Certainement pas Maxime, lui aussi dédouané par Marcel. D'ailleurs, à son âge, ses économies devaient se résumer à peu.

Quant à Jarry, dévoué à la cause, s'il gagnait bien sa vie, il ne roulait pas sur l'or. Et puis, à quelques mois de la retraite, il n'avait pas envie de gaspiller ses acquis.

Edmonde, peut-être ? Sa fortune personnelle s'évaluait en millions. L'heureuse femme n'en était pas à quelques euros près. Possible que son amour maternel l'ait poussée à protéger sa fille. Si ce n'est que ce scénario ne collait pas au personnage. Edmonde en aurait informé Jarry, et celui-ci, a priori, ignorait tout de cette histoire. Aujourd'hui encore, il considérait les amants comme frère et sœur. S'il avait su la vérité, le vieux matois n'aurait pas parlé d'eux avec autant de tendresse. En évoquant leur jeunesse, un tantinet nostalgique, une flamme avait brillé dans ses yeux. Archi se souvenait fort bien de sa lueur paternelle.

Wilfrid était riche. Très riche. Mais il n'avait pas versé un centime à Margot. Impossible ! Le seul fait d'apprendre qu'il était cocu lui aurait permis de virer Maxime sur-le-champ. *Manu militari*. CQFD. Fermez le ban !

Jacquemin et Noémie pareillement. Même si Jacquemin adorait sa petite sœur, sa femme ne lui aurait pas permis de se taire. A l'instar de l'esclandre qu'elle avait causé au cimetière, les murs en auraient tremblé. Tant pis pour toi, Wilfrid ! Dégage, Maxime ! Bon débarras ! A nous les Chais !

En fin de liste, il ne restait que Guéwen. Certes, il avait quelques sous de côté. Suffisamment pour avoir payé Margot. Mais pourquoi lui aurait-il cédé ? Pour épargner sa mère, cette question ! Le scandale l'aurait assommée. Or Edmonde était le seul être sur terre qu'il aimait après lui. D'où le soutien qu'il lui apportait, inconditionnel, sans discuter, sans chercher à comprendre.

Cette version présentait l'avantage de s'appuyer sur un principe solide. Et le désavantage d'oublier la démarche de Margot. N'avait-elle pas dit qu'il y avait mieux que Déborah à faire chanter ? Si ! Et Guéwen n'était pas ce mieux. Pour une raison basique : le dilettante ne briguait pas la présidence. François avait dû parler de son absence d'ambition à sa sœur. Par conséquent, puisqu'il se fichait de l'avenir des Chais, Margot avait dû le virer de son champ de tir.

En conclusion, qui soupçonner ?

Personne et tout le monde à la fois.

Logique, indices, preuves...

Archi n'en était qu'à la logique, et elle ne le faisait guère avancer. Pour progresser, il lui fallait des indices. Ou, mieux, des preuves pour mettre un nom sur le pigeon que Margot avait ponctionné. Or les preuves somnolaient dans les banques. Et il n'était plus juge pour les contraindre à lui ouvrir leurs guichets. Bordas, peut-être, les convaincrait de le renseigner. Mais ce serait compliqué. Dans ce pays laïque, le secret bancaire est sacré.

11 h 26, il avait de l'avance. Les tours du château apparurent dans le ciel gris. Le Range Rover traversa l'ultime kilomètre de vignes. A vitesse réduite, Archi pénétra dans la cour et stoppa devant le perron. Depuis la veille, deux gendarmes y traînaient pour surveiller les murs. Comme si l'assassin pouvait encore en surgir. Ah, stupides procédures ! Il était bienheureux de leur avoir échappé.

Dès qu'il entra dans le vestibule, François se précipita pour l'accueillir. Entorse exceptionnelle, il dédaigna le manuel du parfait maître d'hôtel en l'abordant, épouvanté, catastrophé.

— Ah, monsieur Sirauton, c'est abominable.

— Je sais, mon pauvre François, un crime est toujours dur à supporter.

— Oh, s'il n'y avait que ça ! Ces messieurs de la police se conduisent comme des Huns. Ils dérangent tout et ne rangent rien. Pour vous dire, ils ont vidé l'armoire à porcelaines sans mettre de gants. Une collection de pièces rares à manier doucement. J'ai bien cru qu'ils allaient tout casser.

— Que cherchaient-ils ?

— Un pistolet, le même qui a servi à tuer monsieur Carle. Enfin, grâce à Dieu, ils n'ont rien brisé. Et ils n'ont rien trouvé.

— Plus de peur que de mal, en somme ?

— Oui, mais c'est partout pareil, on doit refaire le ménage. Ça nous prendra des heures avant que Madame soit satisfaite.

— Courage, vous en viendrez à bout. Et allez-y *moderato* : madame Pillorget a d'autres priorités que de chasser le désordre.

Avec tout ce qui lui tombait dessus, François se rangea à ses vues. Rasséréné, il en retrouva les pages de son manuel, sa rigueur de garde suisse et ses accents protocolaires.

— Monsieur Jarry vous attend. Veuillez me suivre, je vous prie, je vais vous conduire à son bureau.

Comme à sa première visite, Archi observa l'architecture du château. Si ce n'est que cette fois il se concentra sur la répartition des pièces.

A gauche du vestibule, il les connaissait toutes. Dans l'ordre, s'y côtoyaient le fumoir, la bibliothèque, le salon et la salle à manger.

A droite, il n'avait vu que le bureau de Jarry. Néanmoins, il savait qu'il y en avait quatre. Celui d'Eric, le premier, puis ceux de sa secrétaire, de Jarry et de la secrétaire de ce dernier. Bien que chacun en eût une qui donnait sur le couloir, tous étaient reliés par des portes internes. Seule la troisième porte d'Eric s'ouvrait sur le vestibule – celle par laquelle il s'était éclipsé.

Au bout de ces deux ailes s'élevaient les tours. Aux étages, se trouvaient les appartements. On y accédait par des escaliers en colimaçon.

Les servitudes, quant à elles – cuisine, cellier, magasin à provisions –, se nichaient au sous-sol. Pour y parvenir, il fallait emprunter un petit escalier au centre du vestibule, situé entre l'entrée et l'arrière du château.

D'après cette disposition, tout en longueur, Archi chercha à comprendre comment l'assassin avait réussi à s'échapper.

Dès que Wilfrid s'était fait tuer, les témoins avaient accouru de partout. Le tueur n'avait donc pu s'enfuir dans les couloirs, Déborah, Noémie, Jacquemin et

François l'auraient vu. De même que le personnel l'aurait croisé dans les servitudes. En toute logique, toujours elle, il avait dû filer par le perron. Perron par lequel il était obligatoirement entré. Mais il y avait un mais : il pleuvait, ses semelles auraient laissé des traces sur le sol. Or la PTS n'en avait pas relevé.

Avec Noémie, l'énigme devenait plus compliquée. Pour disparaître, l'assassin n'avait eu qu'une option : courir dans le couloir pour gagner le perron. Là encore, Jacquemin et François l'auraient aperçu. Et René, remonté en hâte de la cuisine, serait tombé sur lui dans le vestibule. Persuadé qu'il s'y cachait, Jacquemin s'était rendu dans les étages. Personne, excepté Déborah qu'il avait réveillée en fanfare. François, pendant ce temps, avait fouillé les bureaux. En pure perte, le tueur s'était envolé par un tour de magie. Il y avait bien les fenêtres, mais toutes étaient fermées de l'intérieur, solidement bloquées par des espagnolettes.

Alors, de quel côté était-il passé ?

Archi y songerait plus tard, François l'annonçait à Jarry.

— Monsieur Sirauton est arrivé.

— Très bien, François, qu'il entre.

Même cérémonial, même décor, mêmes remerciements.

— Merci, monsieur Sirauton, d'être venu si vite.

— C'est naturel, monsieur Jarry, entre viticulteurs il faut bien s'aider. D'ailleurs ce qui se passe aux Chais est une catastrophe pour tous. L'image de la région n'en ressortira pas grandie.

— A qui le dites-vous ! Plusieurs restaurateurs ont bloqué leurs commandes. A les en croire, proposer un vin signé Pillorget ferait rire leurs clients.

— Eh oui, notre métier est double. Il faut savoir faire du bon vin et vendre le rêve qui l'accompagne. L'un ne va pas sans l'autre.

— C'est pour cela que j'ai à nouveau besoin de vos conseils.

— Sur l'arrestation de Guéwen ?

— Que voulez-vous que ce soit ?

Pour mieux en parler, ils commencèrent par s'asseoir. Curiosité de la nature, la tête est plus réceptive quand les fesses sont au repos.

— Guéwen n'a pas eu le temps de comprendre ce qu'il lui arrivait. Poussin l'a placé en garde en vue au saut du lit.

— Stupidité, Poussin gaspille l'argent du redevable.

— Guéwen s'en sortira, mais il a besoin d'un bon avocat. Dans l'urgence, je lui en ai dépêché un des Chais, maître Viacard. J'ose à peine vous dire le résultat : maître Viacard s'est contenté de s'assurer qu'on lui avait notifié ses droits, puis il est parti plaider une autre affaire.

— Lamentable... Viacard est un fiscaliste, c'est un pénaliste qu'il lui faut.

— Evidemment, mais je n'en connais aucun. Ce n'est pas souvent que je suis confronté au crime.

— Deux fois quand même en trois jours, ce qui commence à faire beaucoup.

— Surtout pour un innocent. Guéwen n'a tué personne.

— Je vais vous diriger vers une vieille connaissance, maître Liebert. C'est un pugnace, il m'a donné du fil à retordre quand j'étais juge.

Sitôt dit, Archi prit de quoi noter ses coordonnées. Cependant qu'il écrivait, la sonnerie d'un mobile retentit dans le bureau. Curieusement, elle venait des étagères.

Jarry se leva pour décrocher, hésita, regarda l'écran de l'appareil, et le laissa sonner.

— Le service commercial... Je préfère laisser tomber, ils vont encore m'annoncer une mauvaise nouvelle.

— Ils vous l'enverront par SMS.

— C'est immanquable, je sais que je recule pour mieux sauter.

— A vous de voir, je ne peux pas vous conseiller là-dessus... Bon, tenez, c'est le numéro perso de Liebert. N'attendez pas pour l'appeler, le droit lui permet d'assister à l'interrogatoire. Ce serait bien qu'il voie Guéwen avant ce soir. L'épreuve est épuisante, il risque de craquer.

Jarry prit le papier, le remercia, puis lui demanda de l'éclairer sur le fonctionnement d'une garde à vue. Question normale, il n'avait jamais eu affaire à la machine judiciaire. Il y avait peu à en dire, Archi en eut vite terminé. De ce qu'il énuméra, Jarry ne retint que le pire.

— Quarante-huit heures ! Poussin peut prolonger sa garde à vue de vingt-quatre heures !... Guéwen ne pourra pas le supporter.

— Pour un crime passible de plus d'un an de prison – et nous sommes dans ce schéma –, la loi le permet, monsieur Jarry. C'est pour cela que j'insiste : contactez maître Liebert au plus tôt.

Certes, Guéwen pouvait se disculper aisément, mais en avait-il envie ? Ou le courage ? Avouer qu'au soir de l'enterrement de son père il pratiquait le câlin de groupe au Sixty Nine n'avait rien de glorieux. Tant qu'on ne l'inculperait pas, Archi se promit de garder le silence. S'il voulait s'en sortir rapidement, c'était au dilettante de faire son mea culpa.

Cependant qu'il réfléchissait à son cas, Jarry s'était levé, nerveux, sombre, attristé.

— Je vais vous confier un secret, monsieur Sirauton : je suis veuf depuis trente-cinq ans. J'ai perdu ma femme en couches avec notre bébé.

— Ah... J'en suis navré.

— Oh, j'ai eu le temps de faire mon deuil.

— Je le souhaite pour vous. Et vous ne vous êtes jamais remarié ?

— Non, parce que la famille d'Eric est devenue ma famille. Je l'ai toujours protégée, et de voir comment ses enfants ont grandi me ravage le mental. Je vous ai dit ce que j'en pensais. Guéwen est un guignol, mais je ne peux pas admettre qu'on le traite d'assassin.

— Il ne l'est pas, j'en ai l'intime conviction.

— Merci de le croire, monsieur Sirauton.

Par succession d'idées, son jugement permit à Archi d'explorer une nouvelle piste.

— Je suis convaincu que la police le relâchera. En revanche, une certaine presse ne s'arrêtera pas en si bon chemin. Attendez-vous à ce qu'elle vous tanne.

— Vous croyez ?

— Parole d'ex-juge, j'en ai vu d'autres. Pour vendre du papier, les charognards fouilleront vos poubelles et vos vies. J'espère que vous n'avez pas de comptes à l'étranger. C'est à la mode, c'est ce qu'ils chercheront en premier.

— Alors là, ils peuvent se gratter. Que ce soit pour les Chais ou pour la famille, aucun centime n'est sorti du pays.

Affaire réglée, Margot n'avait pas été payée sur un compte en Suisse. Toutefois, Jarry tint à prouver sa bonne foi. Il se dirigea vers les étagères et en retira un dossier bleu, l'un de ceux où il classait les dépenses d'Eric.

— S'il vous plaît, monsieur Sirauton, pouvez-vous venir une seconde ? Il faut que je vous montre ça.

Puisqu'il le lui demandait poliment, Archi le rejoignit.

— Au hasard, regardez, année 1988 : toutes les factures d'Eric sont annotées de sa main. Pour chacune il justifiait sa destination. Ici : 120 F, « *Fleurs pour l'anniversaire d'Edmonde* ». Là : 92 F, « *Cravate pour mon costume gris* ». Je vous l'ai déjà dit, ce bureau est la mémoire des Pillorget. Et des Chais, ça va de soi. Les charognards peuvent venir, j'ai de quoi leur répondre.

Archi l'en félicita. Puis il se retourna et regagna sa chaise. Mais pas immédiatement. C'était la première fois qu'il passait du côté de ce bureau, et ce qu'il remarqua l'arrêta net. Quatre cadres trônaient sur la table de travail de Jarry. Il les avait toujours vus de dos, jamais de face. Et là, il découvrit ce que les photographes appellent des positifs : des photos en couleurs, parfaitement distinctes.

— C'est Eric à côté de vous ? demanda-t-il en en désignant une.

— Oui, à la pêche, Eric adorait pêcher. Moi de même, nous partagions cette passion.

— Je vois ça, sacrées prises.

— Exceptionnelles ! Des brochets de dix livres ça ne s'oublie pas.

— Il y a même Maxime si je ne m'abuse.

— Exact, on a du mal à le reconnaître sous son bob.

— Où était-ce ?

— Dans l'Ain, près de la Dombes.

Alors, peu à peu, Archi plissa les yeux, abasourdi, interdit, stupéfait...

Logique, indices, preuves...

Au diable la logique ! Au diable les indices ! Il avait devant lui les preuves qu'il cherchait...

Pas de précipitation, Jarry ne devait se douter de rien. Il se redressa, le salua, et lui recommanda à nouveau de contacter maître Liebert.

Pressé d'en découdre, il quitta le château sans attendre François. Une chose après l'autre, il lui téléphonerait. Il y avait de fortes chances pour que le benêt lui rende un grand service.

Mais il dut ralentir dans la cour. Le père Goma venait d'y débarquer et s'avançait vers lui.

— Mon cher Archibald, quelle heureuse surprise.

Comment l'aborder ? Bah, après tout, puisque le problème des convenances était résolu, il l'appela par son prénom.

— Partagé, Hippolyte. Quel bon vent vous amène ?

— On ne peut pas dire qu'il soit bon, je viens réconforter la famille Pillorget. Que de drames, n'est-ce pas ?

— Oui, je sors du bureau de Jarry, il en a gros sur le cœur.

— Je l'imagine. Enfin, espérons que l'assassin ne frappera pas une troisième fois.

— Aucun risque, il n'y aura pas d'autres victimes.

Goma fronça les sourcils, plus incrédule que sceptique.

— Vous me semblez bien sûr de vous.

— Je suis même catégorique.

— Ne me dites pas que vous savez qui c'est ?

— Non, pour cela il faudrait que je visite le château de fond en comble. La solution est entre ses murs. Je vais vous surprendre, Hippolyte : le tueur ne les a jamais quittés. Les policiers l'avaient sous leur nez et ils ne l'ont pas vu.

Sur ce, ils se séparèrent en se promettant de se revoir très vite.

Archi fonça dans le vignoble.

Et Goma se dit qu'il pouvait l'aider à éclairer ce mystère.

Sépulture

Tirbouchon ne se tenait plus de joie. Son maître était venu le chercher pour une nouvelle aventure. Il ne lui avait pas dit laquelle, mais il savait de quoi il s'agissait. Elle consisterait à traquer le mensonge – et même des chats s'il s'en présentait. Pourquoi se priver d'un petit plaisir ? En plus d'être perspicace, ce chien était pragmatique.

Archi était passé en coup de vent au manoir. Le temps d'avaler un sandwich, d'expliquer à Xa ce qu'il allait faire – depuis leur mise au point, il faisait attention à ne plus la froisser –, et il était reparti ventre à terre.

Les trois quarts du chemin étaient maintenant derrière eux.

Au volant de son pick-up, comme s'il s'adressait à un soldat, Archi donna ses consignes à Tirbouchon.

— Ecoute-moi bien, chien futé. Ta mission consistera à renifler, à dépister, à me signaler ce qui te semblera louche.

Ses épaules se soulevèrent.

— Bah, va savoir pourquoi je te parle. Je serais étonné que tu me comprennes.

Tirbouchon grogna en *ut* majeur. En langage canin, ce grognement était de l'ironie. Si Archi avait su qu'il comprenait ce qu'il disait, ce n'est pas étonné qu'il eût été, c'est ébloui.

La neige avait fondu, le paysage était dégagé. Le Range Rover traversa la Dombes sans l'aide du Hobbit. Une fois avait suffi, Archi connaissait le chemin, il ne répéterait pas la même erreur.

Il évita le raccourci qui menait chez Bourdalin. A la place, il fila vers le village le plus proche. C'était un gros bourg équipé de manière réglementaire. Il ne lui manquait rien pour avoir droit au titre de commune : mairie, église, école et monument aux morts. Il s'enorgueillissait même d'un centre-ville. Ou plutôt d'une rue principale bordée d'un boulanger, d'une boucherie-charcuterie et d'un marchand de journaux. Mais surtout d'une supérette où Archi vit entrer une silhouette connue.

— Regarde, Tirbouchon, c'est Bourdalin. La chance est avec nous, il fait ses courses. Notre bonhomme ne rentrera pas chez lui avant une demi-heure. Tant mieux ! Ça nous laisse de la marge pour opérer à l'aise.

Grognement en *ré* mineur, à savoir approbateur.

Détendu, certain qu'il n'aurait pas à ruser comme il s'y était préparé, Archi se dirigea alors vers l'étang du bourru. Au ralenti, à cause du verglas.

Le pick-up mit sept minutes pour l'atteindre. A vélo, Bourdalin en mettrait trois fois plus.

Par tactique, Archi se gara dans des buissons. Le tigre solitaire n'y verrait pas sa voiture. Dans ce coup de force, l'effet de surprise devait être total. Il était primordial que Bourdalin ne se méfie pas. Ni qu'il ait le temps de réfléchir. Comme sur un ring, Archi avait prévu de le mettre K-O dès le début du combat.

Sitôt lâché, Tirbouchon partit en flèche vers la maison en pisé.

— Ne t'éparpille pas ! Fouille là où ton flair te conduit !

Grognement en *fa* majeur : mais pour qui le prenait son maître ? Bien sûr qu'il allait se concentrer sans se laisser distraire ! D'ailleurs, courait-il sus aux canards qui barbotaient ? Non ! Alors qu'il fasse son boulot sans s'occuper du sien.

Archi le suivit de près en courant. Il s'arrêta devant la maison. Devait-il forcer la porte ? Bof, à quoi servirait-il de la démolir ? Ce qu'il cherchait à l'intérieur n'avait pas bougé d'un centimètre. Et ne bougerait jamais. Trouver des preuves complémentaires serait plus efficace. Or il savait où les dénicher.

D'un pas décidé, il fonça vers la remise. Un cadenas en interdisait l'accès. Pour un béotien son ouverture aurait posé problème. Mais pour un ancien pensionnaire c'était un jeu d'enfant. Il y avait si peu de distraction au pensionnat qu'on s'y livrait à des concours stupides. Dont celui du crochetage de cadenas. Archi avait prémédité son coup. Il sortit un canif de sa pochc, tritura la serrure et, dix secondes après, pénétra dans le cabanon.

Premier coup d'œil. Les cannes à pêche l'avaient quelque peu intrigué. Archi les examina en priorité. Les moulinets étaient neufs, les épuisettes itou. Quel que fût le matériel, il provenait de fabricants réputés. En termes mercantiles, il y en avait pour des centaines d'euros.

Second coup d'œil. Il souleva la bâche qui couvrait la Dodoche. Bordas l'avait justement datée, c'était une pièce de musée de première génération. Il ouvrit la portière, scanna l'habitacle, considéra sa vétusté et sa dégradation. Puis il souleva le capot, inspecta le moteur, les pièces principales et, sa religion faite, referma le tout.

Au même instant, Tirbouchon aboya. En mineur, en majeur, ses ouah-ouah furent dissonants. Archi connaissait son registre musical, ce chant-là annonçait de l'insolite.

Il sortit de la remise et le vit tourner autour du rosier en plastique. Sa ronde était nerveuse, ses sauts désordonnés. A ne pas en douter, il avait mis la patte sur de la dynamite.

En quelques bonds, Archi traversa le potager.

— Qu'as-tu trouvé, mon chien ?

Plus que jamais, Tirbouchon en voulut à la nature de l'avoir privé de la parole. Alors il fit ce qu'elle lui permettait de faire pour communiquer : il gratta furieusement le sol.

— OK, j'ai compris, je vais chercher de quoi creuser.

Il repartit vers la remise et en revint avec une pioche et une pelle. Pas en reste, Tirbouchon l'aida à retourner la terre. Non sans difficulté, le gel l'avait durcie.

Cinquante centimètres, rien à signaler.

Tirbouchon persista, ils étaient proches de ce qu'il avait reniflé.

Archi s'en remit à son flair et creusa plus profond.

Quatre-vingts centimètres, toujours rien.

Tirbouchon s'obstina. Archi continua à piocher.

Quatre-vingt-dix centimètres...

Bientôt un mètre...

— Oh, bon loup ! Qu'est-ce que c'est que ce machin ? On dirait un sac.

Grognement en *do* majeur, de victoire, mais de victoire amère. Tirbouchon savait ce qu'ils avaient trouvé.

Le trou était peu large. Le bout de toile qu'ils avaient dégagé n'était pas plus grand qu'une taie d'oreiller. Archi prit son canif, planta sa lame dans le tissu, le découpa d'un coup sec.

— Merde ! Ça, je ne l'avais pas prévu au programme.

Ce qu'il n'avait pas envisagé, c'était que le visage d'un mort dépasserait de l'échancrure. Pourtant la logique, encore elle, lui dit qu'il aurait dû s'y attendre.

Il jeta un œil à sa montre.

— On s'arrête là, mon chien, on ne peut plus rien pour ce pauvre homme. Et puis Bourdalin ne va plus tarder à rappliquer. Allez, viens, on va se planquer derrière ces arbres, il devrait arriver dans cinq minutes au plus.

Son estimation était optimiste. Lent, lourd, handicapé, Bourdalin mit deux fois plus de temps pour revenir chez lui.

Epuisé, il descendit de vélo bien avant de regagner sa maison. Il s'arrêta même à plusieurs reprises pour reprendre son souffle. Peu pressé, certain de le coincer, Archi attendit qu'il fût devant sa porte pour surgir.

— Noémie a été tuée hier soir, monsieur Bourdalin.

Le bourru tressaillit. Poings en avant, il évalua la carrure d'Archi, les crocs de Tirbouchon, et comprit qu'il n'aurait pas le dessus.

— Qu'c'est c't'histoire ?

— Un assassinat, le second après celui de Wilfrid.

— Connais pas ces gens, filez d'ici !

— Guéwen est en garde en vue, Poussin le soupçonne d'être le tueur. La peine encourue pour ces crimes est de trente ans de prison.

Le vieux tigre chancela.

— Hélas, tout l'accuse, Poussin aura sa peau. Guéwen finira ses jours en taule.

Pas de réaction, sauf un grattage de barbe. Archi reprit :

— Mon chien a aussi trouvé un cadavre dans votre potager.

— Faut pas qu'il y touche, c'est une sépulture.

— Peu importe. On fait quoi ? Vous avez le choix : soit j'appelle la police pour qu'elle vienne vous chercher, soit vous venez avec moi à Lyon, librement, de plein gré.

Une pause. Il conclut sobrement :

— A l'heure actuelle, un innocent paye très cher votre silence. Je crois qu'il est temps que vous deveniez raisonnable.

K-O technique, le bourru jeta l'éponge.

— Oui... Vous avez raison... Je vous suis.

Archi lui fit confiance. Il savait qu'il ne s'enfuirait pas.

Passage

Goma avait été frappé par l'assurance d'Archi. Alors, puisque personne ne lui avait confessé avoir commis deux crimes, il s'était mis à enquêter pour lui.

Enquête rondement menée, elle avait été facile.

Dommage pour le criminel qu'il aurait dû absoudre. Et duquel il aurait dû garder les fautes, aussi odieuses fussent-elles.

Tant pis pour le coupable, Archi le confondrait, il l'avait vu à l'œuvre.

Toutefois, il regrettait de ne pas avoir reçu sa confession. Elle l'aurait changé de la routine. Il en avait assez d'entendre toujours les mêmes péchés. Gourmandise, envie, jalousie, coup de colère cimentaient son quotidien. Depuis qu'il était dans la région, à part un chapardage de bonbons, un adultère banal et les rêves érotiques d'une rombière qui s'en voulait d'en faire, il n'en absolvait pas d'autres.

Goma était pressé. On l'attendait au lycée Sainte-Marie-des-Anges. Il avait promis d'y être avant 15 heures. Les élèves de la classe de première y donneraient une représentation. Par tradition, chaque année, la nouvelle fournée devait jouer une pièce du répertoire. Aujourd'hui, ce serait *Phèdre*. Mille six cent quarante-cinq vers à avaler avant que Thésée reconnaisse ses erreurs. A quinze vers par minute, il patienterait deux heures avant d'applaudir les acteurs. Et leur dire qu'il avait passé un délicieux moment. Pourtant, Goma n'était pas jésuite.

Sa visite au château et sa petite enquête lui avaient pris du temps. Il ne lui en restait que peu pour faire un crochet au manoir.

Raison pour laquelle, quand il se gara dans la cour, il ne quitta plus des yeux les aiguilles de sa montre.

Accourue la première sur le perron, Bougonne l'accueillit avec joie.

— Bonjour, monsieur le curé, vous tombez bien, je viens de faire un quatre-quarts.

— Une autre fois, Bougonne, je ne suis que de passage.

— Oh... Ben tant pis, on le mangera sans vous en priant pour les Pygmées.

— Archibald est-il là ?

— Non, il est parti à fond de train. Il n'a même pas goûté à mon risotto. C'est dire s'il avait le feu aux... Enfin, qu'il avait à faire d'urgence.

Un peu déçu, Goma lui remit une enveloppe.

— Tenez, je lui ai apporté ceci, je crois que ça l'intéressera.

— Je peux savoir ce que c'est ?

— Tt-tt... Confidentiel. A n'ouvrir que par le destinataire.

Bougonne fit la tête, sa curiosité devrait attendre le retour d'Archi. Et elle détestait attendre.

— Confidentiel aussi : je suis allé bénir la tombe de votre grand-mère. A l'heure qu'il est, elle doit chanter au paradis.

— Mm... Merci pour elle, je saurai m'en souvenir.

Pour la dixième fois, Goma regarda sa montre. Il ne pouvait s'éterniser plus longtemps. Pourtant il dut attendre encore un peu, Xa venait de se joindre à eux.

— Bonjour, mon père, c'est gentil de nous rendre visite.

— Hélas, ma chère Xavière, je ne suis que de passage, on m'attend.

— Et pourquoi êtes-vous venu si vous êtes si pressé ?

— Pour ça, fit Bougonne en lui tendant l'enveloppe. Monsieur le curé l'a apportée pour Archi.

— Ah... Que contient-elle ? Il me téléphone plusieurs fois par jour, je pourrai l'en informer si c'est prioritaire.

— Motus et bouche cousue, à lui de découvrir ces documents. De toute manière il ne pourrait rien en tirer sans les avoir vus.

A son tour, Xa grimaça de dépit. Autant que Bougonne, elle détestait attendre.

— Bon, sur ce, je vous quitte, je n'ai pas le droit d'être en retard. Le rideau se lève à 15 heures et j'ai du chemin devant moi.

— Vous allez au théâtre ?

— Oui, Xavière, voir *Phèdre*.

— Une pièce merveilleuse. J'ai eu mon premier prix en la jouant.

— De vous à moi, je préfère Feydeau à l'illustre Racine.

— Vous n'avez pas honte ?

— Non ! Avec tous les drames que je vois, j'ai plutôt besoin de rire.

— Et qu'aimez-vous de Feydeau en particulier ?

— Puisque je suis de passage : *La main passe...* A très bientôt, mesdames.

Il s'en alla en souriant. Résisteraient-elles à la tentation ?

Les deux femmes se le demandèrent en regardant l'enveloppe.

Aveux

Au 40 de la rue Marius-Berliet (1866-1949), c'était l'effervescence. Les huiles – d'olive, de tournesol, de colza – étaient venues en force. Il y en avait de tous les services, de toutes les administrations, bien décidées à ne pas louper un dénouement de cette ampleur. Même un jour de congé bien mérité. Ce dénouement était exceptionnel. Dans cinq cents ans on en parlerait encore.

L'objet de leur curiosité patientait sur une chaise. Barbu, hirsute, plus Sasquatch qu'Homo sapiens, il semblait indifférent à l'intérêt qu'on lui portait. Dans un bocal étroit, les hauts fonctionnaires qui l'observaient se marchaient sur les pieds. Entre eux et lui s'élevait une glace sans tain. L'homme savait qu'ils le regardaient comme une bête curieuse. Et eux savaient qu'il savait qu'ils le regardaient. Ce clivage était semblable à celui d'un théâtre : un acteur dans la lumière et un public dans l'ombre.

Soudain, un murmure parcourut le bocal. L'acteur chargé de lui donner la réplique venait de s'asseoir face à lui. On se tut. On écouta. On dégusta.

— Nous nous sommes déjà rencontrés, je vous rappelle toutefois qui je suis : commissaire Poussin, responsable de cette enquête.

Le Sasquatch opina de la tête sans même grogner un « Mm ».

— Commençons par le cadavre trouvé dans votre potager. Qui est-ce ?

Dans le bocal, une voix s'éleva contre cette priorité. Celle d'Archi, stupéfait que Poussin ne prenne pas les choses à leur base.

— Il y a mieux à demander.

Près de lui, un homme élégant, de belle prestance, du genre que plus rien ne surprend, l'approuva en ricanant.

— C'est bien pour cela que j'adore Poussin, susurra-t-il. Ses interrogatoires sont du pain bénit pour un avocat.

Cet homme était maître Liebert, le pugnace qu'Archi avait recommandé à Jarry.

Ils n'en dirent pas plus long. De l'autre côté de la glace, d'un geste autoritaire, le Sasquatch avait levé la main.

— Stop, commissaire, je ne répondrai à aucune de vos questions.

— Mouais... C'est votre droit.

— Mais je vais tout vous raconter à condition que vous ne m'interrompiez pas.

Faute de mieux, le fin limier lourdingue lui donna son accord.

— Entendu, je m'y engage.

— Alors prenez des notes, enregistrez, filmez, faites ce que vous avez à faire, je vous préviens que je ne me répéterai pas. Ceci est valable pour les curieux qui m'écoutent derrière cette glace.

Il salua les gens compressés dans le bocal, se cala sur sa chaise et entama son récit :

— J'ai eu le coup de foudre pour cet étang. Pour la petite histoire, je l'ai découvert en me trompant de chemin. J'y ai rencontré Bourdalin. C'était un ours solitaire. Il ne voyait plus personne et il ne voulait plus en voir. Allez savoir pourquoi ? Le fait est que nous avons sympathisé. Je pense que c'est parce qu'il avait besoin de parler. Quand il le voulait, il savait très bien parler. Bourdalin était malade, les médecins ne lui donnaient plus longtemps à vivre. Il s'est confié à moi – pas tout de suite, à notre deuxième rencontre. Sa dernière volonté était qu'on l'enterre au bord de son étang. Il refusait qu'on le mette dans un cimetière à côté de gens qui l'avaient détesté.

Il fit un break puis enchaîna :

— Moi, j'en avais ma claque des requins, des jaloux, des affairistes. Et aussi de ma femme, une grande bourgeoise qui passait son temps à me rappeler d'où je venais. Je me suis fait tout seul, je n'ai rien de commun avec les clowns de son milieu. Quant à mes enfants, je ne pouvais plus les supporter. Ce sont des monstres d'égoïsme, des ratés, des irrécupérables, des gâtés-pourris de l'intérieur... Oh oui, je vous jure que j'en avais marre... Je voulais changer de vie... Pour mon dernier quart de vie... Je voulais qu'on me foute la paix... C'est ce que j'ai dit à Bourdalin... Il m'a compris.

Il ferma les yeux, les rouvrit.

— Nous nous ressemblions, de cœur et physiquement. Notre ressemblance a été le déclic. Nous avons signé un pacte – moral, bien sûr. A sa mort, j'entrerais dans sa peau. En échange de quoi je lui épargnerais le cimetière... C'est lui que vous avez trouvé dans le potager. Je l'ai enterré de mes propres mains comme je l'avais promis.

Le regard dans le vague, il sembla revoir la scène. Fidèle à sa parole, Poussin respecta son silence.

— Peu avant sa mort, il m'a contacté. Il savait que c'était la fin. Il n'en avait plus que pour quelques jours. Alors nous avons mis au point mon départ – ou ma fuite, appelez ça comme bon vous chante. Pour cela, nous avons choisi un jour de pluie, plus propice à la réussite de notre plan. Au jour dit, Bourdalin est venu me chercher en voiture. Il l'a garée à deux kilomètres du château, j'ai jeté ma cravate pour lui signaler que j'arrivais, et on s'est éclipsés par la petite porte du parc.

Il se racla la gorge, inspira profondément, puis reprit :

— C'est ainsi que j'ai rejoint le paradis sur terre : cet étang que j'adorais. Je suis fou de pêche, j'en avais pour un siècle à m'éclater enfin. Bourdalin a rendu l'âme une semaine après. Je vous épargne le récit de ses derniers instants. Il a souffert comme une bête. La suite serait drôle si elle n'était humainement tragique. Plus personne ne faisait attention à Bourdalin, c'est pourquoi personne n'a fait attention à moi. C'était aussi pratique. Pour tout le monde j'étais lui. Par précaution, je me suis laissé pousser la barbe et la moustache, mais j'aurais pu l'éviter. C'est à peine si un chien me disait bonjour.

Il se redressa, plus agressif.

— Si le marginal est mort dans sa cabane, c'est parce que la société l'avait rejeté. Moi, je lui ai permis de se poser quelque part sans qu'on l'en chasse. Comment s'appelait-il ? Il ne m'a dit que son prénom : Alphonse, comme si son nom ne valait plus rien. Quand Alphonse est mort, j'ai eu l'idée du codicille. J'avais lu les nouvelles dans le journal, je savais que les Chais étaient en danger.

C'est ainsi que je l'ai fait passer pour moi. Le subterfuge a marché, la preuve en est que Jarry ne m'a pas reconnu.

Et tout à coup il devint grave :

— La mort d'Alphonse est un accident, je n'y suis pour rien, je n'ai pas pu le sauver. En revanche, c'est moi qui ai tué Wilfrid et Noémie. Je ne pouvais pas laisser ces pieuvres s'emparer de mon œuvre. Ils en auraient fait n'importe quoi... Voilà tout, commissaire, j'en ai terminé.

Suffoqué, Poussin trouva quand même la force de le prévenir :

— Vous mesurez ce que vos aveux signifient, monsieur Pillorget ?

— Parfaitement, et je ne parlerai plus qu'en présence de mon avocat. Vous pouvez me reconduire en cellule.

Sur ces paroles, Eric, en grand seigneur, se leva et tendit ses poignets.

Dans le bocal, la stupeur avait fait place à l'émotion. Pillorget, un assassin ! On avait du mal à réaliser ce qu'on venait d'entendre. Que deviendrait son duché ? Qu'adviendrait-il de ses employés ? Plus qu'un scandale, c'était une catastrophe sociale, humaine, économique. Toute la région en pâtirait.

Dubitatif, Archi sortit le premier, aussitôt rejoint par maître Liebert.

— Quel coup de théâtre, n'est-ce pas ?

— Vous y croyez, mon cher maître ?

— Pas de précipitation, je veux d'abord réfléchir. Sinon je vous remercie de m'avoir recommandé à Jarry. Belle, grande et passionnante affaire.

— Si ce n'est qu'au lieu de défendre Guéwen, c'est du père que vous allez vous charger. Après tout, ça reste dans la famille.

Liebert pencha la tête, le regard pétillant de malice.

— Je peux vous poser une question, monsieur Sirauton ?

— Allez-y, je verrai si je peux y répondre.

— Comment avez-vous fait pour reconnaître Eric ?

Archi l'avait déjà dit aux flics, mais rien ne l'empêchait de le répéter.

— En ouvrant les yeux sur son nez.

— C'est-à-dire ?

— Sur les affiches qui annonçaient ses combats, le portrait de Bourdalin s'étale en grand, en large et de profil. Il avait le nez cassé, en chou-fleur, presque négroïde. C'est dans le bureau de Jarry que j'ai compris que le Bourdalin que j'avais vu dans la Dombes, ou plutôt entrevu parce qu'il s'arrangeait pour me tourner le dos, n'était pas Bourdalin.

— Quel a été le déclic ?

— Des photos d'Eric à une partie de pêche. En les examinant de près, j'ai remarqué qu'il avait le nez aquilin. Or, sous scs moustaches, je me suis souvenu que le Bourdalin que je connaissais avait apparemment le même. Chez un boxeur de haut niveau, ça m'a subitement paru impossible.

Liebert s'inclina, épaté par la mécanique de ses méninges.

— Oui, ça semble simple quand on connaît la solution.

— Pour être franc, la forme de ses narines ne m'a pas frappé pour le moment, plus occupé que j'étais à écouter ce qu'il racontait à Jarry. A ma décharge, si Eric ne s'était pas laissé pousser la moustache, s'il ne m'avait pas mis à la porte et s'il m'avait regardé de face plus longtemps, j'aurais trouvé la solution tout de suite... Mais on ne refait pas l'histoire.

Bruits de pas précipités, on courait dans le couloir. Bordas passa en trombe près d'Archi.

— Que se passe-t-il, capitaine ? Où allez-vous à si grand train ?

Le géant pila :

— Au château. Poussin m'a ordonné de lui ramener tout le clan Pillorget, Jarry et Aubert compris. Le but est de les confronter avec le patriarche.

— Pourquoi ?

— Pour en finir avant que les médias ne s'en mêlent. Le préfet, le procureur et les grands chefs veulent que l'affaire soit bouclée avant demain matin.

— Eh bien, mes vœux vous accompagnent, vous allez y passer la nuit.

Liebert posa sa mallette.

— Moi aussi, j'en ai bien peur. Ce sont mes clients, je suis forcé de rester.

Plans

Une fois n'est pas coutume. Harassé, fourbu, épuisé par une journée de fou, Archi sirotait un cocktail. Il en avait le droit puisqu'il ne reprendrait plus le volant.

Sur son tapis d'horreur, Tirbouchon se remettait de ses émotions. Pendant que son maître papotait à l'hôtel de police, il avait dû l'attendre dans le pick-up. Des heures durant, sans pouvoir courir après les chats qui passaient devant lui.

Allongée sur le sofa, Xa attendait qu'Archi récupère pour reprendre la conversation. Il avait dit l'essentiel sur l'arrestation d'Eric, mais c'étaient les détails qui l'intéressaient.

Bougonne idem qui mettait la table en silence. Elle guettait le moment où il se redresserait pour le relancer.

Ce qu'il fit en étirant les bras, à demi requinqué. Aussitôt, les deux femmes ouvrirent la bouche. En professionnelle de la tchatche, Xa fut la plus rapide :

— Tu crois en cette version, mon Doudou ? Pillorget a vraiment tué ses beaux-enfants ?

Avant toute chose, il se massa les tempes.

— Comment aurait-il pu se déplacer ? Sa Dodoche est hors service et une limace pédale mieux que lui.

— Il ment, alors ?

— C'est plus compliqué que ça. Si c'est lui l'assassin, ce qu'il affirme, c'est qu'il avait un complice.

— Qui l'aurait amené de la Dombes au château et vice versa ?

— C'est encore plus compliqué. Qui, dans le clan, serait assez fou pour l'avoir aidé à tuer ? Et pourquoi ce complice n'aurait pas tué lui-même ?

Tout en disposant les couverts, Bougonne émit enfin son avis :

— Pour moi, il ne fait aucun doute que c'est Eric l'assassin.

— Sur quoi t'appuies-tu pour l'affirmer ?

— Sur la petite porte du parc qui fait bien du profit. D'abord à Marcel, mais on ne reviendra pas là-dessus. Non, je me contente de viser Pillorget.

— Parce que c'est par cette porte qu'il s'est évaporé en novembre ?

— Oui, un jour de pluie. Or, les soirs où Wilfrid et Noémie ont été tués, je te rappelle qu'il pleuvait. C'est une manie chez lui, il lui faut de la pluie pour mettre les voiles en douce.

— En somme, d'après toi, il aurait répété ce qui lui a réussi une première fois ?

— Exactement, avec un complice, je n'en disconviens pas. Et puis autant te le dire : j'ai interrogé mes cartes, elles ont vu une porte.

Agacé, Archi évita de l'attaquer sur sa divination. A l'affrontement, il préféra la diplomatie. Les escarmouches, il en avait fait le plein, il n'en réclamait pas d'autres.

— Pour le premier crime, ta thèse est valable. L'embêtant est qu'elle ne l'est plus pour le second. L'assassin était coincé, il ne pouvait pas sortir du château... et pourtant il en est sorti. Mais fais passer le message à tes cartes : je les remercie pour leur contribution.

Au mot « message », Xa se dirigea vers un buffet Louis XIII. Avec le temps et les mauvais traitements, il était devenu un Loulou XIII. Elle prit une grande enveloppe posée sur son plateau.

— J'ai oublié de te remettre ce pli. Le père Goma l'a apporté pour toi. Il paraît que ce qu'il y a dedans te passionnera.

— Qu'est-ce que c'est ?

Les deux femmes se regardèrent, encore étonnées d'avoir résisté à la tentation.

— Je l'ignore, mon Doudou, à toi de nous l'apprendre.

Comme il l'avait dit à Jarry pour le codicille, le meilleur moyen de savoir ce qu'il contenait était de l'ouvrir. Ce qu'il fit pour en retirer quelques feuilles et une carte de visite.

— Voici ce qu'Hippolyte m'écrit.

— Tu l'appelles Hippolyte ? s'offusqua Bougonne.

— Oui, il me l'a demandé. Alors écoutez bien : *Mon cher Archibald. J'ai retenu votre intérêt pour l'architecture du château. Vous n'avez pu le visiter, moi si, pour les besoins de mon ministère. Très bel ouvrage. Aussi, faute d'avoir pu en récupérer les plans, je vous l'ai dessiné sur toutes ses coutures. Je sais que vous ferez bon usage de ces gribouillis. Car pardonnez ma maladresse, je ne suis pas architecte. Amicalement. Hippolyte Goma.*

C'est vrai qu'il lui manquait le talent d'un dessinateur. Cependant, ses plans étaient tout à fait exploitables.

— Qu'avais-tu besoin de ces plans, mon Doudou ?

— Chut... Je me concentre...

L'un après l'autre, Archi les examina attentivement. D'intérieur, d'extérieur, de face, de derrière, de haut, jusqu'à ce qu'il prenne en main ceux qualifiés « de derrière ». Et là, il repoussa tous les autres, l'air hagard, les yeux fous.

— Purée d'andouille de choléra pourri !

— Tu deviens vulgaire, mon Doudou.

— Tu as raison : je suis le roi des cons.

— Je préfère ça.

Bougonne s'était approchée pour regarder les croquis.

— C'est à cause de ces dessins que tu es monté sur le trône ?

— Oui... Il faut que je téléphone à Filoche.

— Qu'a-t-il à voir là-dedans ?

— Rien pour l'instant, mais il va s'en mêler. Patientez un peu, je vais tout vous expliquer, priorité à Filoche.

Tout en parlant, il avait sorti son smartphone et activé sa mémoire.

— Bonsoir, Filoche, c'est Archi... Oui, et toi tu vas bien ?... Bon, ce n'est pas pour ta santé que je t'appelle : j'ai besoin de toi... Ce soir... Le dernier TGV part dans cinquante minutes, tu as juste le temps de l'attraper.

Archi dut détacher l'appareil de son oreille, la rébellion tonnait à l'autre bout de la ligne.

— Oui, ben tu diras à Aurélie de Béziers que tu l'inviteras un autre soir... Je comprends, mais c'est vraiment urgent, il faut que tu m'aides à commettre une effraction... Oui, un vol en quelque sorte... Je te promets que tu reverras ton Aurélie. Prends un aller-retour, tu retourneras à Paris demain matin... Salut mon gars, à tout à l'heure, j'irai te chercher à la gare de Mâcon-Loché.

Quand il raccrocha, deux paires d'yeux effrayées le fixaient. Pour une fois, Bougonne et Xa ne se disputaient pas au jeu de « Je parle la première ».

— Ne vous inquiétez pas, je sais ce que je fais.

— Qu'est-ce que tu mijotes de tordu, mon Doudou ?

— Je te le raconterai à table. Avant, je dois encore passer trois coups de fil.

Puisqu'il était question de repas, Bougonne se ressaisit :

— Parce que tu manges ici ?

— Evidemment. Qu'as-tu préparé de bon ?

— Un lapin à la moutarde avec des truffes à l'eau.

— Des truffes à l'eau ? grigna Xa. Je ne connaissais pas cette recette.

— Ce sont des pommes de terre, rectifia Archi. Ici, on dit des truffes.

— OK, va pour les truffes. Et qui sont les trois autres que tu dois contacter ?

— François, si Bougonne veut bien me donner son numéro. Bordas, ensuite.

— Et le dernier ?

— Fernandez. Quand il saura ce que j'attends de lui, on l'entendra hurler jusqu'au mont Saint-Rigaud[1].

Il se mit à rire en imaginant sa tête.

---

1. 1 009 mètres d'altitude, point culminant du Beaujolais.

Délit

Le nerveux trépignait. A croire qu'il avait envie de faire pipi.

— Purée de purée... Pourquoi ai-je accepté de vous suivre, monsieur Sirauton ? Je dois être *barjouk*.

— On est tous *barjouks*, monsieur Fernandez. Mais il y a les bons *barjouks* et les méchants *barjouks*. Nous, on est les bons.

— Ouais, je prie Dieu pour que les méchants ne soient pas à l'intérieur.

— Aucun risque, Poussin les interroge à Lyon.

— Ah, celui-là, comme *barjouk* il est unique.

— Et puis, François m'aurait prévenu, je viens de lui téléphoner.

— Il tarde à venir, je n'aime pas ça.

— Il est lent, il a les pieds palmés.

La nuit enveloppait le château. Le vignoble se dissimulait dans la pénombre. Même une chouette ne pouvait les distinguer. Devant la petite porte du parc, Filoche attendait sagement. Depuis qu'il savait pourquoi il l'avait fait venir, il n'en voulait plus à Archi. Un rencard de perdu, dix de retrouvés. A quelques pas de lui, Fernandez se rongeait les ongles. Archi lui avait demandé de collaborer avec Filoche. Seconder un ex-voleur, un ex-taulard fiché par la justice ! Décidément, il était plus que *barjouk* d'avoir accepté le *deal*.

La porte s'ouvrit enfin. Un François apeuré leur fit signe d'entrer.

— Faites vite, il ne faut pas qu'on vous voie, j'aurais des ennuis.

— Depuis le temps qu'on poireaute, c'est fichu : les mulots nous ont repérés, lui rétorqua Filoche.

— Oui, ben René traînait dans les cuisines, il a fallu que j'attende qu'il s'en aille.

Le benêt tremblait, ses dents de bourrin faisaient clac-clac, on eût dit que son dentier fonctionnait avec des piles.

— Vous ne craignez rien, le rassura Archi, j'ai tout prévu. Je suis en contact avec Bordas. Dès que Poussin relâchera vos patrons, il m'appellera à la seconde. On aura tout le loisir d'opérer un repli.

— Et mes collègues, que se passera-t-il s'ils vous surprennent ?

Fernandez le salua, main au képi.

— Gendarmerie nationale. Je dînais chez monsieur Sirauton quand vous l'avez appelé. Il vous semblait avoir entendu des voleurs. Alors faute de pouvoir alerter mon homologue local, j'ai couru à votre secours en compagnie de ces messieurs.

— C'est *barjouk*, ajouta Filoche, mais plus ça l'est, plus ça semble crédible.

— *Barjouk ?* Je ne connais pas cette expression.

— C'est un terme de police, s'énerva Archi. Allez, François, *andiamo*, on n'a pas de temps à perdre avec la sémantique. Le travail nous attend.

Bien que la nuit les camouflât, ils avancèrent en se courbant, en s'accroupissant, en se cachant d'arbre en arbre, jusqu'à ce qu'ils atteignent le perron. Là, à voix basse, Archi leur donna ses dernières instructions :

— On n'allume pas, on utilise nos torches. Filoche, tu files dans la chambre de madame Pillorget, tu sais ce que tu dois y faire.

— *No problemo.*

— Le rôle de monsieur Fernandez est de te conseiller sur le plan légal. Je compte sur toi pour l'écouter. Je te rappelle la règle : pas de casse, pas de cassette fracturée, tu remets tout en place. Il est capital qu'on ne remarque pas ton passage.

— Ouais, grogna le nerveux, parce que sinon ce serait super *barjouk*.

— François, vous m'attendrez ici, je fais le tour du château et je reviens. J'en ai pour cinq minutes. Bon, maintenant c'est parti, bonne chance à tous.

Tandis qu'il s'éclipsait, le tandem hors nature hésitait. Qui des deux devait mener l'action ? Fernandez trancha. Par on ne savait quel principe, il refusait de prononcer le surnom du jeune homme.

— Après vous, monsieur Blanchet. C'est vous le monte-en-l'air, moi je ne toucherai à rien. Je me contenterai de regarder.

— A votre guise, monsieur l'adjudant-chef. Si vous voulez bien me suivre... Pour le délit, c'est par ici.

Ils suivirent les indications de François, s'engagèrent dans l'aile gauche, grimpèrent l'escalier en colimaçon et s'arrêtèrent au premier étage. La porte des appartements des Pillorget était ouverte, le benêt avait pris le soin de l'ouvrir. Après s'être assurés qu'ils étaient seuls, ils allumèrent leurs torches puis entrèrent sur la pointe des pieds.

— Purée de purée, s'extasia le nerveux, c'est beau d'avoir de l'argent. Que du Louis XIV, de l'authentique.

— Sauf votre respect, monsieur l'adjudant-chef, vous commettez une erreur de cent cinquante ans. Style Empire, c'est du Napoléon Ier. Voyez vous-même, des abeilles parsèment le couvre-lit.

— Et alors ? Napoléon n'était pas apiculteur.

— Non, mais c'était son animal fétiche.

— Ah ? Je croyais que c'était un aigle.

Billevesées, perte de concentration, ils n'étaient pas là pour réviser leurs cours d'histoire. Ni pour apprécier le décor, aussi somptueux fût-il.

— Comment comptez-vous procéder, monsieur Blanchet ? Par intuition ou en employant la méthode barbare ?

Filoche ricana, le nerveux avait beaucoup à apprendre.

— Le vol est un art, monsieur l'adjudant-chef. Les méthodes barbares, comme vous le dites, sont bonnes pour les sous-doués, les ignares, les incultes. Ils se font d'ailleurs toujours prendre.

— Ce qui a été votre cas.

— Oui, mais moi ç'a été volontaire. J'aurais pu m'enfuir, j'ai préféré sauver la vie d'une femme. Et mon bon cœur m'a coûté seize mois de zonzon.

Avec remise de peine, Archi était passé par là.

— Bon, puisque vous êtes un artiste, commencez votre numéro, il me tarde de l'applaudir.

Filoche s'avança au milieu de la pièce :

— Que remarquez-vous de particulier ?

— Rien.

— Bravo, c'est la bonne réponse, tout est en ordre. Ce qui signifie que si on veut y cacher quelque chose, il y a peu d'options. A votre avis, lesquelles ?

— Les armoires, les commodes ?

— Non, trop dangereux, les femmes de chambre y rangent le linge. De plus, elles se chargent du nettoyage des vêtements. Oubliez les poches. Les boîtes à chaussures également. Ce sont des petites curieuses, elles les fouillent.

Fernandez pointa les murs :

— Les tapisseries, les tableaux ?

— Si on dissimulait quoi que ce soit derrière eux, même punition, même motif : les femmes de chambre s'apercevraient qu'on les a déplacés.

— Sous le lit ?

— Elles le retapent tous les jours.

— Dans un objet quelconque ?

— Elles passent le plumeau, elles font la poussière. Vous êtes froid, monsieur l'adjudant-chef, glacé-glacé.

— Alors dites-moi.

Mains sur les hanches, Filoche s'avança vers lui, le regard triomphant :

— La salle de bains, monsieur l'adjudant-chef, la salle de bains.

A triomphe, triomphe et demi. Fernandez sortit une paire de gants en latex de sa poche.

— Gare aux empreintes, monsieur Blanchet. Sans vous commander, enfilez-moi ça avant de toucher à tout. Ça me chagrinerait qu'on vous arrête pour faute professionnelle.

Dehors, Archi avait terminé son tour d'inspection. Le visage rayonnant, il fit signe à François de lui ouvrir la porte.

— Vous avez l'air content, monsieur Sirauton.

— Je le suis, je crois que je viens d'élucider un mystère.

— Euh... Puis-je savoir lequel ?

— Attendons que Filoche en ait fini de son côté. S'il trouve ce que je lui ai demandé de chercher, c'est que j'aurai eu raison de me réjouir.

Il donna une tape sur l'épaule du benêt.

— Et grâce à vous, François. Votre contribution est inestimable.

— Oh, monsieur Sirauton, je vous dois tant, c'est la moindre des choses.

— Non, non, le compliment est mérité... Bon, pour la suite je n'ai pas besoin de vous, je connais la route.

— Allez-y *tranquillement*, je reste ici pour faire le guet.

Alors, puisque François couvrait son équipée, Archi se dirigea *tranquillement* vers le bureau de Jarry. Avec un peu de chance, et si la logique ne l'avait pas trompé, il mettrait la main sur le document qui ferait basculer l'affaire.

En chemin, dans le couloir, il vérifia l'état des espagnolettes. La plupart étaient coincées. Inutile de les forcer. Une fois pour toutes, il sut que le tueur ne s'était pas enfui en enjambant un appui de fenêtre.

Le bureau de Jarry offrait l'avantage d'être clos comme un œuf. Il put ainsi allumer le plafonnier. Il prit deux dossiers bleus dans les étagères, puis s'installa à la table de travail du vieux matois. Avant d'éplucher les dépenses d'Eric, il regarda les photos où celui-ci souriait en exhibant un brochet.

— Pauvre couillon, tu t'es bien fait avoir.

Les Pillorget occupaient le château depuis onze ans. Pourquoi remonter plus loin ? Il ouvrit le dossier qui correspondait à cette date.

A l'étage, c'était l'euphorie. Filoche avait eu le nez fin. Il ne lui avait fallu que cinq minutes pour découvrir la cachette.

— Quand je vous le disais, monsieur l'adjudant-chef : le vol c'est un art.

— Oui, ben je me retiens de vous complimenter. Le vol et moi sommes dans des camps opposés.

— Je vous ferai remarquer que je n'ai rien pris et que j'ai tout remis en place.

— C'est vrai.

— Et que j'ai agi sur ordre pour le bien de la justice.

— C'est aussi exact.

— Et que, pour ce faire, j'ai planté une nana superbe à Paris.

— Ça, c'est dommage.

— Alors, pour ces motifs, comme disent les juges, faute d'un merci, je pense que j'ai droit à un petit bravo.

Fernandez dansa d'un pied sur l'autre. Après tout, ce garçon avait payé sa dette, et, joker qui plaidait en sa faveur, Sirauton lui accordait sa confiance.

— OK, vous êtes fortiche, monsieur Blanchet.

— Eh bien, vous voyez quand vous le voulez. Tenez, je suis sûr qu'un jour vous m'aimerez.

— Ne m'en demandez pas trop, contentez-vous de ce peu et suivez-moi. On n'a plus à traîner ici, on retourne près de monsieur Sirauton.

Avec une minutie d'horloger, ils vérifièrent qu'ils ne laissaient aucune trace derrière eux et rejoignirent Archi.

Au passage, Filoche informa François de leur réussite.

— Bingo ! On a trouvé le Graal.

— Dieu soit loué.

— A quel tarif ?

— Hein ? Je ne comprends pas.

— Laissez tomber, c'est de l'humour de garçon de ferme. Vous savez où en est Archi dans ses recherches ?

— Il est revenu content de sa balade, à part cela, je l'ignore.

Fernandez ne s'était pas arrêté, Filoche dut courir pour le rattraper. Ce fut ensemble qu'ils entrèrent dans le bureau de Jarry. A un moment crucial. Historique. Incroyable. Extraordinaire : Archi dansait le jerk.

— Qu'est-ce qui te prend, patron ? T'as bu de la limonade ?

Pour toute réponse, Archi tendit un document.

— Ah ouais ! T'as décroché le ticket gagnant.

— Dans le premier dossier, mon gars, au mois de décembre. Les manies des grigous les perdront toujours. Et vous, quoi de neuf de votre côté ?

— Pareil, ç'a été un jeu d'enfant.

— Les deux preuves ?

— Les deux, oui. On les a remises en place.

— Eh bien, si nous avons le tout, il ne nous reste plus qu'à partir.

— J'aime vous l'entendre dire, monsieur Sirauton, souffla le nerveux, parce que je commence à avoir des *crings* d'estomac.

— Il faudra soigner ça, ce n'est jamais bon de laisser des *crings* se développer.

Filoche et Fernandez sortirent pendant qu'Archi remettait à sa place le dossier bleu. En se relevant, il vit qu'un mobile était en charge. Posé sur une étagère, Jarry l'y avait oublié. Il se garda d'y toucher et quitta le bureau à son tour.

Troublé...

Inquiet...

Soupçonneux.

Hors de question de partir avec un tel doute en tête.

— François, avez-vous sur vous le numéro du mobile de Margot ?

— Je le connais par cœur, monsieur Sirauton.

— Donnez-le-moi, s'il vous plaît.

— Pour quoi faire ?

— Un test, faites-moi confiance.

Le benêt l'ânonna. Archi l'enregistra dans son smartphone et, sans rien dire de ses intentions, retourna dans le bureau de Jarry. Dès qu'il y fut, il composa le numéro de Margot. Ce qu'il redoutait ne se fit pas attendre. Le mobile sur l'étagère sonna aussitôt.

— Le service commercial... Je t'en ficherai du service commercial.

Derechef, il composa un second numéro.

— Capitaine Bordas ?... Oui, c'est Sirauton, on en a fini, plus la peine de me prévenir... Pas tout de suite, je vous en parlerai une fois chez moi. J'en profiterai pour vous envoyer des photos, je suis certain que vous allez les adorer.

Confusion

Dimanche, jour du Seigneur. Les cloches sonnaient à toute volée, joyeuses, heureuses de pouvoir ramener quelques fidèles au bercail. La moyenne d'âge de ceux-ci flirtait avec l'extrême-onction, mais l'essentiel était qu'il y en eût encore.

Le temps était au beau, Super Grenouille avait annoncé du soleil et il était au rendez-vous.

Le Beaujolais resplendissait dans une lumière d'inspiration flamande, à croire que la mer du Nord s'étendait derrière ses monts.

Belle journée pour s'étourdir, s'amuser, s'éclater, bref, pour profiter de la vie.

Le diable, s'il existe, savait que tout le monde n'en jouirait pas. Et, une fois encore, s'il existe, devait se boyauter comme un malade.

Un peu avant midi, Archi arriva au château. Bordas le suivait en voiture. A son bord, Guéwen bâillait, cassé en deux, privé de sommeil depuis des heures. Le dilettante avait été relâché, blanchi par les aveux de son père. Curieusement, une fourgonnette de la gendarmerie les accompagnait. De même qu'une dernière voiture où des flics très experts admiraient le paysage. Sauf le conducteur qui regardait la route.

Rassemblé sur le perron, tout le clan guettait l'arrivée de Guéwen. En héros, comme s'il revenait de la guerre, la poitrine taguée de médailles.

Dès qu'il eut bondi de son pick-up, Jarry se précipita vers Archi.

— Merci, monsieur Sirauton, les Chais vous doivent énormément.

— Pour avoir fait arrêter Eric ? Vous devriez m'en vouloir.

— Au contraire, l'abcès est crevé, nous allons pouvoir repartir sur des bases saines.

— Depuis quand êtes-vous libres ?

— Poussin nous a relâchés à 5 heures du matin, la nuit a été blanche.

Il ne put en dire davantage, Guéwen débarquait dans la cour.

Une fois de plus, le diable, s'il existe, dut se tenir les côtes. Tous ces gens qui, la veille, se vouaient une haine mortelle, se réconciliaient autour de l'enfant martyr. A percevoir leurs murmures indignés, d'aucuns avaient été mal inspirés de bâtir l'hôtel de police rue Marius-Berliet (1866-1949).

Ce furent des embrassades à n'en plus finir, des claques dans le dos, des tapettes sur les joues, des mamours de série B.

Ce qu'un bourreau n'aurait pu faire, sa mère le réussit presque : elle étouffa son fils entre ses bras. Heureusement que Déborah les sépara pour les conduire à l'intérieur.

Sur fond de « Il faut que tu te reposes », « On va te remettre sur pied », « Tu dois voir un docteur », tout le clan disparut.

Le passager qu'Archi avait amené n'en crut ni ses yeux ni ses oreilles.

— Purée de purée, quelle comédie, ça me tord les boyaux.

— Eh oui, la nature humaine est ainsi faite, monsieur Fernandez. Vous ne devriez plus vous en étonner, vous en voyez d'autres tous les jours.

— Si ce n'est que, chez les pauvres, quand on s'en veut, c'est à vie.

— Parce que les pauvres n'ont que leur fierté à défendre. Ici, c'est le tiroir-caisse qu'il faut sauver.

Cependant qu'ils philosophaient comme au Café du Commerce, Bordas s'était approché d'eux.

— A nous d'entrer en piste, messieurs, c'est le moment.

— Où se trouve le cirque ? lui demanda Archi.

— Dans le salon.

— Oh non... Il n'y avait pas d'endroit plus original ?

— Les fauves s'y sont déjà rassemblés. Ils me boufferaient tout cru si je tentais de les séparer.

— Eh bien, tant pis, je les fouetterai groupés. J'espère au moins qu'on ne sert pas de thé.

— Pourquoi cela ? sourcilla Fernandez.

— Parce que moi je m'appelle Sirauton, que je ne suis pas belge, que je bois du beaujolais et que je mange mon poulet avec les doigts.

Sur ces paroles énigmatiques, ils emboîtèrent le pas à Bordas, suivis par une troupe de flics et de gendarmes qui n'avaient rien à faire en ces lieux. Pourtant, ils en prirent possession, les uns dans les couloirs, les autres dans le parc.

Cependant qu'ils se partageaient le territoire, un pandore vint saluer le nerveux :

— Bonjour, Lucien, mes compliments, beau travail.

Le thuriféraire était son alter ego dans le canton du château.

— Ah, c'est toi, Régis. Merci de me permettre d'en voir la fin, je ne devrais pas être là.

— Normal, tu en aurais fait autant pour moi.

Entre-temps, Archi et Bordas étaient entrés dans le salon. François servait du café, Zoé proposait des croissants, et Henriette ne faisait rien, émue aux larmes que monsieur Guéwen soit revenu. Il était si jeune, si beau, si distingué qu'il ne méritait pas la prison.

— Votre attention, je vous prie.

La demande de Bordas les tétanisa. Ou les indisposa. Ils en avaient soupé des flics et de leurs manières de charretiers. Mais ils durent faire avec.

— Le commissaire Poussin m'a chargé de vous présenter ses hommages. Veuillez excuser son absence, un empêchement l'a retenu ailleurs.

Personne ne fut dupe : Poussin dormait à poings fermés.

— Pour ma part, je n'ai rien à ajouter. Je laisse donc la parole à monsieur Sirauton, il a quelques mots à vous dire.

Fernandez les avait rejoints. Par amusement, il recensa les couleurs des visages. Et s'apprêta, impatient, à les voir changer de teintes.

Pas de thé sur les tables, pas de canapés au concombre, pas de gelée imbouffable, Archi respira : il la jouerait à la gauloise.

— Bonjour à tous, commença-t-il. Au cours de ces derniers jours, j'ai partagé vos douleurs. Je sais combien vous avez souffert.

Son entrée en matière fut appréciée. Elle fut même couronnée d'un bourdonnement satisfait.

— Mais ce n'était qu'un début. A présent, vous allez en chier.

Dès lors, ce fut une confusion sans nom. Indignée, Edmonde sautilla sur son fauteuil.

— Reprenez-vous, monsieur Sirauton, vous divaguez !

— Non, madame, j'ai choisi ce verbe à dessein pour que vous sachiez ce qui vous attend. Commençons par Guéwen que je ne félicite pas.

Il se planta devant lui et jeta une pochette d'allumettes dans sa tasse de café. Le dilettante la reconnut sans oser protester.

« Visage vert, jubila Fernandez, ça démarre fort. »

— Si vous aviez avoué vos turpitudes, Guéwen Pillorget, vous n'auriez jamais été placé en garde à vue.

— Je ne vois pas à quoi vous faites allusion.

— Au Sixty Nine, à monsieur Klaus avec lequel j'ai beaucoup parlé de vous. J'ai une mauvaise nouvelle : il ne veut plus revoir vos fesses. Et je ne parle pas du reste de votre anatomie.

— Mais enfin, de quoi s'agit-il ? s'empourpra Edmonde.

« Visage rouge vif, ça s'embraye bien. »

— A votre fils de vous le dire s'il en a le courage. Cela étant, ce ne sont que des broutilles. Passons aux choses sérieuses.

Goguenard, il se tourna vers le vieux matois.

— Vous vous êtes bien foutu de ma gueule, monsieur Jarry. Vous n'aviez pas besoin de mes conseils.

— Je vous interdis...

— Rien du tout !... Je sais pourquoi vous m'en avez demandé, on y reviendra plus tard.

« Visage blême, pas mal non plus. »

— Dans l'immédiat, je vous demande de vous taire. Ouvrez tous vos oreilles ! J'exige le silence complet !

Archi sortit son smartphone et en activa la mémoire. Trois secondes après, une sonnerie retentit à l'autre bout du couloir. Ce qui allait suivre détruirait le benêt. Conscient que le choc le briserait, Archi avait anticipé la casse :

— François, s'il vous plaît, j'aimerais que vous quittiez cette pièce. Une dame vous attend dans la cour.

— Pourquoi cela, monsieur Sirauton ? Vous me faites peur.

— Bougonne – enfin, Amélie – doit être avec elle. Elle a prévu de vous inviter au restaurant.

— Bon, ben je vais les rejoindre.

— Merci, nous nous reverrons plus tard.

Docile, obéissant, le benêt s'en alla à reculons, et Archi repartit à la charge.

— La sonnerie que nous venons d'entendre vient de votre bureau, monsieur Jarry. Pour être précis, d'un mobile que vous ne débranchez jamais. Et pour cause, vous ne connaissez pas le mot de passe, vous ne pourriez pas le réactiver.

Furieux, le vieux matois se leva et se dirigea vers la porte.

— Foutaises ! C'est du roman de gare à trois sous !

Il ne put en franchir le seuil, un gendarme lui barrait la route. Alors, tel un rapace qui repère une proie, Archi tourna autour de lui.

— Comme c'est curieux... Comme c'est bizarre... Ce mobile était celui de Margot Dupuis, la sœur de François... Chargeur standard, en vente partout.

Haussement d'épaules, Jarry persifla, dédaigneux :

— J'ignorais que cet idiot avait une sœur, probablement aussi idiote que lui.

— Oh que si, vous le saviez ! Parce que vous aviez fait le rapprochement, et que, grâce à ce stratagème, François croyait que sa sœur était en Savoie.

— Stupide ! hurla Jarry en regagnant sa place.

— Ce qui est stupide, c'est que j'ai cru comme tout le monde qu'elle était vivante. Mais le fait qu'elle ne s'adressait plus à son frère que par SMS m'a intrigué. Pourquoi avait-elle décidé de ne communiquer que par textos ? Maintenant je le sais : Margot ne pouvait plus lui parler puisque vous l'avez tuée.

— C'est un scandale ! Je réclame un avocat !

Couplet habituel, Archi ne s'en émut guère. Ces rodomontades lui rappelaient le temps où il était juge.

— En attendant qu'un bavard vous assiste, je me permets de vous rafraîchir la mémoire. Margot vous faisait chanter, monsieur Jarry, les photos qu'elle détenait risquaient de torpiller votre stratégie. A cause d'elle, vous n'auriez pu contrer les ambitieux.

Sonné par ce qu'il entendait depuis cinq minutes, Jacquemin émergea avec une voix de castrat atteint par l'emphysème :

— Qui sont ces « ambitieux » ?

Par charité, Archi voulut lui épargner ses sarcasmes, mais la tentation fut la plus forte. Car comme le disait

Oscar Wilde (qui buvait du thé) : « La meilleure façon de s'en débarrasser, c'est d'y céder. »

— Les trouducs qui voulaient prendre le contrôle des Chais. Puisqu'il y a prescription, apprenez que vous étiez battus d'avance, Déborah ne vous suivait pas. Elle le faisait croire mais elle militait dans le camp adverse. Jarry et Maxime le savaient très bien.

« Visage jaune, j'aime aussi. »

De plus en plus groggy, Jacquemin se tourna péniblement vers sa sœur :

— C'est vrai ce qu'il raconte ?

« Visage impavide de la dame. Je suis déçu, elle ne bouge même pas un cil. »

— Oui.

— Pourquoi ?

— Parce que les banquiers ne vous ont jamais fait confiance. Quoi qu'ils aient promis à Wilfrid, ils se méfiaient de ses emportements. Ce gros lourdaud était grillé de partout.

Explication bouclée, Archi reprit le contrôle du déballage :

— Ce manque de confiance, chère madame, n'était pas votre seule motivation. Vous êtes aussi la maîtresse de Maxime Aubert que vous soutenez en secret.

— Quoi ! rugit Edmonde. Tu couches avec ce... ce...

— Cet homme que j'aime depuis toujours, maman, et que tu m'as empêchée d'épouser.

— Ce n'est qu'un employé, il n'est pas de notre condition.

— Mais Wilfrid, oui ! Tu m'as carrément jetée dans ses bras. J'étais jeune, à l'époque, je me suis laissé faire, mais je te jure que c'est terminé. De toute manière, si

Wilfrid était encore de ce monde, je lui demanderais le divorce, que ça te plaise ou non.

Edmonde s'étrangla d'une colère qui lui bloqua la gorge. Et bien que pris à partie, Maxime évita d'intervenir.

En revanche, Zoé crut bon de proposer pour détendre l'atmosphère :

— Mm... J'ai oublié d'apporter du thé. Est-ce que quelqu'un en veut ?

— Non, tonna Archi, le thé est interdit ici ! Dans le Beaujolais, on ne démasque pas un coupable le petit doigt en l'air en mangeant des cookies !

— Excusez-moi, monsieur, tremblota la servante, je l'ignorais, j'ai quitté l'école de bonne heure.

Fin de l'intermède, Archi enchaîna en fixant Déborah :

— C'est beau l'amour, madame, l'embêtant est qu'il conduit parfois à commettre des actes impardonnables.

— Où voulez-vous en venir ?

— Monsieur Jarry n'était pas seul quand Margot a été tuée. La police l'a démontré.

— Et alors ?

— Margot avait choisi monsieur Jarry pour le faire chanter. Les photos qu'elle avait en sa possession vous montraient aux côtés de Maxime. En position galante, ça va de soi. Pourquoi monsieur Jarry ? Pour deux raisons. D'abord, parce qu'il est le grand argentier des Chais. Ensuite, parce qu'elle avait compris qu'un scandale détruirait les espoirs qu'il fondait sur Maxime.

« Visage toujours impavide, ça devient barbant. »

— Et tout ceci nous mène à quoi ?

— A ce que c'était vous sa complice. Jarry vous avait avertie du danger. Quand il a appris votre liaison, je suppose qu'il n'a pas dû l'apprécier. Mais il a mis un mouchoir sur ses ressentiments. L'avenir des Chais en dépendait. Et je subodore qu'il avait juré à Eric qu'il soutiendrait Maxime.

Brouhaha, Henriette faillit s'évanouir. Zoé dut la conduire hors de la pièce.

— Etes-vous au moins sûr que cette Margot est morte ?

— Absolument, madame. Nous l'avons longtemps appelée « l'inconnue du vignoble », jusqu'à ce que j'envoie son portrait au capitaine Bordas.

Lequel l'approuva d'un signe de tête.

— Si, comme vous le prétendez, j'ai été la complice de ce meurtre, dites-moi ce qui m'a poussée à l'être ?

— La curiosité, madame, le besoin d'insulter cette femme qui tenait votre vie entre ses mains. Jarry lui a donné rendez-vous dans un coin de vigne discret, vous l'avez accompagné et le dialogue s'est envenimé. Qui de vous deux l'a tuée ? Ce n'est pas mon rôle de vous le faire avouer.

Le vieux matois se rebiffa, certain de s'en tirer par une pirouette :

— Et ces photos, où sont-elles ? J'aimerais bien les voir.

— Nous ne les avons pas, vous les avez brûlées avec les négatifs. Sans d'ailleurs verser un sou à Margot puisqu'elle était *ad patres*.

— Alors vos accusations ne valent rien.

— En revanche, nous avons le photographe, qui se fera un plaisir d'en témoigner. Avec le téléphone de Margot récupéré dans votre bureau, vous êtes cuit, monsieur Jarry.

Archi changea de ton, moins grave puisque le délit l'était moins :

— Au fait, je me suis renseigné auprès du client que vous avez visité le 13 novembre à Bourg-en-Bresse. Vous n'êtes arrivé chez lui qu'à 10 h 30. Quoi qu'affirme Eric, c'est vous qui l'avez amené chez Bourdalin. Ce dernier ne pouvait plus conduire. D'ailleurs, qu'aurait-il conduit ? Sa Dodoche est *out.*

— Pure spéculation.

— Je ne le crois pas, votre amitié pour Eric est en fer, vous l'avez aidé à préparer sa fuite. D'ailleurs, la police découvrira très vite le compte que vous lui avez ouvert. A quel nom, je l'ignore. Bourdalin, peut-être... Ah ! Et puis, bravo pour le coup du codicille ! Excellent numéro, je ne me suis méfié de rien.

Il le salua bien bas avant de poursuivre sur le même ton :

— Pour en revenir à votre démarche, je sais pourquoi vous m'avez contacté. Votre but était de donner le change à madame Pillorget. Elle ignorait que sa fille avait rejoint votre camp. Or vous le lui cachiez pour qu'elle ne sache pas pour quelle raison. Eh oui, quoique son geste lui en eût coûté, elle aurait mis Maxime à la porte. C'était bien joué, monsieur Jarry, mais vous avez perdu. Déborah également.

Jusque-là silencieux, Maxime marmonna d'une voix étranglée :

— C'est moi qui ai tué Margot. Déborah est innocente.

Nouveau brouhaha. A son tour, Edmonde faillit se sentir mal. On s'empressa de la soutenir. Bon chic, bon genre, la scène vira à la tragédie shakespearienne. Pour un peu, Archi aurait commandé du thé. Mais il avait plus urgent à faire que d'applaudir ces tartuffes.

— Bien, monsieur Aubert. Dans ce cas, le capitaine Bordas va vous arrêter. Dites adieu à Déborah, vous ne la reverrez qu'aux assises.

Maxime s'apprêta à se lever. Déborah le retint in extremis.

— Ne te sacrifie pas, mon chéri, c'est moi qui ai tué cette garce. Tu n'étais même pas au courant de son chantage.

— Et comment l'avez-vous tuée ?

— Sur un coup de colère, monsieur Sirauton, parce qu'elle me narguait. C'était intolérable... J'ai saisi une pierre et je l'ai frappée... Sans intention de la tuer...

— Et pour le reste, c'est Jarry qui s'est chargé de tout ?

— Oui. Il l'a déshabillée, lui a pris ses papiers, puis on s'est réparti les voitures et on a laissé son corps au pied d'un calvaire.

Archi et Bordas se regardèrent. Ni l'un ni l'autre n'avaient parlé de pierre. Et encore moins d'un calvaire. Cette affaire était close.

Mais pas les autres.

Au bord de l'apoplexie, Edmonde vitupérait, maudissait Jarry, reniait sa fille, menaçait Maxime, prenait Dieu à témoin qu'elle était la victime d'une machination.

« Visage arc-en-ciel, toutes les couleurs y passent. »

Son numéro devenait lassant, Archi y mit un terme :

— Vous me semblez bien outrée pour une meurtrière.

Arrêt sur image, Edmonde se décomposa.

— Comment ? Qu'insinuez-vous ?

— Je n'insinue pas, madame, je vous accuse d'avoir tué Wilfrid et Noémie.

— Alors là, on nage dans le délire ! Je vous ferai payer ça, monsieur Sirauton.

— C'est vous qui allez payer pour vos crimes. A la louche, je vous en donne pour vingt ans à moisir en prison.

Face au danger, la walkyrie cessa ses jérémiades pour faire aussitôt front :

— Vous négligez qu'il faut un mobile pour tuer, or je n'en avais aucun.

— Oh que si ! Comme je l'ai dit précédemment, vous ignoriez que Déborah voterait pour votre parti. Jarry vous le cachait. Vous pensiez que c'était râpé. C'est pourquoi vous avez décidé d'éliminer vos adversaires. Wilfrid, d'abord, le plus dangereux à vos yeux – vous ne saviez pas qu'il était hors circuit. Noémie, ensuite, parce qu'elle avait une chance de faire casser le codicille.

— Vous oubliez que mon mari a reconnu les avoir tués.

Archi balaya l'objection d'un vague mouvement de main.

— Quel que soit le regard qu'il porte sur ses enfants, Eric est un père qui les protège. Il a vraiment cru que Guéwen était le coupable. Tout le désignait, sa désinvolture ne plaidait pas en sa faveur.

— Il n'empêche qu'Eric a tout avoué.

— Alors expliquez-moi comment il s'y est pris pour venir deux fois au château, dans l'obscurité, le froid et sous la pluie. La Dodoche de Bourdalin, je le répète, est *kaput mortibus*. Et Eric crache ses poumons dès qu'il parcourt trois kilomètres à vélo. Imaginez ce qu'il aurait craché s'il en avait parcouru cinquante. Ceci pour un seul aller. Au total, on arrive à deux cents.

« Visage d'une pâleur extrême, le dénouement approche. »

Edmonde n'avait pas utilisé toutes ses cartouches. En désespoir de cause, elle tira au hasard :

— Personne n'a vu l'assassin. La police ne comprend pas comment il a pu s'échapper. Alors, avant de m'accuser, il faudra démontrer de quelle manière je me serais volatilisée.

— Elémentaire, madame, vous connaissiez les habitudes de chacun. Vous saviez que Wilfrid tétait un cigare tous les soirs, seul, enfermé dans le fumoir. Et vous aviez remarqué que Noémie partait toujours se coucher la première.

— C'est un constat banal, vous ne démontrez rien.

— Patience, j'y arrive.

Archi n'eut pas à réclamer le silence, tous étaient pendus à ses lèvres.

— Pour tuer Wilfrid, vous avez procédé ainsi... Pendant que les ambitieux dînaient, vous êtes entrée par la porte principale. Puisqu'il pleuvait, vous avez d'abord changé de chaussures – vous aviez pris le soin d'emporter des pantoufles pour ne pas laisser de traces. Puis vous êtes partie vous cacher dans le bureau d'Eric. Pourquoi ce bureau ? Parce qu'il est pourvu d'une porte qui donne sur le vestibule. De là, en l'entrebâillant vous aviez une vue d'ensemble. Sur le vestibule, bien sûr, où circulait le personnel, mais aussi sur le couloir de l'aile gauche. Vous avez donc vu Wilfrid pénétrer dans le fumoir, vous avez attendu qu'il allume son cigare, qu'il se détende et, au moment opportun, vous êtes allée le tuer. Il ne vous a fallu que quelques secondes pour entrer, tirer, ressortir et filer par le même chemin... sous la pluie, évidemment...

Le visage crispé, Edmonde applaudit à tout rompre :

— *Bravissimo !* Et pour Noémie ?

— Vous vous êtes dissimulée derrière l'escalier en colimaçon. Dès qu'elle a mis le pied sur la première marche, vous êtes sortie de votre cachette pour lui tirer une balle dans la nuque.

— Excellent, monsieur Sirauton, votre récit est passionnant. Hélas, il lui manque le principal : comment aurais-je fait pour disparaître et regagner ma chambre sans qu'on me voie ?

— Je vais vous l'expliquer, n'ayez aucune crainte.

— Pendant que vous y êtes, dites-moi aussi où se trouve l'arme que j'aurais utilisée. Parce que, très franchement, je ne me souviens pas d'elle.

Archi échangea un regard avec Bordas. Le pouce levé, ce dernier l'invita à conclure. Juste récompense, c'était grâce à lui que cette enquête se terminait en beauté.

— Il semblerait que les experts aient négligé d'inspecter à fond les deux tours du château. Or, savez-vous ce que chacune d'elles comporte à sa base, versant est où la vigne la frôle, en contrebas des servitudes ? Je vous le donne en mille : une petite porte dérobée.

— Ces portes datent du Moyen Age. Elles sont vermoulues.

— Pas tant que ça, elles ont gardé un cachet honorable. Et devinez sur quoi toutes deux débouchent, à gauche comme à droite ?... Sur les escaliers en colimaçon.

Pas prête à rendre les armes, Edmonde tenta une dernière manœuvre :

— Ridicule ! Si j'en crois vos insinuations, je les aurais empruntées pour aller et venir dans le parc. Ni vu ni connu, grâce à ces portes, je serais sortie de mes appartements et je les aurais rejoints en toute tranquillité.

— C'est exactement cela. En passant par le perron pour surprendre Wilfrid, et en vous dissimulant en bas de la tour de droite pour tuer Noémie.

— Le problème, monsieur Sirauton, est que ces poternes sont condamnées depuis des siècles. On ne sait même plus où sont les clés.

La farce s'éternisait, Archi pivota vers Bordas.

— Eh bien, la police en aura bientôt le cœur net. Le capitaine Bordas, vous l'aurez remarqué, est venu en force. Et nanti d'une commission rogatoire.

Laquelle était passée sous le nez de Poussin. Fatigué, le fin limier lourdingue était parti se coucher en donnant l'ordre de ne pas le déranger.

— Ainsi, chère madame, va-t-il derechef fouiller vos appartements. Qui sait ? Peut-être trouvera-t-il ces clés dans un vase... Ou derrière la trappe d'accès de votre baignoire ?... Le hasard fait si bien les choses.

— Je, je lui défends de... de...

— Je ne crois pas que vous puissiez lui défendre quoi que ce soit. D'ailleurs, pendant qu'il y sera, j'ai dans l'idée qu'il y découvrira un Walther PPK. Pour les profanes, c'est un 6.35 mm du type qui a servi aux crimes.

— Ce serait un coup monté, je n'ai jamais possédé d'arme.

« Visage angoissé. Sirauton n'a plus qu'à l'achever. »

— J'ai l'impression qu'un document vous contredira. En cherchant bien dans le bureau de monsieur Jarry, les collègues du capitaine devraient trouver une facture édifiante. C'est une note vieille de onze ans, classée dans la compta d'Eric. Si j'en crois Bougonne, ma gouvernante qui lit dans les cartes et me l'a affirmé, cette facture viendrait de chez un armurier. Eric aurait justifié l'achat d'un Walther PPK par ces mots : *Pour Edmonde qui me l'a demandé. Elle a peur quand je pars en voyage et la laisse seule au château.*

Il joignit les mains en haussant les sourcils.

— Enfin, c'est ce que prétend son tarot personnel. Moi, je suis rationnel, je ne crois pas en ces fantaisies.

Cette fois, le tour de table était achevé. A Bordas de prendre la relève. Avant de partir, Archi salua un auditoire muet, tétanisé, effondré.

— Sur ce, mes respects à tous. Je m'en vais, je commence à en avoir assez de jouer les Hercule Poirot. Je vous rappelle que mon métier est de faire du vin, pas de résoudre une énigme autour d'une tasse de thé.

Quand il remonta dans son pick-up, les cloches de l'église se remirent à sonner.

La messe était terminée.

Solution

Le trafic était fluide, il y avait peu de monde sur l'autoroute qui menait à Paris.

Au volant de sa C5, Archi répondait aux questions de Xa. Une vraie mitraillade.

— Tu penses que Maxime va accepter de diriger les Chais ?

— Oui. Eric va le lui demander, il ne pourra pas refuser. Et puis il aime Déborah, il lui sera fidèle en restant à la tête de l'entreprise.

— Elle risque gros ?

— Quelques années de prison. Elle devrait s'en tirer pas trop mal. Après tout, elle a agi sous le coup de la colère contre une femme qui la faisait chanter. Sa haine n'excuse pas son geste, mais il peut se comprendre.

— Et Jarry ?

— Dans un an il sera sorti, il n'a tué personne. Il pourra retrouver Eric à la pêche. Eric devrait être vite libéré, il y a peu de charges contre lui. Et il a un bon avocat.

Xa attendit qu'il dépasse un camion avant de reprendre.

— Pour Edmonde, je suppose que la sentence sera dure.

— Terrible, elle écopera du max.

Deuxième camion, changement de registre.

— Au fait, mon Doudou, tu ne m'as toujours pas donné la solution pour les riches et les pas riches.

— Parce que tu n'as pas trouvé ?

— Non, et ça commence à m'énerver.

Troisième camion.

— Alors écoute bien... Les hauts fonctionnaires circulent dans des voitures de fonction conduites par des fonctionnaires. Et les très riches ne laisseraient pas le volant de leurs bolides à un chauffeur. Les conduire est la récompense de leur travail... CQFD, ma chérie.

Tout corps plongé dans un liquide... Le carré de l'hypoténuse est égal...

Les choses les plus simples sont souvent difficiles à comprendre.

Glossaire

Par ordre d'apparition dans l'aventure

Certaines expressions sont communes au Beaujolais et au Lyonnais

Beaujolais

Etre d'un âge : être âgé
Agacin : cor au pied
A regonfle : plein, à revendre
Besognes : vêtements
Vogue : fête beaujolaise
Péteux : snobinard
Bacholer : raconter n'importe quoi
Fougnasse : farfelu, excentrique
S'emboquer : se gaver, s'empiffrer
Dégognanché : abîmé
Sapré : sacré (c'est un sapré menteur)
Cul d'ail : idiot, bêta, bête
Bringailleur : fêtard
Arcandier : coureur de jupons
Nougne : sotte

Gadru : lourdaud, fruste

Bon loup ! : idiotisme comme « Nom de gui ! » (Bon Dieu !)

Me fait flique : m'ennuie, me met en rage

Intrigant : habile, ingénieux, intelligent

Baignoire : cuve utilisée aux vendanges

Goyette : serpette

Gognandises : bêtises

Babèles : femmes stupides, jacassières

Bredinerie : idiotie, imbécillité

Abonder : arriver (à faire quelque chose)

S'enquiller : prendre un mauvais chemin (socialement)

Ratichon : raclée

Me fait malice : me fait de la peine

Truffe : patate

Sasson : sucre trempé dans le vin qu'on déguste comme un « canard »

Arsouille : poivrot, ivrogne

Baraque : fainéant

Chaponnière : rang de vigne

Ch'tit ou ch'tite : petit, petite enfant, ou expression familière (un ch'tit peu de...)

Donner au cœur : donner envie de vomir

Lyonnais

Panserotte : ventre

Caqueno : imbécile

Artignol : vaurien

Table

MIXTE
Issu de sources responsables
FSC® C003309

Composé par Maury Imprimeur SA
45330 Malesherbes